大學生必修的14堂課——談教育與生活

吳昌期、吳淑芳　著

作者簡介

吳昌期（第一至四、十二至十四章）

學歷：國立臺北教育大學教育政策與管理研究所博士

經歷：國小教師、主任，臺北縣教育局輔導員、臺北縣白雲國小校長

現任：國立臺北教育大學、國立空中大學兼任助理教授
新北市板橋區江翠國民小學校長

著作：《教育全壘打》。臺南市：翰林。

吳淑芳（第五至十一章）

學歷：國立臺北師範學院教育政策與管理研究所輔導教學碩士

現任：國立臺北教育大學心理與諮商學系兼任講師（2005 年迄今）
新北市新店區新店國民小學校長
新北市友善校園學生事務與輔導工作輔導團團員（2002 年迄今）
臺灣臺北地方法院家事法庭調解服務諮詢員

著作：《中小學生必讀的國語文》。臺北市：聯經。（合著）

《專門加強小學生品格的閱讀選文》。臺北市：聯經。（合著）

《專門為小學生精選的中國文學經典讀本》。臺北市：聯經。（合著）

《專門為小學生精選的西洋文學經典讀本》。臺北市：聯經。（合著）

《中小學生必讀的生命教育故事》。臺北市：聯經。（合著）

《中小學生必讀的趣味故事》。臺北市：聯經。（合著）

《柔軟心‧輔導情：兒童適應困難的輔導實務》。臺北市：洪葉。（合著）

主編「教育部輔導計畫叢書電子書」。臺北市：教育部。網址：http://www.guide.edu.tw/book/index.html

《班級經營達人：國中導師手冊》。

《得意的每一天：國小導師手冊》。

《與情緒共舞：教師的情緒管理》。

《您好，我也好：教師溝通技巧》。

《攜手護青春：國中輔導案例彙編》。

《攜手迎向藍天：國小輔導案例彙編》。

《返璞歸真‧重現風華：中輟復學輔導》。

《現實與虛幻：網路沉迷輔導》。

《報乎你知：教育人員對「性侵害或性騷擾」的基本認知》。

林序

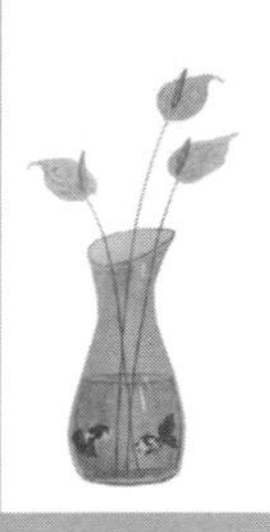

教育的目的即在為未來的生活作準備。國立台北教育大學大一通識課程開設「教育與生活」一科，希望藉由本科目的開設和學習，讓學生瞭解生活中的有關層面和細節，以適應當前多元變遷快速的社會。大學生活不應只限於校園，更應拓展生活層面和領域，瞭解社會生活的真實面向，為求學、生活及未來就業做好準備。

本書共分四篇，第一篇理性生活談的是人類理性的開展，這也是大學教育的首要目的；第二篇感性生活談的是豐富人類情意層面，讓每個大學生都活在愛與關懷之中，讓整體社會充滿祥和；第三篇審美生活希望大學生提升精神層面的寄託，生活有目標、有意義，也能適度抒解生活中的壓力；第四篇是道德生活，希望大學生能推己及人、愛屋及烏，將對社會的關心化為具體的行動，為社會發展做出貢獻。

昌期及淑芳兩位校長均是本校優秀的畢業生，並在本校兼任教授相關課程，他們能教學相長，為教學所需編寫教學用書，這種用心和負責的精神值得肯定。本書的出版對未來本科目教師的「教」和學生的「學」助益甚大，今後期盼能持續秉持這種教學熱忱和專注的精神，為當前的教育和未來的社會，奉獻每個人最大的心力。

國立台北教育大學校長

林新發 謹識

2009 年 8 月

曾序

二十世紀初，著名的人格心理學家及心理治療大師阿德勒（A. Adler），主張人自出生，已然開始在為其未來的人生預備勝任人群生活的特質和能力。人生是發展的歷程，每一階段的發展都在為下一階段奠基。當個體還小的時候，父母或照顧者以及老師，在協助孩子培養健全的人格特質上身負重要的角色。當一個人進入大學，將自己預備好迎接未來的人生任務，即成為自身的責任。

《大學生必修的 14 堂課——談教育與生活》是兩位作者為本校國教系通識教育課「教育與生活」，所特別撰寫的教科書。內容涵括了大學生發展上所需要的修練素材，對於引領大學生的健全發展深具意義。

通識教育的意涵與範疇不易界定，不過有些觀點則已有共識，比如：通識教育泰斗何欽思（Robert M. Hutchins）認為大學教育不是要訓練技術而是要培養公民。通識教育是一種與人文、社會等「與人相關」的知識的薰陶，這個意涵也普獲學界的支持。再如，「教育部顧問室 97 年度通識教育中程綱要計畫成果報告」所指出的培養學生知識反思能力、跨領域知識整合能力、知識創新能力，也為通識教育引出一個課程設計和教學的主軸。

通識教育的課程和教學，必須以豐富的題材、深度的內容、有效的教學設計和教學者的風範與人格涵養，才能對學生產生薰陶功能，促進學生朝優質公民的方向成長。

吳昌期和吳淑芳兩位校長在講授「教育與生活」課程時，不只費心準備教材，也在教學歷程中回顧與省視自己的教學方法以及教材內容之適切性。為能提供學生研讀的教材，兩人經歷無數次的切磋，在嚴謹的來回檢核與反思之後，他們決定將數年研發的教材和教學經驗加以彙整成書。

兩位作者長年在教育界深耕，具博雅的人文素養，加上學術研究的訓練和扎實的寫作功力，使得本書兼具教育性和可讀性。我很欽佩作者將其教育學養和熱忱轉化為教學的行動，將教育理念和生活智慧匯聚成書。當淑芳和我分享他們的教學和寫作緣起，以及撰寫過程的點滴，心中暗自感佩不已。尤其他們身為學校的領導人，校務繁忙之際，若非堅強的意志力和奉獻的精神，很難完成此書。

能為兩位傑出校友寫序，有沾光之感，喜悅之情溢滿於心。

國立台北教育大學教育學院院長

曾端真

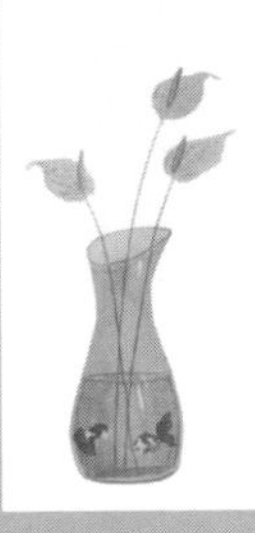

吳序

昌期與淑芳為了教育大學的課程需要，在忙碌的行政和教學工作之餘，努力蒐集資料、不斷溝通討論，並融會其多年的教育實踐智慧，為學生撰寫了這一本《大學生必修的 14 堂課——談教育與生活》，主要作為「教育與生活」一科之教學用書。拜讀之後心中著實五味雜陳，喜的是有一本統整教育與重要人生議題的書籍問世，並能以深入淺出的方式來擴展大學生的視野，這著實是功德一樁；憂的是在台灣教育脈絡下，如此關鍵性的人生課題學生要到大學階段才有機會進一步修習，著實晚了些。幸好，有昌期與淑芳這些憂國憂民的教育人在教學中發現問題，繼而發心撰寫有系統、具結構性的教學用書來引導年輕學子，相信在好的教學用書之引導下，學生的學習一定能收到事半功倍之效。

本書結合教育與人生相關的各種議題，從抽象到具體，從自身擴及家庭、朋友，以至於外在的大世界，頗有《大學》中「修身、齊家、治國、平天下」之層次感。身處瞬息萬變的社會，大學生只學習專門的知識和技能已經顯然不足，益之以知識半衰期日益縮短，全球化的浪潮也不斷在改變我們的生活世界，要立足世界，提升自我的競爭力，不僅要有「專才」的專門知能，也需要具備「通才」的智慧。而本書的架構及內涵均有助於大學生在其專攻的學門之外，涵育出更宏觀的視野，超越記問之學而往生活的智慧面向挺進。

拜讀本書之後，我個人受益良多，我學到了一些相當關鍵卻常被忽略的事物，相信未來有機會閱讀此書的大學生也必定能從中得到啟發，用教育的智慧來澆灌幸福美滿的生活。

國立台北教育大學教育學系教授

吳麗君 寫於至善樓

作者序

國立台北教育大學通識課程「教育與生活」一科，是在97學年度新開設的一門課。當時初接到這個任務時，心中感到非常惶恐，雖然本科的授課大綱，經過了七、八位教授共同商定，但授課一學期後，最深的感觸就如《禮記．學記》中所言：「學，然後知不足，教，然後知困。」雖然每章節都盡力準備豐富的教學內容，但礙於自己的學識不夠通達，缺少有系統的教材，總覺得少了什麼。有一天作者兩人針對教學交換心得時，發現心有戚戚焉！有道是：「知困，然後能自強也。」如何自立自強，心動不如馬上行動，幾番思量，決定動筆撰寫本書。

寒假期間與教育系吳麗君教授談起這個想法，得到麗君教授的鼓勵，撰寫本書便進入緊鑼密鼓的行動期。作者兩人所學專長互異，得以搭配。本書撰寫分工上，由昌期負責第一篇理性生活及第四篇道德生活的十二至十四章部分；淑芳負責第二篇感性生活、第三篇審美生活及第十一章的道德與生活等七個章節。本書由於兩人充分合作，定期討論與回饋，在忙碌工作下班之餘，要求每天總要寫點東西，並隨時加油打氣相互砥礪，才能在短短半年期間完稿付梓，此例證，再一次說明專業上合作的好處與重要。

撰寫此書，不僅作為「教育與生活」一門課的用書；所涉及的議題，也都以時下發生的社會議題舉例，貼近大學生的經驗，因這些議題都是大學生活中必然面對的問題；而所提供的建議方向，更是現代生活中必備的公民基本素養。因此，將此書定名為：《大學生必修的 14 堂課——談教育與生活》。這十四堂課包含了現代生活的四大面向：從理性生活出發，透過創新、思辨等理性活動做好自我管理；以感性生活，關心自己生涯發展及人際溝通與家庭生活，調和並滿足情感需求；再以審美生活為主軸，瞭解休閒多面向、追求信仰真理，並懂得欣賞生活中的美，以慢活、樂活體會豐富具美感的人生；最後，希望掌握全球化及多元文化趨勢，善盡公民責任，建立以道德生活為最高理想境界；這些都是現代大學生所該具備的生活知能。本書在課程目標上希望達成：

一、瞭解教育與生活的基本概念，知道如何去體驗自己的生活。
二、思考教育與自己、教育與生活的關係；能學到有用的知識、經營人際關係、開拓未來的職業生涯發展。
三、提升教育敏感度，在生活的各面向中，看到教育實踐的可能性。
四、培養自己參與教育與生活事務的興趣，具有國際視野，善盡公民責任。

本書在每章節後面都附上「問題與討論」，可作為閱讀完後的分組研討與對話議題，以更能掌握該章重點或作為延伸活動。期待本書除了做為教科書外，更能成為大學生的生活指引、指路的明燈。

本書得以出版，感謝所有幕後默默貢獻的人，除了我們兩位作者的家人外，國立台北教育大學教育學系的吳麗君教授、教育學院曾端真院長以及林新發校長，不斷的加油打氣，提供寶貴建議，讓我們不敢鬆懈，一鼓作氣如期完成。作者兩人距離博士班及碩士班畢業也各有一段時間，這段期間並沒有太多的著作；本書的完成，正好可以回報過去師長指導之恩；同時感謝教授「教育與生活」這門學科的其他師長，提供寶貴的建議與回饋。由於初次執筆，加上時間緊迫，難免有所遺漏或闕誤，尚祈各方先進專家學者能夠不吝指正，作為日後修訂之參考。最後，祝福所有讀者，開卷有益，有個圓滿而充實的人生。

吳昌期、吳淑芳

2009 年 8 月

目錄

CONTENTS

第一篇　理性生活

第二篇　感性生活

第三篇　審美生活

第四篇　道德生活

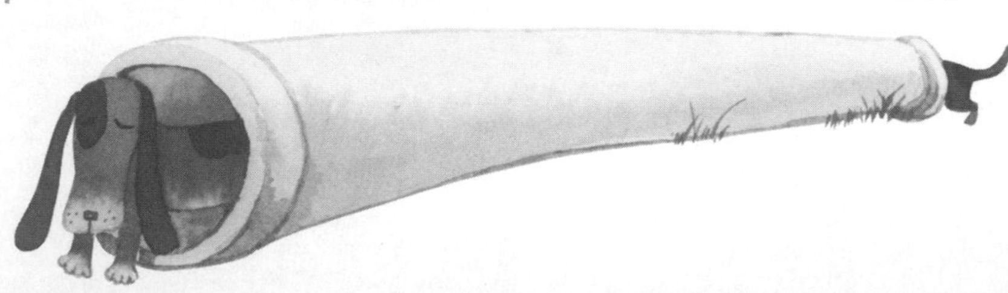

第一篇
理性生活

概論：教育與生活的關係

1

CHAPTER

壹 前言：教育與生活的關係

如果將教育用最廣義的定義來看，人類自呱呱墜地以來，便無時無刻不在進行教育的活動，「教育」與「生活」是人類生存、延續和發展面對的兩個基本命題。從人類總體發展的角度來說，「教育」是人類的一種存在與延續方式；從個體上來說，「教育」是個體發展過程必經的生活領域（郭元祥，2005）。杜威（John Dewey）曾說：「生活的本質在努力延續生存，唯有經常更新才能確保這種延續。」（賈馥茗、林逢祺、洪仁進、葉坤靈編著，2003）而教育就是這種更新的歷程，所以教育與生活的關係是密不可分的，而且兩者息息相關。

教育不能脫離現實，最好的教育便是當下。與其費心的安排一堆枯燥無味或是無法應用的課程，還不如好好的運用生活周遭各種實例或動人的故事，讓學生覺得這是他熟悉的情節，便會樂於討論和吸收。誰說教育一定是計畫性而正式的學習方案，原來杜威所指「教育即生活」，即說明在生活的體驗中，才是最好的學習（徐明珠，2007）。

現代的大學教育不該只是關在象牙塔裡做學問，大學教育應該為未來美好生活做準備，也為培育國家人才；有鑑於此，作為一名大學生有必要認識其生活周遭社會環境的轉變，進一步藉由知識的學習，培養合宜的態度，以增進生活的技能。尤其社會發展需要每個社會成員具有健全的價值觀和健康、負責任的生活態度，具有創造意識和能力，善於和他人共同生活、工作；具有社會責任感與生態倫理意識，能夠與周圍環境和諧相處，即學會認知、學會做事、學會與他人共同生活、學會生存四種基本要素（郭元祥，2005）。本章即希望藉由教育與生活關係的探討，鼓勵學生跨出校園，認知這個多彩多姿的社會，為未來的生活做好準備。

貳 教育是什麼?

一、教育的定義

教育是什麼？可以很簡單的回答，也很難說明清楚。但討論教育與生活則非要將教育定義釐清不可。從字面上看「教」字，教本身就有多重的意義：如《管子．弟子職》：「先生施教，弟子則是」講的是訓誨之意思；《呂氏春秋．貴公》：「願仲尼之教寡人也」則有告訴的意思。因此，「教」字一般有「訓誨」、「告訴」的意思。「育」字也有多重解釋：如《易．蒙》：「君子以果行育德」，君子言而必行，行而有果，是謂果行，而以果斷行動以培養道德，「育」字就有培養的意思；如《詩．大雅生民》：「載生載育，時維后稷」是有長大的意思；又如《詩．漸》：「孕婦不育」則是生的意思，所以「育」字有「養」、「長」、「生」的意思。若依《說文解字》：「教，上所施，下所效；育，養子始作善也」兩字合併起來，就是長輩指導晚輩，晚輩仿效學習，並行善事。因此，從中國傳統對教育的見解，偏重於學習與行善兩大主軸。而我國教育一詞，首見於《孟子．盡心》：「君子有三樂，而王天下不與存焉。父母俱存，兄弟無故，一樂也；仰不愧於天，俯不怍於人，二樂也；得天下英才而教育之，三樂也。」

西方對於教育二字的看法與我國不盡相同。西方「教育」一詞，不論education（英文、法文）或erziehung（德文），皆由拉丁文 educare 演變而來，此詞係出 educere，是由 e 和 ducere 合組而成；而e在拉丁文的意思為「出」，而ducere的意思為「引」，合起來就是引出的意思（吳清山，2006）。而引出什麼？根據《韋氏國際字典》（*Webster's Third New International Dictionary*）的看法，將「教育」解釋成養育、發展等各種意思，若依上述，也就是說將人的潛能，藉由發展、引導逐步展現出來。

不論東西方對教育的看法，都有學習的意涵，但我國對於教育更著重於善行的教育，而西方則較強調潛能的開發。不論重點何處，「教育」皆是影響人一生最重要的活動，也是人類除了維持生命外，進步動力的來源。因此，學者吳清山（2006）指出，教育是指施教者運用適當的課程與教學，引導受教者有效的學習，以發展受教者的潛能、激發受教者的行善意念與行為，並培養受教者健全人格為目的。吳清山的定義沒有進一步說明，培養健全人格的目的是什麼？其實就是為了完美的生活。

二、教育的目的

目的是指一切行動可預見的結果或是行動中所獲得的效用。所以我們可以將目的分為「內在目的」（intrinsic aim）與「外在目的」（extrinsic aim）（楊國賜主編，2002）。內在目的指的是設定或導引的結束狀態，外在目的強調以行動後所獲得的效果，

是一種工具性成就（instrumental achievement）。而探討教育目的也可以從教育的內在目的與外在目的談起，較能完整的理解教育的面貌。

(一)教育的內在目的

前文提到西方的 education 之教育目的在發展個性，實現自我，引導出人類心靈中的德與智。若就教育的本質出發，教育的目的，就是著重受教者潛能的發展與實現。每個人生而不同，早在兩千多年前，孔子即強調「因材施教」的理念，原因就在於每個人的資質、興趣、長處皆不同。教育的目的，就是要讓所有不同特質的個體，經過一段時間的陶冶，每個人能藉由教育的手段，逐步展現發展的特質，讓每個人均可創造幸福的人生，教導出「好人」、「完人」或「全人」為終點，這種潛能的引導就是教育。

杜威曾言：「教育無目的。」因為生長本身就是目的，教育歷程除了自身所訂的目的外，沒有其他目的。這是一種強調教育內在目的的說法，教育就是教人為善，教人為人，後者的「人」是指接受教育之後成為有教養的人。此與中國教育以「善」為最後的目標，重在「明人倫」（孟子）、「修己善群」（儒家）、「養心性」與「重窮理」（宋明理學）等看法一致。

(二)教育的外在目的

教育的外在目的則強調以教育的效果為主，強調生活的準備與公民的培養。

1. 教育為生活準備：人類發展潛能，彰顯主體固然重要，但畢竟人必須生活；生命若無法延續，一切皆為空談，所以人必須有未來生活的能力；這種為未來生活準備的教育，不但比發展潛能更務實，也更有益於兒童的福祉。

英國教育家斯賓賽（Herbert Spencer）在其名著《教育論》（*Education: Intellectual, Moral and Physical*）中，強調教育實用性的重要，並主張教育的目的是在為「完美生活」準備。斯賓賽進一步指出，兒童未來成人的完美生活包括五個方面：⑴和自我生存直接關係的活動，亦即健康生活；⑵和自我生存間接有關係的活動，亦即職業生活；⑶有關養育子女和教育子女的活動，亦即婚姻生活與家庭生活；⑷有關維持社會與政治關係的活動，亦即社交生活；以及⑸休閒和娛樂的活動，亦即休閒生活。因此教育目的就是要針對這五種活動，教導兒童必要的知識，準備完美的生活，斯賓賽認為舉凡生活所需的知識都有價值，但由於生活中的五類生活均須「科學知識」，所以科學知識最有價值（楊國賜主編，2002）。

2. 教育為培育公民：教育以發展潛能及為未來生活做準備，這都是從個人的觀點來考量。若從社會的觀點來思考，教育的另一項外在目的，就是為培育公民而準備。從社會發展的角度來看，現代社會需要健全的公民（citizen）才會進步，然而所謂的「健全公民」究竟是什麼，值得進一步探討。

現代社會的理想是「民主社會」，民主社會顧名思義，人民才是社會發展的主角，一個能以民眾參與，治理國家，決定國家發展大政的就是一種公民社會。民主政治不僅是一種政治體制，也是一種「生活方式」，但無論是政治體制或生活方式，都需要藉由「自由」、「平等」、「參與」等機制，達到人民參與國家機器運作的目的。此時，則需要具有參與社會公共事務的知能及態度的人民，而這必須藉由教育來培養人民這種能力，民主社會才能持續發展。

若從教育的形式將其區分成正式與非正式的教育，還可以進

一步分析。狹義的教育是有目的的、有計畫的、上下銜接左右連貫的。如：正式（規）教育，指在特定的場所、環境（學校），特定的受教者（學生）與專門的施教者（教師），進行有計畫、有系統的教育，具有特定的教育目的與特定的教育內容。廣義的教育是無組織的、無計畫的、無一定形式的（如：非正式教育，指個人在終生的經驗過程中，所獲得的態度、價值觀、知識和技能），無特定的施教者與受教者，無特定的目的與特定的教材，屬於非計畫性、非系統性的教育作用。

談到這裡我們要思考一下，作為高等教育的大學，其教育目的或是更具體的教育目標為何？同學們歷盡千辛萬苦，終於考上大學，來到大學學習，究竟要將大學生帶領至何處？我們可以從「大學法」中瞭解一些想法。

「大學法」第 1 條揭櫫：「大學以研究學術，培育人才，提升文化，服務社會，促進國定發展為宗旨。」說明了大學教育的目標主要有五：⑴研究學術；⑵培育人才；⑶提升文化；⑷服務社會；⑸促進國家發展。又如國立台北教育大學之教育目標：「遵照『中華民國憲法』第 158 條及『師範教育法』之規定，以嚴格之身心陶冶及專業教育，培養國民小學及幼稚園之健全師資。」再看政治大學的教育目標：

1. 學術卓越：強化傳統特色，整合既有資源，積極開創，獎勵學術研究，追求學術卓越。
2. 博雅教育：理論與實務並重，專業與通識兼備，透過服務學習，培育優質公民。
3. 人文校園：再造動線，整修建物，美化環境，將人群關懷、藝文品味、學術對話融入校園生活，營造人文校園。
4. 國際合作：加強外語教學，推動國際交流，擴展師生襟懷、視野。

從「大學法」至兩所大學的教育目標，我們可以說，教育的目的無論是內在目的或是外在目的，均有其不可抹滅的價值，也都是教育的可能性，更不可偏廢；全面發展應是各教育階段均須把握的原則，大學教育更是如此。

三、教育的規準

談過了教育的目的，接下來我們要探討什麼樣的活動可以稱之為教育，教育如果只是「上所施，下所效」，是不是要有一些界線、規範，否則任何教導的行為都是教育的話，會不會有「教壞囝仔」的疑慮？我們在思考或評析這樣的問題時，所依據的一套標準，就是所謂「教育的規準」。換個角度思考，教育的規準也可以視為是教育應該具備的品質條件，或者也可以理解教育規準即為教育應遵循的基本原則。英國學者彼德思（R. S. Peters）主張教育有三大規準，應遵循「合價值性」（worthwhileness）、「合認知性」（cognitiveness）及「合自願性」（voluntariness）等三項規準，分述如下。

㈠合價值性

教育是傳遞價值的過程，必須傳遞合理正向的價值，所謂價值就是良善的、好的，不能與道德相悖離。因此，合價值性，簡單的說，強調的是道德動機，教育必須符合道德規範上的善，這尤其是指教育的動機或目的而言。其次，是教育必須朝向有正面價值。

在教育必須符合道德規範上的善方面，亦即教育所教導的，必須不僅是所欲的（desired），而且還必須在道德層面上是適切合理的、可欲的（desirable），能夠導向正面的目的目標，引人做正向的改變。換言之，即教育必須是具正向價值的活動，不能

違背道德的規範。此外，在價值判斷上，教育必須要能傳遞多元價值觀念，避免偏執於某一種價值，產生價值活動的不平衡，導致教育的不當與失衡。

(二)合認知性

合認知性主要強調教育所傳遞的內容訊息，特別是屬於事實的領域，必須具有認知意義，具備知識上的真。所謂知識上的真，是依據證據的充分與否來判斷。彼德思認為教育內容應力求是證據充分的知識真理，避免僅是證據不充分的個人信念，更不應該是缺乏證據的偏見或迷信；換言之，教育不能傳遞錯誤不實的訊息，必須尊重證據事實，有幾分證據說幾分話。

此外，在教導的過程還必須考量學習者認知發展的能力，否則超越認知的程度，反而喪失學習的意義。

(三)合自願性

合自願性方面，則是強調教育過程應儘量符合受教者的自發意願，儘量避免強迫灌輸。具體言之，施教者應力求瞭解並配合學習者身心發展的成熟度、尊重學生的自由意志及具有創造的熱情等。

教育過程中，尤其是義務教育、強迫教育、必修課程等，經常充滿非自願性之意味，難以兼顧所謂合自願性。其實受教育或學習本質上，兼有快樂與痛苦的成分，正如有些人悅而學之，有些人則是勉而學之。過度主張「快樂學習」，以為求學受教應該輕鬆愉快，似乎也是一種偏頗。不過，無論如何，教育人員應該力求以受教者為主體，調整課程教材教法，讓學習者體會到學習內容的趣味，激發受教者學習的意願、興趣與動機，引發其自動、自發、自願的從事學習，讓受教者達到一種「悅」學的態度，即便是有些辛勞痛苦，也能認為歡喜值得。若果能如此，則事實上教育過程仍是頗能符應合自願性。

先前我們提過，教育規準就是思考或評析教育的實施是否適切合理、是否具備高度價值，所依據的一套標準。因此，教育規準就如同一面鏡子。鏡子可以讓我們檢視服裝儀容是否妥適，教育的規準可以提供我們作為檢視自己或他人的教育理念或行為是否適切有價值的依據。透過教育規準，我們可以評析某些教育理念或行為是高超、理想的，抑或僅是平庸、帶有瑕疵的？或者說，是符合「真教育」（educative），抑或僅是「非教育」（non-educative），甚或已經淪為「反教育」（mis-education）（賴光真，2008）？

從教育的規準出發，區別所謂「真教育」、「非教育」、「反教育」等概念，其中所謂的「真教育」應該是那些符合教育應有的規準，並且產生正面影響的。「非教育」則是指「不符」教育應有的規準，未具備或未發揮教育之正向作用，或者沒有價值的判斷與導向可言；缺乏認知的意義，只有工作而沒有成效等，不過尚未產生嚴重負面影響的，稱之為非教育。至於「反教育」則是指那些「悖離」教育應有的規準，而且產生負面影響的，如違反真理認知，妨礙個人潛能發展，破壞個人之自尊、肯定與自信等的，稱之為反教育。

我們必須注意的是，真教育、非教育、反教育之間往往是一線之隔，或可能遊走的。如教師以比賽為遊戲，來帶動班級動力，或凝聚班級向心力，一般而言雖然受教者可能興致盎然，施教者本身亦無明顯惡意，但是卻必須考量比賽是否具有認知層面的價值，與班級動力或同儕凝聚力的激發，有無必然、必要的關係，否則僅能謂為非教育。但若在遊戲過程中，受教者過於計較比賽的勝負，導致其他意外發生，致使身體健康受傷害，產生不

可欲的負向後果，那麼同樣一個活動就可能淪為反教育。

四、教育的功能

教育之所以有存在的必要，原因在於它能發揮一定的功能，這些功能可以改變、影響人類發展嗎？其實有兩個極端對立的見解：一是樂觀派主張教育萬能說，認為透過注入及灌輸式的教育，可以達到一切人類想要達到的改變。代表人物如：洛克（L. Locke）、康德（I. Kant）、行為主義者華生（J. P. Watson）等。

正如行為學派學者主張的：「給我一打健壯的孩子，……我擔保在他們之間任擇一個加以訓練，可以使他們成為任何專家——醫生、律師、畫家、大企業家，也可以使他們淪為乞丐、盜賊，不管祖先的才能、嗜好、品行、職業和種族為何。」

其二悲觀派主張教育無能說，他們認為天賦本能具有極大的勢力，教育無助於個體的成長發展，一切都是遺傳命定的。代表人物如：遺傳學家高爾登（F. Galton）、進化論者、犯罪心理學者、存在主義者叔本華（Arthur Schopenhauer）等。

筆者認為，教育對人類的成長改變，具有一定程度的功能，但也受其他因素的助長或抑制。根據發展心理學觀點指出，個體的表現受到下列因素的影響（賴光真，2008）：

個體表現＝遺傳×環境×成熟×學習（受教育）

從上述我們可以瞭解，干擾個體的表現因素如：⑴遺傳：主要是指一些來自先天的身心條件；⑵環境：包括政治、經濟、社會、文化等鉅觀環境，以及家庭、社區等微觀環境；⑶成熟：是指個體身心等方面的發展、成熟速度；⑷學習：此處即相當於「受教育」。雖然個體受到一些因素的干擾，但不可否認地，教育小至個人，大至國家，均發揮一定的作用，只是比重高低罷了；因此，教育的重要性仍然不可輕忽。教育的功能，不同學者間有不同的看法。

陳迺臣（1996）認為教育有下列五項功能：

1. 使受教者正確瞭解自己、他人及生活環境。
2. 啟發個體的潛能，提供自我實現的機會。
3. 培養學生謀生的能力。
4. 提供國家建設及社會發展所需的各種人才。
5. 傳遞文化財產，使人類的經驗得以累積，並進一步促發人類反省文明發展現況及未來方向，喚醒創新文化的意志。

甘治平（引自吳清山，2006）認為教育的功能如下：

1. 教育的經濟功能：傳授經濟生活所需的知能、帶動經濟成長、適應經濟結構。
2. 教育的政治功能：培養國民的國家意識、培養政治領導人才、增進個人民主意識、維護世界和平。
3. 教育的文化功能：保存文化、傳遞文化、創新文化。
4. 教育的社會功能：促進個人社會化、促進社會流動、導引社會變遷經濟功能，培養現代理性公民。
5. 促進個人發展的功能：促進個人身心發展、激發潛能。

綜合上述學者的說法，教育的功能可從對個人、對社會、對國家分別具有不同的意義。從個人來說：教育的功能在於發展個人潛能，幫助個人自我實現。對社會來說：教育的功能在於促進社會流動，引導社會進步發展。對國家來說：教育的功能在於培育國家人才，厚植國家競爭力。

五、教育與生活的關係

所有的教育活動基本上都是成熟者將經驗傳遞給未成熟者的歷程，其目的一在確保未成熟者的生存適應，二在延續生命（賈馥茗、林逢祺、洪仁進、葉坤靈編著，2003）；所以，教育是人類求生存的一種形式。為了幫助人類的生存，教育於是開展。在遠古社會中，教育是透過口耳相傳、師徒傳授，一點一滴教導生存攸關的知識與技能，這種非正式、無系統和一對一的教學，在現代文明快速成長、科技發達的時代裡，早已不能勝任協助社會和下一代生存適應的功能；因此，有計畫、系統與組織的學校教育於是誕生。

但是這種把教育從現實生活中剝離出來，以學校作為空間形式，以教師作為基本組織者，以教材作為學習內容，賦予其特定的目的、內容、方法，成為另一個單一的世界。在這種教育世界中，學生可以不受外界生活的干擾，「兩耳不聞窗外事，一心只讀聖賢書」。雖然這種教育觀點有利於學生在較短的時間內，用較省力的方式，掌握較多的知識，但這種讀書不為當下，是為了將來享用的想法，較接近於斯賓賽的教育主張「準備說」，為我們完善的生活做好準備，乃是教育所應完成的功能（孫善利，2008）。

另一種觀點是杜威的「過程說」，主張教育是生活的過程，而不是將來生活的準備。杜威主張教育應該與生活融合在一起，教育的過程就是生活的過程，教育的世界就是生活的世界。這個複合世界是按照學習者的成長規律設計的，比較而言，學生學到的知識淺顯但卻複雜，不規範但卻鮮活、生動，帶著強烈的個人體驗性。在這個觀念之下，學校、教師、教材與現實生活同等重要，主張強調在學習中享受生活的樂趣與幸福。如走路，每一步都有自身的價值，並不是前面的步伐是為了下一步做準備。

從上述的兩種觀點來討論教育與生活的關係，不論是斯賓賽的「教育預備說」與杜威的「教育過程說」，皆有其一定的道理。事實上兩者是互相搭配的，難以取捨，而其關鍵點在於學習主體的確立；唯有確立了學習的主體，才能進行教育於其中，或者為未來生活的準備，掌握生活為核心的目標。舉例而言，道德教育非常重要，但道德人格的塑造，絕不能脫離實際的社會關係，社會關係之外的道德是空的。學校裡的社會關係，無法完全代表真實生活中複雜多變的人際互動，所以不可能獨立完成道德人格的塑造。杜威認為學校教育要鼓勵學生參與校外各種社會活動，使學生在與別人互動之中瞭解自己與他人的關聯，以涵養人格，也是塑造社會心靈（social mind）的良方。

綜合上述，教育與生活是人類生存的兩大命題。人類透過教育改善生活，提升生活的品質，也從生活中擷取智慧，作為教育的材料，作為延續生命、文化的依據；因此，教育與生活的關係，就像人類的左手與右手，黑夜與白天，兩者關係密切，牢不可分。

參 現代公民的生活挑戰

用狄更斯（Dickens）名言：「這是最黑暗的時代，也是最光明的時代。」來形容現代的生活，可說是最佳的寫照。現代的社會是一個科技發達卻人情淡薄，交通便利卻關係疏遠，民主進步卻法紀不張的混亂社會，每當社會發生了特別的事件，第一個被檢討的通常是教育，因為社會普遍認為「教育」是解決問題的根本方法，卻又顯得緩不濟急，因為現代公民遇到了下列的挑戰。

一、以終身學習面對知識半衰期

即使一個在某一領域很有學問或富有專業知識的人，如果不再學習，在一定時間後就會進入知識半衰期，除了基本知識仍可用，其他的一半新知識已落伍派不上用場。當前，知識半衰期正在日益縮短，由最早的一百年逐漸縮短至當前的三年。知識以「一日千里」的速度快速增加，今天的知識可能剛印製到書本上就快要被淘汰，運用的、分析的知識日益重要，記憶的、反覆性的知識已交給電腦完成。一個人如果不學習或停止學習太久，則很容易與社會脫節並淘汰出局。

面對時代的劇變，一個現代公民，還應具備科學的精神。只有用科學知識充實自我，才能擺脫愚昧，對客觀世界產生正確的認知，有效的發揮主動求知，創造有益的精神生活和物質生活。倘若公民不是相信科學而是迷信，或人云亦云，那麼人類的物質生活即使提高了，但是在精神上也必然萎縮。

身為這一代的一分子，面對知識快速的衰敗，以及知識不斷更新，現代公民唯有不斷保持進修，終身學習，隨時更新自己的記憶體，才有可能生活得游刃有餘，跟上時代的變化。

二、學會分辨與做好知識管理

在科技發達的同時，現代社會呈現了資訊爆炸的現象。從過去要傳遞或獲取資訊的方法不外乎寄信、打電話，更好一點用傳真，甚至得親自跑一趟才行。到如今卻只要彈指之間，就可完成數十筆至數萬筆的資訊傳遞，真是方便。

然而，在今日的時代，獲取資訊不是問題，資訊太多才是困擾！我們始終是處於這個資訊爆炸的時代，為這巨量的資訊所餵養，資訊洪流沖刷著我們的神經感官，若不加以消化、抵抗，終究會成為資訊時代下迷失的個人。重點是我們是否學會辨別哪些是事實？哪些又非事實？在資訊爆炸的時代中培養獨立的人格。

三、適應民主的生活

雖然民主的政治體制，已是現今世界各國的主要政治體制，事實上對於民主生活的適應，仍有一段距離。一個現代公民，對於民主生活要能積極的參與；面對官員不應該畏縮，因為官員是人民選舉出來為公眾服務的，應該是官員珍惜民眾才對；甚至也不應該畏懼國家，因為國家是公民建立起來的，是公民用來投票選出管理社會公共事物的機器。一個現代公民應該學習當國家真正的主人，對公共生活有更多的關切。

民主與法治是一體的兩面，要享受民主當然必須遵守法治。因為法律是現代社會的基礎，是維護公民權力的利器。現代公民必須恪遵法律，只有人人相信法律，遵守法律，才能發揮法律的應有作用，才能建立法治國家。假如人們不信任法律，而是畏懼權力、向威權低頭，就不會有法治國家，沒有法治就沒有現代化。

然而現代公民並不是守法就好，還要有道德才是一個理想的社會。台灣自 1987 年政治解嚴以來，人民意識抬頭，個人權力彰顯，卻忽略公德。即使是今天，各種不講公德的行為仍然隨處可見。自私自利、冷漠歧視、視公物為私人物品、占據公共空間做個人使用等行為，有損人際關係和社會秩序；濫砍亂伐、製造垃圾等破壞自然環境的行為，都對個人與社會道德形成嚴峻的挑戰。因此，現代公民必須恪遵法律，修養道德，關心公共事物，才是良好公德的表現。

四、提升精神層面的內涵

現化社會追求進步、舒適，原本無可厚非，也是必然的現象。然而當物質文明進步的同時，精神生活卻未能同步提升，成為「重物質，輕精神」現象。君不見，台灣民眾家家戶戶裝潢精美，人們生活品味卻不見提升；台灣人民喜愛旅遊，卻不懂得欣賞大自然之美，仍將吵人的卡拉 OK 帶到戶外；台灣的電視頻道有上百台，但台灣人民平均閱讀的量，在世界上僅能敬陪末座，因此，當我們物質提升的同時，如何幫助精神生活的同步提升，是現代公民的重要課題。

提升自己的方法很多，有的人用藝術來涵養自己，有人用思想或哲學來充實自己；有些人則透過宗教的信仰和修持，以及宗教生活的體驗。不論用何種方法，讓自己的生命產生價值，並且發光發熱造福人群，才是人類精神生活取之不盡、用之不竭的寶藏。人生才不會空虛，也不會感到寂寞。

雖然人的生命是很脆弱的，我們的時間、體力往往也不夠用，可是就是因為生命太短暫，能力也不足，所以更要充分的、積極的奉獻自己。如果能夠具備宗教的信心，那就更好了。但這個信心並不是虛無空洞的，而是透過自己的實踐與深刻體會得到的。所謂實踐，以宗教的觀點來說，就是學習仙佛、菩薩、耶穌基督付出和奉獻的精神；而在學習付出奉獻的過程中，人的生命便會因此獲得充實。如同聖嚴法師所開示的：

> 生命的目的是在受報、生命的意義在盡責任、生命的價值在於奉獻。（法鼓山僧伽大學，2007）

五、人際關係重倫理與道德

面對現代的社會，人與人的相處顯得日益複雜，當今的社會，亂象百出，肇因於社會大眾，不論是什麼層次的人，彼此之間的互動，甚少注意到倫理的分際及道德的準則，所以大家爭取權利，忽略了義務的奉獻和責任的擔當。兩人以上相處能各盡其責、各守其分是倫理，彼此尊重、互相關心是道德的表現。

因為尊重、關心不足，人與人之間的衝突增多了。2009 年 6 月，新竹發生一件砍人血案，原因只為了多看一眼，就惹來殺身之禍。現代公民要發揚「人飢己飢，人溺己溺」、「民胞物與」的胸懷，不管面對 921、四川震災及 88 水患等天災，要感同身受，多一份關懷就能多化解一份的暴戾之氣。

現代的社會可以說人類發展過程中，最輝煌也是最陰暗的時代，社會中到處充滿矛盾與衝突。社會上需要有科學精神、懂得批判的公民，需要有良好的道德意識的公民，需要相信法律、恪守法律及具備參與公共事務能力的公民。只有全社會的公民都具備了豐富的人文素養，懂得關心周遭的人、事、物，瞭解人生的意義與價值，一個兼具政治文明、精神文明和物質文明的現代化社會才能實現。

肆 精緻教育美化人生

人類生活在世界之中，就是為了處理與生活有關的問題，為了達成上述的理想，勢必透過教育來完成。教育最根本的特質就是具有發展性、理想性或可能性（郭元祥，2005）。因為教育關注的，就是人類可能的生存狀態與發展過程，從此意義說，教育時時刻刻追求某種理想的人生方式，或可能的生活。這種理想的

生活，應包括四大生活面向：理性生活、感性生活、審美生活與道德生活。

首先是理性生活，所謂理性生活就是要發揚人的理性面，人是理性的動物，透過理性活動去處理與生活世界的複雜關係。理性生活是以認知活動為基本方式，透過創新、思辨等理性的活動，協助我們追求真的生活。真的生活不止要求真的結果，也要關注追求真的過程，理性最高層次是理智感的體驗與滿足，人類藉由理性的發展可以管理自我，屆時得以悠遊自得、隨心所欲不踰矩。

曾經在書上看過一篇文章這樣寫到：「一個人如果理智的去生活，那麼他的生活將是一個喜劇，如果感性的去生活，那麼他的生活將是一個悲劇。」理性是生活的指針，而感性卻是生活的調劑，人的生活不可能硬邦邦，透過與自我的對話、調和與家人及人際的關係。美國心理學家馬斯洛（Maslow）所主張需求層次理論（need-hierarchy theory）中，就指出追求感情的需求，是人的基本需求之一，包括對親情、友情、愛情以及隸屬關係的需求。人類的感性生活如果得不到滿足，就會影響精神、情緒低落，甚至進一步影響身體健康、理性發展。

審美生活建立在情感活動基礎上，是感受美、識別美、鑑賞美、表現美和創造美的過程。美的本質性價值包括視野的交融、人性的開展。所謂「視野的交融」，是指美育能夠開拓人類的視野，並使之不致扭曲；至於「人性的開展」，則是指美育可以使人超越物質工具褊狹所造成的空虛、疏離、苦悶，使人類免於役於物，能發展理性之外的感性領域，達到靈魂的圓熟。培養美感的方法，可以透過休閒、宗教追求人生之美，達到人的身、心、靈和諧。

最後，是追求道德的生活，道德生活是建立在意志活動基礎上的思想品德內化和道德建構的活動。道德不是用講解就可以培養，必須透過觀察、體驗，培養感同身受、將心比心的胸懷，才能從被動遵守道德到主動涵養道德情感，透過感受多元文化、瞭解全球化議題，體驗自己及他人行為符合道德規範時，就會產生敬佩、欣賞、熱愛、欣慰、榮譽等道德體驗，最後成為合乎現代生活要求的公民。

為了達到理想生活的四大面向，唯有透過教育別無他法，不僅如此，教育的安排必須系統化、精緻性，以人為主體，教育為經，生活為緯，建構完美生活，協助其社會立足，並達成實現自我價值。

伍 結語：做個有品味的大學生

今日的社會是個變化、引誘與挑戰的時代，身為這一時代的知識分子，受教育的目的，不僅只是追求個人生活的美滿，更要以促進社會的祥和作為一己努力的方向。教育的著手從家庭奠基，在學校啟動，最後實踐於社會。2009 年教育部提出「有品運動」，所謂的「有品」指的是「為人有品德、做事有品質、生活有品味」的「三品」，這「三品」大致上也與「真善美」遙相呼應，代表新的精神、新的生活，也正是本書致力達成的目標，希望成為大學生的生活寶典，教育與生活合而為一，搭配品德、品質與品味才能克服、化解與調和生活周遭的困境，為理想生活而邁進。

教育的目的是培養完整的個人，不是單只為社會培養服務的人才。教育與生活是人類最重要的兩件工作，人處於「生活」與「教育」的核心地位。對於教育來說，人是教育的對象，也是教育的主體，生活則是教育的目的，也是終點；以大學生而言，受教育是為完美生活而準備，期待藉由本書的介紹，讓大學生對於未來大學生涯有更明確的目標。

問題與討論

1. 請各舉一個真實的或虛擬的例子，來說明何謂「真教育」、「非教育」與「反教育」。
2. 教育的各規準之間是否有先後次序的問題，如果有，應該孰先孰後？為什麼？
3. 影響人類發展的因素有四項（遺傳、環境、成熟、學習），請討論此四項影響因素的內涵為何？又它們是如何影響人類的發展？

參考文獻

吳清山（2006）。**教育概論**。台北市：五南。

法鼓山僧伽大學（2007）。不再空虛的人生。**僧芽雙週刊，5**。2009 年 6 月 20 日取自 http://sanghau.ddm.org.tw/temp/sr_vol_5.doc

孫善利（2008）。**關於「教育與生活」兩種基本觀點的思考**。2009 年 6 月18日取自 http://old.blog.edu.cn/user4/ssl137/archives/2008/2157674.shtml

徐明珠（2007）。潛在性課程讓教育與生活結合。**中國童子軍，44**(22)。2009 年 6 月 3 日取自 http://www.npf.org.tw/post/1/2112

郭元祥（2005）。**生活與教育**。武漢市：華中師範大學出版。

陳迺臣（1996）。教育的目的與功能。載於王家通主編，**教育導論**（頁

29-31）。高雄市：麗文。
楊國賜主編（2002）。**新世紀的教育學概論——科際整合導向**。台北市：學富。
賈馥茗、林逢祺、洪仁進、葉坤靈編著（2003）。**中西重要教育思想**。台北縣：空大。
賴光真（2008）。**教育的規準**。2009 年 6 月 15 日取自 http://ctl.scu.edu.tw/scutwebpub/.../kwangjen411225146_2.ppt

創造與生活

2 CHAPTER

壹 前言：讓創造成爲生活的態度

創造（create）是一種生活的態度。

從個人的角度而言，創造是一種生活的態度；從企業組織的角度而言，創造是一種績效的展現，更是組織生存的命脈；從社會的角度而言，創造是進步的象徵，因此創造力（creative），成為個人、社會、國家重點所培植與發展的項目。

過去，我國被視為加工與仿冒品的代名詞。因為，台灣的企業、產品欠缺自有的品牌形象，只能一味抄襲歐美國家的創意；近年來，隨著台灣社會進步、教育的普及，「Made in Taiwan」不再是廉價品、次級品的代名詞；相反的，台灣製造成為另一種產品品質的保證。事實上台灣的高科技產業、文化創意產業等在世界產品的舞台上都各領風騷；台灣能有如此的成效，創造力的提升乃是一重大關鍵。教育部（2002）公布創造力教育白皮書，目的即是希望以個體知識為基礎，關懷生命為前提，期能活化全民的創造力潛能，提升解決問題能力，發展多元技能，從而開創豐富多元的自我價值，將台灣打造成一個創造力的國度。為建構符合知識經濟時代的創意王國，須達成下列目標：

——培養終身學習、勇於創造的生活態度。

——提供尊重差異、活潑快樂的學習環境。

——累積豐碩厚實、可親可近的知識資本。

——發展尊重智財、知識密集的產業形貌。

——形成創新多元、積極分享的文化氛圍。

事實上，創造，是最能讓人滿足的經驗；因為創造能無中生有，使不可能成為可能。而「創造」所帶來的革新、改變、推陳出新等經驗及成就感，事實上只要透過學習均可獲得。我們不必與發明大師愛迪生相比較，但在日常生活中多運用一點巧思，就可以豐富自己的生活；日常生活如此，讀書求學亦是如此，教育的目的，何嘗不正是改善、提升個人的生活。因此，本章除介紹何謂創造之外，更希望從日常生活的角度出發，闡述創造與生活的關係。

貳 創造力內涵

「創造」、「創新」、「創意」這幾個相近的詞，事實上並不容易分辨，在許多的場合裡也是經常混用。以狹義區分，創造力（creativity）是創新的知識基礎，創新（innovation）是創造力的具體實踐。廣義之創新能力包含創造力、創新機制與創業精神，具體成果就是社會大眾在各領域之創意表現。創新能力是知識經濟社會發展的重要指標，創造力則是學習成效之教育指標。「創造力」與「創新」為一體之兩面，相輔相成。創意則是創造力的代名詞，或者是創造力展現的形式。因此創意的產生，有賴於創造力智能的發揮；創意的績效，取決於創新成果的展現。所以我們要兼顧創造力與創新能力之培養，並在激發創造力之餘，著重創新之具體實踐（教育部，2002）。

至於創造力的學術性定義為何？說明如下。

一、創造力的定義

史坦博格（Sternberg, 1999）所編之《創造力手冊》（*Handbook of Creativity*）中，各學者對於創造力的定義為例，認為每一個學者所用以描述的語言或許不同，對於創造力的定義，大都不離「獨創性」（originality）與「有用性」（usefulness）這兩個標準。

《韋氏字典》（*Webster dictionary*）對「創造」一詞的解釋是：⑴創造（creating）或是有能力去創造（able to create）；⑵產生（productive），所謂產生乃是「新」的意思，從前沒有的意思；⑶具有或是表現出來有想像力和藝術的，或者有發明才能（having or showing imagination and artistic or intellectural inventiveness）；⑷有刺激想像力和發明原動力（stimulating the imagination and inventive powers）（李德高，1991）。

林偉文（2009）指出，「創造」是指個體能夠產生新奇且有價值想法或產品的能力。中川昌彥（施雯黛譯，2001：34）認為創造力應該是「可以產生一些新價值、新效用，或是增加作用的感覺和能力」。

以下就毛連塭等人（1990）彙整各學者對創造力的觀點，大致歸納出八種主張（引自朱湘吉，2006）。

㈠創造力是創新未曾有的事物

創造乃是主觀生命中改變、發展和進化的過程，藉由修正已知、探索未知，進而組成新知，甚至是無中生有，因而形成新穎、有用且可接受的結果，並賦予某些事物新的存在價值或改變成新形式的能力，此種能力謂之創造力。

㈡能夠具有創造性生活方式的能力就是創造力

認為創造是以自己的方式體驗生活、認識自己以追求自我實現，並將自我實現的創造力表現於日常生活中，做任何事均具有創新傾向的一種生活方式。

㈢創造力就是解決問題的能力

認為創造乃是對問題運用認知、想像和評鑑的功能，發現事實、問題、概念以形成新的假設，修正或重新考驗該假設，提出可解決方案來有效處理問題。

㈣創造力就是在思考歷程中能有創造性事物的產出

創造力是運用變通、原創、敏覺等創造思考能力，覺察問題的缺陷、知識的鴻溝、要素的遺漏等，進而發覺困難，尋求答案，提出假設、驗證及再驗證假設，最後報告結果。

㈤創造力是一種創新的能力和問題解決的能力

創造力應包括流暢力、變通力、原創力和精進力等認知能力（Guilford, 1968; Williams, 1971）。科學的創造力應包括表達力、產出力、發明力、創新力和應變力等五項；懷斯（Wiles, 1985）認為創造力應包括視覺力和知覺力、語彙的能力、繪畫的能力等三種能力；迦納（Howard Gardner, 1985）認為創造力可包括語文、邏輯數學、音樂、空間、肢體動覺和人際關係的六大領域。

㈥創造是一種人格傾向，具有創造傾向者更能發揮其創造力的效果

創造力是一種人格特質，這種人格特質具有解決問題及產出

型的特質，強調自我實現、發現自己潛能；有一種強烈的人類及世界的意識，具有強烈的動機和獨立自主的情懷，以及冒險性、挑戰性、好奇心及想像力等。

㈦創造力是將可聯結的要素加以聯合或結合成新關係的能力

創造力乃是創造者為特殊需要或有用目的，內外在特殊刺激而來的反應（事物、文字或符號），將零碎或無關的訊息，加以結合而成新的關係之能力。

㈧創造力是個人整體的綜合表現

創造力乃是創造性人物，以其原有的知識為基礎，發揮其好奇、想像、冒險、挑戰的人格特質，運用其習得的創造技能，透過慣用的創造性歷程，表現出流暢、變通、原創、精進的能力，獲得新穎、獨特、稀奇、與眾不同，以及利人利己的觀念、行為或產品的總合。

綜合上述的主張，筆者將創造力的定義，歸納成以下幾個共同的特性。

㈠創造力並非固定的感覺和能力

從上述的說明可以知道，創造力是一種能力，也是一種人格特質，可能展現於日常生活當中；也可以是從現有事物改良而成為新事物的能力，所以它並不是固定的感覺或能力。因為這個理由，任何人都有發揮創造力的可能，它並不專屬某些特定的人物；只要肯用心學習，每個人都可以開創出亮麗的人生。

㈡創造力是網絡能力和系統能力交互作用

上述定義的最後提到，創造是個人綜合的表現，所以它是創造力和腦力相同，是由各式各樣的感覺和能力構成，並和網絡能力交互作用的結果；除了個人原有自身的能力外，經營外在環境周遭資源網絡也是重要的一環。

㈢創造力是產生新價值、新效用的感覺和能力

創造力雖然是多種感覺與能力的組合，但重點在於必須產生「新」的功效，才能發揮功效。如教師教學生一首曲子，學生運用各種感覺及能力學會了這首曲子，並達不到創造的目的；創造必須成就新價值、新效用，如能改編曲子，以各種樂器演奏，使人耳目一新。

㈣創造力的目的在解決問題

不論創造的能力、創新的事物，真正的目的就是要解決問題，唯有將生活中的問題一一克服，才是最重要的目的；若不能解決問題，一切的創新都失去意義。

二、創造力的內涵

要說明創造力的內涵，最早是由美國心理學家基爾福特（J. P. Guilford）於 1950 年在美國心理學會提出呼籲，於 1967 年的研究指出，創造力是經由擴散性思考（divergent thinking）而表現於外的行為（沈翠蓮，2005）。國內學者朱湘吉（2006）則主張，可以從能力與態度（五力四心）兩方面說明創造力的內涵。一個具有創造力的個體或組織，非具有此五力四心不可。心理學家陶倫斯（Torrance）曾把創造力分成流暢力（fluency）、變通力

（flexibility）、原創力（originality）和精進力（elaboration），後續的學者又加上敏覺力（sensitivity）等五種能力。四心指的是四種心理態度，它包括想像（imagination）、好奇（curiosity）、挑戰（challenge）和冒險（risk taking）等。

㈠五力

1 流暢力：多

流暢力是指想出大量點子、可能性或答案的能力。一個具有創造力的人，思考主題的能力非常流暢、快速，遇到詰問事項能即時回應，具有文思泉湧、滔滔不絕、左右逢源、信手拈來、口若懸河的特質或能力。通常流暢力高的人，其記憶力和想像力都很高，因為記憶力高，對於見識過的事物，能因時、因人、因地適時回憶情境而表達；想像力高，則對應表現事項流暢無誤。

一般而言，通常說話很快或是寫文章很快的人，頭腦運轉的速度也比較快。因為有靈活、迅速、流暢的思考能力，才能很快地藉由想法和言語來表現。根據心理學和生理學方面的研究（施雯黛譯，2001），發聲、書寫等生理方面的能力，和腦的認識、思考能力其實有很強的相互作用關係。當然擅不擅長說話，也和天生的資質有關。辯才無礙、滔滔不絕連珠炮式的說話，可以刺激腦的思考速度；相對於發聲器官、發聲能力也有很大的影響，思考流暢的腦袋，說話的速度也會比較快。當然，具有流暢的思考會有較佳的創造能力，其理由如下：⑴將判斷力、分析力、記憶力、想像力等相關聯的感覺和能力經過組織後，產生快速網絡效果；⑵省略枝微末節，採取直線思考，所以能很快抓到重點、看清事實；⑶活用過去的體驗和學習，讓它產生形式化，根據每一個個案，選定最適合的思考類別和型態套用，所以可以很快做決定。

魏文帝曹丕命令東阿王曹植在七步內作一首詩，如作不成，就以重刑懲罰。在曹丕的話剛一結束，曹植便作詩說：「煮豆持作羹，漉菽（音鹿叔）以為汁；萁（音奇）在釜下燃，豆在釜中泣。本自同根生，相煎何太急！」魏文帝聽了，滿面羞愧。曹植靠著自己流暢的文思，不但救了自己的一命，也以寓言的方式，提醒曹丕不應骨肉相殘，堪稱是流暢力佳的典範。

2 變通力：變

變通力是以不同的觀點來思考，突破舊有限制或習慣性想法的能力。

具有變通力的人，思考事物常能觸類旁通，舉一反三。窮則變，變則通，能將原本看似凌亂、毫無關係的事物，經過彙整、結合、統籌後，產生出絕妙的點子。

我們常會面對許多各式各樣的問題、限制與障礙，此時變通的能力就顯得重要；因為它可以跨越問題、限制等障礙，山不轉，路轉，「變通」的關鍵因素在於對事物的判斷上，才能在層出不窮的狀況中做出好的決策，並找出相對關係。

曹沖字倉舒，是曹操和環夫人生的孩子，從小就聰明乖巧，深得曹操喜愛。曹沖 6 歲時，孫權送給曹操一頭大象，曹操令人牽至殿中，問眾臣說：「此象甚大，孤欲知其重，有誰可知阿？」那些平時智謀超群的謀士們個個面面相覷，無人能答。下殿後，小曹沖見父不樂，問其何故，曹操把秤象的事對曹沖說了一遍，曹沖應聲道說：「置象於大船上，而刻其水痕所至。秤物以載之，則校可之也。」當眾人都在思考如何找到更大的秤來秤象時，曹沖卻是運用變通力，改變思考方式，用船的吃水重量來替代秤的功能；這種想法與阿基米德的找出偷斤減兩的工匠，頗有異曲同工之妙。

變通也代表將原有想法，經過徹底且多樣改變後，呈現出與原貌不同甚至比原來更具價值的思考，改變原有素材的功能或用途，也是創造的方式之一。舉例而言，像是汽車的改款或是電腦軟體的更新等，都是在既有原型之上，加上新的訴求或附加價值；改變原有表現產生新的型態，當然改變的方式各式各樣，有的只是局部小改款，也可以是功能大翻新，讓人有耳目一新的感覺。

3 原創力：奇

原創力是一種最狹義創造的定義，是指產生獨特又新穎、與眾不同的點子；能獨樹一幟，超群構思，充分發揮高人一等的想像力和可行性決策的能力。

擁有原創力的人，在想法上不受約束，也不會在乎別人的眼光。所謂規則、前例、常識對他們而言都不重要，他們不但討厭規則的束縛，更有違反規則的傾向。在這種心態下，自然能突破既有框架，並呈現自由奔放的原創力。而這種創意常令人有難以招架的感覺，因為自由奔放的創意總是打破成規、出奇不意；擁有這種創意的人，不會壓抑好奇心或想像力，讓想法自由飛翔，所以不免讓人有漫不經心、提心吊膽的感覺。

通常這類人因為思考與行動模式具有獨特性與原創性，不會模仿他人；且有強烈的個人風格，總是把自己看得比別人還重要，不會壓抑自己，而勇於表現自我。

2008 年風靡全台的電影「海角七號」，導演魏德聖就是一位極有原創想法的電影人。他在拍攝「海角七號」期間就有許多與眾不同的想法，就以最後一幕的場景耗資將近 500 萬台幣，只換來二十秒的畫面；但魏導演堅持他的感覺。電影完成後，最後一幕果然成為整部電影中最佳的註腳；也是整個故事的發源，不得不令人佩服魏導演原創的功力。

4 精進力：全

是指由基本觀念（idea）增加細節或擴展觀念，融合出新的概念（concept）的能力。發想創意過程不斷增加細節和組成概念群的創意，這將使想法或實踐精益求精，透過深思熟慮的過程，可以達到錦上添花的效果。

不管做任何事情，都需要專業與精進的能力，否則無法成為專家；而這兩種能力必須相輔相成。因為沒有精實的專業見解，無法成為精進的基礎，透過專門的知識或技術作為底子，再透過細節的精緻化，才能具體展現創新的產品。二十世紀可以說是電腦的世紀，透過電子、工學、半導體等生產技術，在每個範疇內進行專門又深入的研究，進一步擴展功能改進缺失，電腦因此誕生。

除了工作以外，精進的能力發揮在興趣、玩樂抑或是生活之中，也都一樣適用，只要認真接觸，就可以發現每件事都有其深度的一面；若對很多事情有興趣卻不深入，則難有好的表現。時下有一流行語「達人」，就是描述對某一領域非常精熟且能有所心得的人士，就是一項最好的表徵。

在日文中，達人指的是精通學問的技藝之士；任何行業冠上「達人」，就代表是該行業的頂尖高手。只是要成就達人的境界，長時間的堅持不懈，幾乎是必經的修為。台灣菸酒公司嘉義酒廠的調酒達人蔡煜義，忍受終日待在悶熱的釀酒環境裡，練就能辨百味的靈舌，花費七年才調出第一支白酒。修業調酒二十八年的蔡煜義，現在已經是菸酒公司裡的瑰寶，每年為公司帶來 10 億元以上的業績。捏陶二十四年的圓山窯創辦人江有庭，把 1 公斤只值 5 塊錢的陶土，捏成一只價值上萬元的天目茶碗，靠的就是時間累積的火候與功力。台北最頂級的壽司店主廚徐建堂捏壽司捏了二十年，在日本京都學藝、到美國開業再兜一圈回到福岡重習技藝，才又回到台北開店。他捏、揉間的架式，像極了「電視冠軍」裡的壽司達人。

其實，達人精神更重要的是個人價值的重現；人們不必再為謀生而辛勞工作，工作只是生活的延伸。達人早已超越了工藝之士的範疇，是一種意境的象徵，達人也是擁有超人、卓越的特殊藝能之人。前亞都麗緻總經理、現任高雄餐旅學院助理教授蘇國垚舉例，香港頂級師傅做的月餅，為什麼年年造成搶購風潮？除了味美可口，好師傅做的月餅就是不會發霉。因為，香港師傅不斷研究發現，製作月餅的蛋黃，必須把蛋黃裡的臍帶清掉；此外，糖漿要自己調製，加入檸檬、鳳梨，產生新鮮的果酸去化成單醣，製成的月餅才不會發霉。如今歐美正風行「慢食文化」，享受花時間烹調的精緻食物，人們也在等待的過程專心品嘗，絕不是台灣社會流行的「速食文化」，一切求快。達人精神，就像是求慢的「慢食文化」。所以，靠著自己的天賦加毅力，輔以無懈可擊的專業堅持，「達人」就是一種品質保證，也是一種精進的表現。

5 敏覺力：覺

敏覺力是打破習慣的制約，用不同的角度去觀察、發現人事物的廣度、深度或獨特性的能力。在面對問題時，它是察覺問題、發現問題關鍵或疏漏的能力。

具有敏覺力的人擁有纖細、敏銳、細密、直覺的個性，是屬於饒富創造力的特質之一，它可以正確掌握事物間微妙的差異、不同的價值，以及人們心理與情緒的感受。敏銳的覺察又可分為感官、理性與感性的覺察力（施雯黛譯，2001）。

所謂感官的敏覺力，來自於對於關切外界事物微小的變化；如懂得辨識形狀、顏色的微妙差異，這是屬於視覺的敏覺力；對於聲音、韻律方面感應，則是屬於耳朵的敏覺力，也就是聽覺的

敏覺力。這些感官的敏覺力有助於從日常生活的事物中，體會更多的道理或是發現更多的事實，十九世紀末的英國偵探小說家柯南·道爾（Conan Doyle）在其著名的偵探小說中，所塑造的一位才華橫溢的偵探夏洛克·福爾摩斯（Sherlock Holmes），就是以其驚人的敏覺力而破案的例子。

所謂理性的敏覺力，則是對邏輯、語言等有很細密的感受力。具有理性敏覺力的人，會注意語言或生活事物中，微小卻不合理的事物，或者言語中前後矛盾之處；但不論何種敏覺力，愈敏銳愈能對事情有更進一步感受的能力，同時藉由這種感受力進一步去創造和表現。

㈡四心

從態度的角度來說明創造力，可以說明如下。

1 想像（imagination）

想像力是在腦海中「看到」各種圖畫，並且把它具體化。

人類的大腦分成左、右半腦，左腦主要負責語言、邏輯思考；右腦則掌管音樂、想像力等方面。以一般大腦使用情形來看，大多數人的左腦運用情形均較右腦為普遍；由於右腦主要負責想像及直覺相關的事情，像是設計家、畫家、藝術家、編劇、作曲家等，運用右腦能力均很傑出。許多人談到想像力時，直接反應就是視覺方面的想像；但事實上想像的範圍非常寬廣，可以包括形狀、色彩、聲音、律動、味道、空間、質量、觸感等各種的感覺。如能善用右腦功能，像是圖像思考、大量的高速記憶、高速自動演算等功能（劉天祥譯，1997），對於創造力的發揮有相當的助益。

善用人類的直覺去思維，能夠聯想出不同種類的意象，將之具體化，便能超越感官及現實的限制，產生新穎的意念。這種想像可以說是一種白日夢，有夢最美，築夢踏實。愛因斯坦曾說：「想像力比知識還要重要。」因為知識是有限的，而想像力卻是無窮；有想像力的人隨時可以遨遊世界（引自洪蘭，2005）。如果萊特兄弟不是一天到晚想著人類可以離開地面，翱翔天空的大夢，人類恐怕至今還沒有辦法領略天空之美。

事實上，圖像思考的能力，遠高於其他的思考或記憶方式；坊間有許多訓練快速記憶的課程，就是運用圖像化的方式來幫助人類記憶的。

2 好奇（curiosity）

好奇是對各種生疏、不瞭解的現象，能像孩子般不斷的追問並保持高度的興趣。它是我們用新鮮的眼睛，從平淡無奇中看出新意的能力，也就是「追根究柢、推陳出新」的精神。

著名科學家可以說都是具有好奇心的。牛頓對一顆蘋果產生好奇，瓦特對燒水壺冒出的蒸汽也是十分好奇，最後改良了蒸汽機。愛因斯坦從小比較孤僻喜歡玩羅盤，有很強的好奇心，伽利略也是看吊燈搖晃而發現了單擺；還有愛迪生小時候看母雞孵雞蛋，自己也嘗試孵了一天，這都是好奇心的表現。在我們成長的過程中，好奇心是被打壓的，因為大人常說：「囝仔人有耳無嘴」，致使愈來愈不敢發問。曾經有一部電視劇中有這樣一個情節：老師在黑板上畫了一個圓，問這個圓像什麼？幼兒園裡的孩子講出了幾十種；小學生講出十幾種；中學生講出八、九種；大學生只講出二、三種；社會上人士一種也講不出，因為怕錯而不敢講。

所以，保持自己的好奇心，先從發問開始吧！

3 挑戰（challenge）

挑戰是跳出自己的舒適區，設定超出現有能力的目標，用求新求變的精神，尋找新契機或可能性；或是在複雜紊亂的情境

中，保持冷靜、臨危不亂，找出問題的核心及從多角度去尋求解難的方案。

人類都有「慣性」也有「惰性」，這種慣性與惰性就是心理學家所言，每個人的內在都有一個無形的「舒適區」。意思是說，所有人都活在自己熟悉的環境，與認識的人相處，做自己會做的事，在自己界線內使人們感到很舒適。當踏出界線時，就會馬上有面對來自不熟悉環境的變化與挑戰，而會感到不舒適、不安全感、有壓力，甚至有危險的感覺，而自然而然想要退回到舒適區內。

在《聖經》的歷史中，亞伯拉罕是走出舒適區而成功的代表人物。原本他在中東的哈蘭地區已經是一個擁有豐盛產業的牧羊人，但是上帝要賜給他更大的祝福，所以對他說：「你要離開本地、本族、父家，往我所要指示你的地方去。我必叫你成為大國，我必賜福給你，叫你的名為大，你也要叫別人得福。為你祝福的，我必賜福與他；那咒詛你的，我必咒詛他，地上的萬族都要因你得福。」（《聖經》創世記第 12 章 1-3 節）因此亞伯拉罕離開他所熟悉的地方，前往迦南地區，終於依著上帝的祝福，使地上的萬族都因他而得福。

要保持創造力，必要時要離開自己的舒適區，嘗試新的挑戰，才有進步的機會。近年社會不景氣，許多人面臨中年轉業；事實上，化危機為轉機，毋寧也是一個人生轉型的契機。

4 冒險（risk taking）

冒險是指勇於嘗試、實驗、面對批評或承受可能失敗的勇氣。包含勇於應付未知情況的態度。亦可說是樂於接受新事物，做出新嘗試，顯現勇於探索的精神。

發明大王愛迪生一生中最大的貢獻，就是發明了電燈。在他發明電燈的過程當中，不斷改變使用的材料，他做了 1600 多次耐熱材料和 600 多種植物纖維的實驗，才製造出第一個燈泡。這項偉大的貢獻，大大改善了人類的生活，為人類生活帶來了光明。

國內極地長跑好手林義傑，透過跑步，更認識生命的意義；熱衷閱讀，讓運動與生活哲學融合在他小小的身軀裡面，滿載著能量。於是，他總是比一般人敢夢，敢做！那怕是攝氏 50 度的高溫，還是零下 50 度，再困難的環境，也不會打倒他心中有如鋼鐵般的意志。當他橫越撒哈拉的 111 天，領悟到生存的根本就是「愛、信任與包容」，這就是冒險之後的收穫，也創造了人生的新境界。

參 創造與生活的關係

根據研究，64%的人口，其創造力（普通的能力）大都相近，只是個體需要有適當的團體（如學校）或個人（如父母、師長）來鼓勵和誘導，使創造力做適度的發揮（李德高，1991）。而生活中就有許多創意的來源，端賴是否適度發揮，以下就創造與生活的關係，以及如何善用創造力，加以說明如下。

一、生活中培養創造力的方法

奧斯朋（Osborn, 1963）曾舉出創造的十種方法，藉由改變的思考方法，幫助推敲出新的構想（朱湘吉，2006），這些方法如下。

㈠借用（adaptation）

把物品做其他非傳統的用途。

例如：可樂本來是作為藥用，用以提神，結果大受歡迎，成了一般普及的飲料。目前被陽萎症病患視為青春之泉的仙丹——威而鋼（Viagra）的原意是要用來治療心絞痛的，在1992年，研究小組在心絞痛患者身上做實驗，當對實驗患者做定期追蹤時，有不少患者向研究人員反映，他們服用威而鋼後產生了副作用，才把威爾鋼當成性功能障礙的用藥。

㈡改變（modification）

包括如變大，令某些東西（物品）變得更大或加以擴展；變小、壓縮、縮窄或壓縮某些東西或物品；改良、改善、改良某些東西（物品），從而減少其缺點。

例如：擴大一輛汽車變成「七人家庭」的休旅車，或把一把雨傘擴大成為露天茶座的陽傘；將電視機或手提電話變得更薄更輕巧；皮鞋的底部混入「防震軟膠」，從而減少對足部的傷害。傳統的西瓜是圓形，可是圓形的西瓜不易搬運，如果將其改成方形的，是不是更易於載送，也具有賣點。

㈢取代（substitute）

有什麼東西（物品）可以替代或更換原有功能的物品。例如：利用「光碟」代替「磁碟」來記載資料。

㈣加（addition）

在某些物品加上一些物品，讓它變成不同效用的物品或可以提高其功能。

例如：玻璃原本是非常容易碎裂的物品，在兩片玻璃之間加上了塑膠板，玻璃加強了抗壓力；更重要的是它變成了防碎的玻璃，成為一項非常重要的發明（官如玉編，1983）；行動電話上加添「微型防狼發聲器」及「電子遊戲」等功能。

㈤減（subtraction）

刪除，減省在某些東西（物品）上可以減省或除掉些什麼，給人耳目一新的感覺。

例如：長袖的防風外套在兩肩加上拉鏈，便可隨時變成背心。耳環原是配成雙，減少一個，只強調戴一只大耳環的效果。

㈥乘（multiplication）

把兩件事物相搭配，得到倍數的效果。

例如：在電視節目「全民最大黨」中，地下電台的橋段裡不斷將任何事情皆歸結「這是阿共的陰謀啦」，而且不斷反覆出現，得到意想不到的笑果。又如在學校硬體建築中，加入各種圖像，強化使用功能，發揮「寓教於樂」的潛移默化之功。

㈦除（division）

把原本的物品平分或等分，產生跟完整時不一樣的效果。

例如：為怕胖的人設計的一口裝巧克力或兩片裝餅乾，或是將花圃的花苗分株，都可以得到不同的效果。

㈧相反（reversal）

把某些東西（物品）相對的位置對調、反轉、顛倒，產生煥然一新的效果。

例如：設計一件內外兩用的風衣，風衣的內裡也可成為另一件不同顏色圖案的新「衣裳」。

㈨重組（rearrangement）

改變或重組某些東西（物品）的排列次序、顏色、氣味等。

例如：將無色清淡的鹼性飲品變成「藍色」帶「草莓」味的健怡飲品。近來有商家將冰塊與果汁，變成有味道的冰塊，加上牛奶、汽水或水果酒，就變成了新的飲品。

㈩組合（combination）

將兩種不同的性質與功能的物品合併而成為一體。

例如：手機與照相機，原本是兩個不同性質、功能的物品，透過巧妙的結合，成為一項多功能的產品，時下許多 3C 的產品都是利用這種方法去創新。

綜合以上的說法，奧斯朋提供我們發揮創造力的方法。當然生活中的細微枝節都是觸發我們創造的原動力，沈翠蓮（2005）指出，生活中的創意來自於幾個原因：⑴生活經驗的反思：生活中有許多的事物都值得我們省思，從省思中看到不足，才有思考更進一步的理由，如果渾渾噩噩日復一日，是不可能有新的創造的；⑵意外的發生：創意的來源，不少是來自意外的發生後，一連串持續性的積極研發，如謝坤山發明代替雙手的儀器；⑶需求的驅動：因為使用上的不便，讓發明家不斷思考如何設計可以更便利，像是隨身碟的發明就是最好的例證。

二、培養創造力的態度

要從生活培養創造力的態度有三種路徑。一是從寬廣的思考領域、空間、視野等觀點產生創造力：有創意的主張，必須在寬廣的視野中才足以成就。台灣著名歌仔戲團之一的明華園，原本不過是地方型的戲團，在第二代領導人的經營下，引進電影拍攝的技術，再加上百老匯舞台劇的編導手法，成就明華園國際聞名的藝術表現。然而擁有這種創造力的人，首先必須廣納外在世界，其次還要對外在世界有高度的關心，才不會讓視野局限在固定領域，範圍也更具多樣性。當然，具有足夠寬闊的觀點與視野，必須有較多的資訊體系和知識為根基，才能創造出新的價值和效用；因此，持續不斷的學習，接受外界資訊，成為培養創造力的不二法門。

其次要勇於表現自我：具有創造力的人的特質之一，就是具有表現的欲望；他們想要把自己所有的想法、混沌不明的東西都具體呈現出來，屬於一種自我主張、自我表現的欲望。然而，這正是台灣教育所欠缺的；因為，從小的教育告訴學生：「要乖乖坐好，不要搗蛋。」久而久之，聽話成為台灣學生的特性，上課從來不表達自己的想法，也不好意思表達自己的意見，不會參與討論，更不敢在大眾面前展現自我，成為阻礙創造力的殺手。

最後要對事物保持熱情：沒有熱情，世界上的任何技能都無法讓你超越自我（張穎綺、張文欣譯，2005）。因此，保持對事物持續的關心，甚至是用「好玩」（for fun）的心態面對工作，才能保持自己的能量。洪蘭曾舉出自己在美國求學的例子，當同學都放假時，她依舊到實驗室餵養實驗的小動物，這件事情後來被系上的教授知道了，給了她四年獎學金，最後完成學業。如果她沒有保持這股傻勁，不一定有機會拿到獎學金，而完成學業。

希臘漁業鉅子查里曼，小時因為家境清寒，所以 10 歲起就在一座臨近塞亞灣的小城市——卡拉馬自立更生，當起腳踏車店裡的小學徒。一天，一位熟客來店裡牽回他那因爆胎而送修的腳踏車，恰巧這部腳踏車就是查里曼負責修繕的。

「咦？」這顧客看著腳踏車猶豫了一下，不久後臉上的狐疑頓時轉成喜悅：「小弟弟，謝謝你啊！不但幫我修了輪胎，還把車身擦得煥然一新，連我自己都差點兒認不出來了！」

其他的學徒見狀後，立時聚在一起七嘴八舌地討論著：「欸！有必要嗎？這新來的查里曼吃飽撐著啊？」「我看他啊！

老實過了頭！人家只付他補車輪的錢，他擦什麼車身啊？」「這麼笨的頭腦，我看一輩子也不會出人頭地了！」

然而幾年之後的結果卻完全出乎眾人意料之外，那些叨三念四的學徒們依舊在卡拉馬市的那家舊腳踏車店做工，反倒是查里曼，成了名揚工商界的商場名流！

個人做事的「態度」，決定了他日後成就上的「高度」。唯利是圖、得過且過的做事態度，只能夠嚐到一些小甜頭；而腳踏實地，用心用情去做事，也許看似累了些，但往往會有意想不到的驚喜！對於一個懂得用心付出的人來說，很多時候，反而會有意外的收穫。您，是用怎樣的態度去面對那些生活中的大小事物呢？

三、蒐集創意的方法

有道是：「好鳥枝頭亦朋友，落花水面皆文章」，日常生活中到處都有創意，創意就來自於每日的生活點滴；其實創意就在你身邊（張穎綺、張文欣譯，2005），端賴對於平凡的生活中更多的體會。沈復在《浮生六記》一書中提到：「余憶童稚時，能張目對日，明察秋毫。見藐小微物，必細察其紋理，故時有物外之趣。」生活的樂趣，無一不是來自細細的體會。

㈠閱讀

其實蒐集創意最常見的方式就是閱讀，藉由閱讀可以防止腦袋變空，閱讀可以鍛鍊心智、提升腦力。閱讀愈多，心靈愈健康。閱讀可以激發創意，因為你的頭腦充斥想法，想像力不斷在過濾這些想法，準備找出某個有用的東西；假使你不再閱讀，必然不再思考，就如同枯了水的井，再也湧不出甘甜的井水。

㈡對話與聽演講

藉由對話，社會上形形色色的人，上至富商名賈，下至走卒販夫，雖然生活背景不同；與其對話細細咀嚼，都有不同的人生哲理或是創意的原點蘊藏其中，這些想法就是創意的由來。

目前各種機構經常都會辦理各式的演講、講座，當然聆聽演講是一種蒐集創意的來源，如果能夠與演說者進一步對話，釐清自己的想法，對自己的獲益更大。因此，一場演講之中，如果可以獲致一個新的想法，也就值回票價了。

㈢觀摩與學習

經由享受他人的作品，來蒐集創意也是一種有效的方法，不論是美術館的展藏、戲劇舞蹈的演出，這些都是創作者嘔心瀝血的成果，藉由觀摩演出，也是提升了自我的內涵。「師傅」（mentor）在偉大創造力的發展上通常扮演關鍵性的角色，一些研究已經證實，特別是在科學方面一些具有偉大貢獻的人身上，獲得資深人士輔導和支持是一件非常重要的事情（Piirto, 1992; Sternberg, 1999）。追隨師長或景仰對象的腳步蒐羅創意，運用他們成功的經驗作為創意的起點，初期可能難脫大師的陰影，但要從其中找到合適自己創作風格的方法，才能走出自己的特色，而不是複製品。

㈣手札記錄

隨手記錄，建立個人的資料庫，絕對是現代社會中培養創造力的重要基石。其實生活當中隨時隨地都可能閃過一些念頭，或者是常說的「靈感」，這些想法常是靈光乍現，一閃即逝，沒有隨手記錄，可能喪失了這些想法。因此，隨時隨地不拘形式的記

錄，將會讓自己創意源源不絕。

㈤冥想或親近大自然

透過冥想，常會靈光乍現。而大自然更是天然的寶典，有太多的創意點子蘊藏於風生水起之中，聆聽大自然的聲音，可以幫助我們創意源源不絕。

四、阻礙創造力的因素

每個人天生就具備創造力，但因為後天生長與教養環境使然，創造力一天一天消逝之中。綜合國內各學者的意見，妨礙創造力的因素如下（朱湘吉，2006；呂勝瑛、翁淑媛譯，1991）。

㈠習慣性

習慣是我們的朋友，但慣性也是妨礙創造的殺手，因為慣性思考使得思緒陷入難以自拔的窠臼，限制了想像的空間。

㈡恐懼失敗

把成敗看得過於沉重，畏首畏尾，即便有創意的想法，也難以突破害怕失敗而猶豫不決。

㈢缺乏信心

受限於成長的經驗，對自己缺乏信心，不敢冒險挑戰，也失去嘗試新鮮事物的勇氣。

㈣害怕別人的批評

怕被別人譏笑、視為異類，因此不敢特立獨行、樹立個人風格，凡事企求「一致」，形成一種傳統保守的性格。

(五)時間不足

凡事匆忙，追求速效，缺乏醞釀沉澱、細火慢熬的時間與耐力。

(六)尋求立即的答案

高焦慮，無法忍受曖昧不明的狀態，要求立即的答案。

(七)難於從事有目的的心智活動

精神渙散，無法集中焦點，追根究柢。

(八)不放鬆的嬉戲

個性嚴肅，無法放鬆心情，自由探索。

(九)難以分辨方案的優劣

缺少思考批判能力，無法分辨方案優劣。

肆 結語：做個有競爭力的創意人

創造是一種生活的習慣，它不但攸關個人的生活，更是組織與個人績效的關鍵因素。所以要培養個人的創造力，需要從日常生活中養成習慣，尤其在知識經濟的今日，擁有創造力就擁有競爭力；當然，創造力的養成需要一個開放、允許嘗試、實驗和犯錯的環境。我們要鼓勵所有讀者，選擇自己適合的方式，勇敢去嘗試做一個具有競爭力的創意人。

問題與討論

1. 請舉出生活中運用五力，發揮創意的例子。
2. 奧斯朋所列舉十種創造力的方法，找找看生活中有哪些類似的運用。
3. 除了本章中談到蒐集創意的方法，試問生活中還有哪些蒐集創意的方法？
4. 請就培養創造力的態度的三種路徑：寬廣的視野、勇於表現自我與對事物的熱情，說明其與創造力的關係，並舉例說明。

參考文獻

朱湘吉（2006）。**創造與生活**。台北縣：空大。

呂勝瑛、翁淑媛譯（1991）。奧斯朋（Olson）著。**創造與人生**。台北市：遠流。

李德高（1991）。**創造心理學**。台北市：五南

沈翠蓮（2005）。**創意原理與設計**。台北市：五南。

官如玉編（1983）。**如何開發你的創造力**。台北市：哈佛企管顧問。

林偉文（2009）。峰迴路轉又一村——教師的創造性轉化。載於呂金燮、吳毓瑩、吳麗君、林偉文、柯秋雪、徐式寬、袁汝儀、蔡敏玲、閻鴻中著，**華文教養之道——若水**。台北市：心理。

施雯黛譯（2001）。中川昌彥著。**創造力**。台北市：商智。

洪蘭（2005）。閱讀，讓你的腦更有創造力。**科學人雜誌，11**，42-45。

張穎綺、張文欣譯（2005）。Tharp T. 著。**創意是一種習慣**。台北市：

張老師。

教育部（2002）。**創造力教育白皮書**。台北市：教育部。

「達人」是什麼意思（無日期）。2009 年 2 月 1 日取自 http://tw.knowledge.yahoo.com/question/question? qid=1405102213841

劉天祥譯（1997）。七田真著。**超右腦革命：心想事成的成功法則**。台北市：中國生產力。

Gardner, H. (1985): *Frames of mind.* NY: Basic Books.

Guilford, J. P. (1968). *Intelligent, creativity and their educational implications.* SD: Robert R. Knapp.

Osborn, A. F. (1963). *Applied imagination* (3rd ed.). NY: Scribner.

Piirto, J. (1992). *Understanding those who create.* Dayton: Ohio Psychology Press.

Sternberg R. J. (1999). *Handbook of creativity.* NY: Cambridge University Press.

Wiles J. (1985): *The mind of invention: Activities to stimulate creative thinking.* NY: Holt, Rinehart and Wiseonsin.

Williams, R. (1971). *The long revolution.* London: Pelican Books.

思辨與生活

3
CHAPTER

壹 前言：知識分子的基本能力

目前的台灣社會充滿許多奇怪的現象，每天晚上電視上有一群名嘴拚命批評政治人物，人民可能就在一次又一次的口水戰中，迷失了自我。台灣仍處於民主的轉型之中，因為選民的素質有待提升，選民還不能擺脫政治人物的媚俗，用自己所知所學，來判斷政治人物的言行，尚且不能從政黨或顏色的泥淖中走出來，用是非公義來判斷事實。因為過去教育從來沒有教這一塊，我們的社會從小教育孩子「囝仔人有耳無嘴」，因此培養思辨的能力，成為這一代知識分子所該具備的基本能力。

所謂的知識分子是指能運用其智力研究、反思和推測、提問以及回答有關各種不同思想問題的人士。因此，知識分子不只要有豐富的學識，更要有使命感、謙虛及道德勇氣。能提出一些比現狀更令多數人滿意的組織或制度，有勇氣對當權者提出諍言，有能力不斷吸收新知，而不是以學校教授的課程畫地自限。更重要的是還要能理性的印證他所深信的事實，意即獨立思考判斷是作為現代知識分子應備的基本能力。

所謂的思辨就是批判思考（critical thinking），是指一種有目的及自我引導式的判斷，以詮釋、分析、評價、推論和解釋的方式，來做證據上的、概念上的及方法論上的思考。這種批判性的思辨能力包括：切中要點、釐清問題所在、找出爭議中各方論點、蒐集並使用相關資料、仔細推敲的過程與判斷，實為有效運用資訊和知識不可或缺的方法（張善楠譯，2008），本章將說明這樣的能力如何運用在生活之中。

最後，希望藉由本章幫助讀者瞭解思考的方法，期許現代公民均真正成為所謂的知識分子，猶如殷海光先生在「什麼是知識分子」一文中對知識分子的定義：

> 第一，一個知識分子不止是一個讀書多的人，一個知識分子的心靈必須有獨立的精神和原創能力，知識分子乃是以思想為生活的人；第二，知識分子必須是他所在的社會之批評者，也是現有價值的反對者。一個人不對流行的意見、現有的風俗習慣、大家在無意之間認定的價值產生懷疑並提出批評，那麼，這個人即令讀書很多，也不過是一個活書匠而已。（劉雲霞，2002）

貳 現代公民為何要批判思考？

前文提到讀聖賢書所學何事？不只是修身、齊家，還要能治國、平天下；大學生在接受十數年的教育之後，是社會的中堅與棟樑，更是國家建設的主力。誠如美國國會將促進大學生「批判思考、有效溝通及問題解決」的能力，明訂為西元 2000 年的國家教育目標（Facione, Sanchez, Facione, & Gainen, 1995, p. 2）；可惜在高度的工商業化社會下，讀書求學只為換得一頓溫飽，早已喪失為貢獻國家社會的豪情壯志；更悲慘的是隨著大學生的人數愈來愈多，連判斷是非的能力也愈來愈薄弱，許多作姦犯科者更是高等學府名校所畢業。周恆安（2006）研究資料顯示出，台灣的大學生並無高批判思考意向，筆者推斷此種結果的原因：可能緣自於東西方的文化差異；楊淑民（2005）的研究則說明：1996至2005年的九年間，大學生批判思考能力有顯著提升現象，但提升的幅度有限。然而，批判思考偏偏又是過去教育所鮮少涉及的，為避免知識分子重蹈覆轍，現代公民培養批判思考能力有以下的理由。

一、能夠對知識具有驗證的能力

面對資訊科技的快速發展，二十一世紀已成為知識經濟時代；生活中處處充斥著資訊轉變與競爭，書本中的知識不足以讓我們面對與解決生活問題所需。而在知識氾濫的今日，雖然有電腦協助，但卻忽略了：電腦可以給你資訊，但不能給你判斷事情的能力（余英時，1999）。故如何面對如此龐雜的資訊，從中判斷對於個人有用的知識，不必然全盤接收；判斷及選擇知識的能力，將成為現今最重要的課題。

二、培養舉一反三、主動學習的能力

孔子曾說：「舉一隅，不以三隅反，則不復也。」（《論語・述而》）。從過去的角度也許是指學生學習不求甚解，故不復也；然而，從今日的社會來看，批判思考的能力，確實相對重要。對事物存在懷疑，進一步釐清事實的真相，以達豁然開朗的境地。所以教師必須創造出一種主動學習的歷程，拋出問題、挑戰學生的答案，鼓勵學生將指定閱讀所獲得的資訊和概念，應用到新情境（張善楠譯，2008）；如果，對外在事物一切均採「相

信」或「接受」的態度，對於學習就不再有動力了。

三、建立個人的價值信念，不必人云亦云

台灣是一個多元價值的社會，「多元」固然一方面呈現社會的多樣風貌，但另一方面同時也象徵價值混淆。因此，如何在這多元價值的社會中，建構個人的價值體系，具備獨立的人格，不是人云亦云，才是真正可以論斷是非的知識分子。否則只要每天晚上打開電視，看看各家的政論節目，就可以讓人不知如何自處。誠如西方女哲人阿倫德（Hannah Arendt）所說，我們這個時代太重視行動，卻成了一個「不思不想」的時代，不思不想正是缺乏思辨能力的最大根源；不會思辨的公民，社會參與都成了隨波逐流，只有形式，而無內容（余英時，1999）。可見一個獨立的個體，要能建立個人的價值信念，建立個人價值信念，孰優孰劣，便從批判思考著手。

綜合上述，驗證知識、主動學習，建立個人價值信念，原本就是教育的目標之一，如果教育只是填鴨沒有反思，永遠達不到上述三個理想。準此，現代公民都應具備批判思考的能力。

參 何謂批判思考？

何謂批判思考？簡單的說，批判思考是評估資訊的一個過程。在這過程中，我們把收到的訊息數據化，並做出評估，或用以解決問題。這種思維常歷經邏輯推理、類比、比較的心智運作，成為革新與創造的初步。

但一般人提及批判思考，即認為批判是指從事審慎判斷、評鑑，含有譴責的、吹毛求疵的意思；事實不然。學者狄波諾（De Bono, 1971）認為批判思考原指透過攻擊對方，去除一切偽裝來

顯露事實，讓真理得以昭示。而羅素（Russell, 1979）說：「批判思考是依據客觀證據檢視資料，依憑規範、常模或標準去比較事物或言論內容，從而提出總結能力。」

拜爾（Beyer, 1988）指出：批判思考並非消極批評或挑毛病，而是從事準確、持續和客觀的分析、做出精確、適當而且有價值的判斷，並具有評鑑功能。因此，當我們在判斷、分析任何訊息資料，進而做出抉擇，選擇接受或拒絕時，即在運用批判思考。

學者杜威（Dewey, 1933）曾指出人類思考能力發展要培養兩種能力：一是培養「反省思考」能力，即自我批判能力；二是發展解決問題的能力。而杜威將創造，視為問題解決的心理歷程。認為創造力是一種問題解決的能力，是當人類對事務存有困惑、不滿，進一步提出質疑、批判內容時，創造就隨之而生了！在問題解決歷程中，批判思考和創造思考互相配合，相輔相成；溫明麗（2002）認為，批判思考就是質疑、反省、解放和重建的過程。

由上可知，批判思考具有「目的性」及「自我調整的判斷」。思考若沒有目的，便很難進行下去；所謂目的性，就是指解決問題。盧玉玲、連啟瑞（1999）認為批判思考不是憑空想像，應是發現問題，加以分析、評估，最終以解決人類生活上的問題；判斷則可幫助我們找到證據、方法，來做成解釋。藉由這種思考的歷程與方法，透過證據檢視論點的可信度，最終要透過批判思考建立自我的價值判斷；利用這種價值判斷來解決生活中的問題，達到建構獨立自主個體的目的。

葉玉珠（2008）指出，批判思考的定義可以歸納為下面三個向度。

㈠批判思考即技巧：強調以語言邏輯技巧來解釋事項，並設定判

斷的標準，據此可以適當的評價。基本上批判思考具有目的、理性導向，藉由使用許多認知技巧及策略來增進獲致結果的機率；在不同的情境下，須有不同的批判思考角度。即便是同一事件，面對不同的人、不同的情境，都得要有不同的思考模式。

㈡批判思考即心理歷程：此定義比較從認知的過程來看。批判思考是一個調查的過程，目的是要去探索情境、現象，嘗試想要得到一個比較有說服力的答案、相關表現或是結論。

㈢批判思考即程序：主要從問題解決的角度出發，而一個問題解決的過程，會不斷交互應用批判思考及創造思考。批判思考包含八個步驟，「概念的形成」、「原理的形成」、「理解」、「問題解決」、「決策」、「研究」、「統整」、「口頭講述」。其中批判思考的口頭講述部分，要注意的是，以清晰的表達說服他人接受你的論點；因此溝通能力相當重要。

沈家平、陳文典（2004）指出，由於「批判思考」的心理活動過程要去推想，要成功地做好「批判思考」，當事人（至少在這個事件上）要做好一些準備，分述如下。

㈠需要有瞭解「問題」的能力：對正待批判的問題，要能洞察問題的重點、瞭解問題的結構、問題在所處環境中的意義、預測目前的處理方法可能產生的作用、事態可能的發展等。

㈡需要擁有信實的相關資訊：對可資運用的科學原理之適用性、對於取來當批判準則的經驗及知識均能確知其可信度及適用範圍。

㈢能嚴謹的做推論思考：能對問題做邏輯性檢核、對事件的發展能做合理的推斷……要做好這些推理工作，才有能力發現事件的瑕疵或預測可能發生的困難。

㈣能有豐富的想像和創造思考：能在既有的格局中，提出另有途徑的想法、別出心裁的做法、另有巧妙運用的原理原則、可能發生的意外等。

歸納上述，批判思考應可運用於各種學科領域或者是生活問題之中，端看如何掌握批判思考的技巧。簡單來說，批判思考是一種「自我導向」、「自我訓練」、「自我監控」、「自我校正」的思考；在過程中亦需要溝通能力、問題解決能力的輔助。尤其面對資訊氾濫的今日，任何資訊亦可能為假，市井流言滿天飛的情形下，知識分子必須要有分辨消息來源真偽的能力，嚴謹的推論，才不會在資訊的洪流中迷失了自我，而能做出正確的決策。以下就批判思考的方法與技巧，加以說明，作為學習批判思考的入門。

肆 如何運用批判思考於生活之中

本文的目的在於幫助讀者建構批判思考的能力與技巧。我們將從分析人類語言的功能出發（語言與思想），說明何謂「論證」（argument），如何區分好的論證與壞的論證，如何建立論證並避免壞的論證（謬誤），最後則說明幾種常見的推理方式（演繹與歸納推理）。批判思考的終極目標，在於營建更合理的生活。因此，批判思考既是解決問題的技術，更是建立合理價值觀的人格特質（溫明麗，2002）。所以，要將批判思考運用於生活之中，可從下列幾個技巧著手（沈家平、陳文典，2004；林葦芸譯，2004；蔡偉鼎譯，2002；鄭淑芬譯，2007）。

一、分辨立場、理由和結論

在日常生活裡，常與他人討論事情的過程中，雙方也許都想試圖說服對方，批判思考的第一步，就是要分析出語言（或文本）中的立場、理由與結論；否則討論起來無法聚焦，而各說各話。

所謂立場就是主要論點，是對方試圖要向我傳達的觀點或立場；聽者必須先分辨出對方的立場為何，再進一步瞭解支持其立場的理由為何，最後結論理應是和立場一致的想法。從下面的文章可以做一個練習：

> 適度的體罰是必要的，俗話說「不打不成器，不練不成鋼」，體罰也是一樣，孩子犯錯就像用橡皮擦將白紙上的錯字擦掉一樣，並不會因為小小的處罰，就造成孩子心靈上的創傷。難道要等到犯大錯時，才要後悔嗎？
>
> 現在小孩生得少，父母因為珍貴而捨不得小孩被傷害，但適度的體罰仍是必要的。至少要讓孩子知道，什麼是錯？什麼是對？
>
> 就因為小孩生得少，更應該好好教育！做父母的，望子成龍、望女成鳳的心態，是古今中外不變的想法。既然如此，在有能力讓孩子接受教育的同時，對於小孩課業外的教育也應該並重才是。
>
> 任何事情都一樣，過與不及都是不適當的。只要能做到賞罰分明，我想體罰並沒什麼大不了！

立場	理由	結論
主張可以體罰	1. 小錯就要糾正，避免犯下大錯。 2. 一定要讓小孩知道錯在哪裡？對在哪裡？ 3. 除課業外，品行也很重要。 4. 只要賞罰分明，體罰沒什麼大不了。	適度的體罰是必要的

讀者或聽者可以利用一些特別的字眼或位置，來分辨對方的立場或是理由。一般而言可以先找結論，結論的位置可以在文章的結尾或是段落的第一句找到。有些作者會先陳述立場，再舉出理由來說明，他是如何推演出這個結論來的；或者是先陳述理由，然後將這些理由做個總結，當作是結論；文本中的立場、理由和結論是讀者首要判斷的。

此外，所謂結論也可能是當事者的價值判斷，必須加以釐清，才不致被混淆。

這個測驗並不公平。我連K了好幾天的書，把所有的內容讀了四遍，還將所有重點做上記號，然後拚命K。我做了這麼多，理應得到好成績才對，這個測驗一點都不公平！

上述的例子中，哪些是事實？哪些是價值？您可以判斷嗎？

其次，有些詞彙常常是作者陳述的理由或是結論，像是：「因為……」、「由於……」、「有鑑於……」、「理由如下……」、「首先……其次……最後」，這一類詞彙所跟隨的講法大部分就是理由所在；而「所以……」、「因此……」、「由上

可知……」、「綜合上述……」這類的詞彙所跟隨的論點，大部分就是作者的結論。讀者瞭解以上判斷的方法，我們才能進一步分析作者的理由是否充足。

二、分析和評估

前述的立場是很明確的論點，但有時作者會將其真正的意圖隱藏不說，或者視為理所當然的事；我們稱之為假設。讀者必須明確分析出來這些假設，否則會被這些假設所混淆了。在探討性犯罪時，經常會討論到如下的一種說法：

女孩子穿得清涼，容易引起犯罪的意圖。

雖然表面上是在說明引發性犯罪的原因，在隱約中似乎也有將性犯罪的原因，歸因於女性穿著暴露所造成，這些假設讀者應該先予瞭解。

另一個不明確的因素是「情境」。因為許多的事情有其特殊的背景因素，如果沒有將這些情境因素加以考量，討論問題也會失焦或失之公允。如下面的例子：

過去政府封殺本土語言，全面推行國語政策，根本是扼殺本土文化。

用現今的觀點反思政府國語政策之推行，當然是值得討論；但如果不將歷史的情境因素納入考量，就不瞭解政策形成的原因，筆者當然不是為政府護航，全面封殺其他語言，獨尊國語固然值得批判，但在當時的社會狀態下，或許沒有其他更好的方法，恐怕也是考量的原因之一。

總而言之，一個論證所處的情境會影響它的詮釋和評估，這主要是因為情境所提供的假設、前提和其他背景使然（林葦芸譯，2004）。特定的人士會有特定的觀點，同樣的論證在不同國情下，會有不同的說服力。因為其假設、經驗和價值都不大相同，這些都是分析和評估前，所要一併考量的因素。

在進一步釐清了假設與情境之後，接下來則要進行整個問題的批判思考。此階段有兩個動作，第一個部分稱作分析，第二個部分稱作評估。我們必須瞭解整個論證，才能合理的處理它。因此「分析」部分的問題，是引導讀者決定他人究竟說了什麼和主張什麼，而「評估」部分的問題，則接著引導你決定是否要被這個論證說服。

㈠分析

對方說了些什麼？讀者必須要判斷：

1. 主要結論：這個結論可能是明白陳述或未言明，這個結論可能是建議、解釋等等。
2. 理由（資料、證據）和結構是什麼？
3. 假設（隱含或視為當然的；或者是在某個情境中）是什麼？
4. 釐清意義（確定真正的意涵）。

㈡評估

1. 這些理由是可以接受的（包括明顯的理由和未言明的假設，以及資訊來源的可信度）嗎？
2. 這些推理是否足以證明結論（他們之間是直接還是間接？證明的能力是強還是弱？）；是否還有其他因素，可以強化或弱化這個主張（體罰得高分）？
3. 總體的評估為何？

我們以前述體罰為例，說明如何運用分析與評估的方法，來探討體罰的問題：

評析項目	論證內容	評估
主要結論	主張可以體罰。	
理由和結構	1. 小錯就要糾正，避免犯下大錯。 2. 一定要讓小孩知道錯在哪裡？對在哪裡？ 3. 除課業外，品行也很重要。 4. 只要賞罰分明，體罰沒什麼大不了。	前面三個理由都可以接受，體罰其實有許多的問題，所造成身體與心理的傷害要加以考量。要導正行為是否非體罰不成，又體罰是否真正能導正行為或是暫時有效？
小結	體罰能促成行為導正。	
假設或情境因素	作者從小也是被體罰而改正行為，大環境仍充斥體罰的思維。	因為從小被體罰，所以會複製過去的行為；過去被體罰，現代難道還要體罰嗎？
釐清意義	適度的體罰是必要的。	何謂適度？
總體評估	以體罰改正不當行為。	

從上述的分析可以知道，作者的前三項理由都對，可以體罰與導正行為並沒有直接的關聯，第四個理由，體罰會產生許多問題卻忽略了其間的嚴重性；本論證的主要結構「體罰能促成行為導正」，又會受到最嚴厲的挑戰是「體罰是否真正能導正行為或是暫時有效？」最後，有關情境的理由，我們能推斷作者本身過去有類似的經驗，然而這種經驗，到了現在社會是否仍適用？

三、釐清並詮釋措辭和概念

事物討論的過程中最不好的情形就是遇到「雞同鴨講」的情

形，除了故意的顧左右而言他之外，最常出現的狀況就是彼此對於「措辭」或「概念」的想法與定義不同。因此，在推理之前有必要對相關的措辭或概念，先予釐清或給予明確的定義，方法有下列幾種。

㈠下定義

當你不清楚某人的意思的情況時，首先要做的是「下定義」，就是把問題本質和目的先予釐清；最理想的方式就是下「操作型定義」。所謂「操作型定義」，是依據某種實驗或操作步驟，對一個量或某個概念所下的定義。任何人只要重複你的實驗或操作步驟，就能得到相同的結果，不會因為人員的不同而有所差異。

㈡舉例

如果沒有辦法下定義，至少要舉例說明，舉例常是幫助釐清概念的有效方法；如談到「巴洛克建築」是什麼，如果說不出這是「盛行於十七和十八世紀初，一種華麗而重裝飾的建築形式」，就可以找一些實例、照片或圖片，以方便理解。

除了上述的兩種方法外，在釐清概念之前要先考量對象的能力、知識背景與信念，再決定用什麼語言溝通，儘量避免無法理解的情形；此外，在定義的來源可以多利用字典，來尋找一般的說法。

四、理由接受的程度

對於事實的判定所針對的理由，我們必須加以評估。是否應該接受這種說服的理由，可以從以下幾個角度來思考。

㈠這是很確定的事嗎？

在討論事情時，我們不免聽到……

聽說隔壁王太太……／我感覺……／我有預感……／神明託夢……

如果自己都不確定，就很難進行下一步的討論，或者根本就是在浪費生命。如果話是這麼說的：

我的觀察……／根據……所以……／我很確定是……

那表示應該有更多的理由支持，代表其可接受程度就相對提高了；如果只是感覺或直覺，或許發言者本身也是模稜兩可，其論點被接受的程度自然不高。

㈡所依循的理由為何？

既然發言者本身很確定其表示的立場，進一步我們便要瞭解所根據的理由為何？如果只是「我認為這個人是某甲殺的……」此時所能提供的論證十分有限，頂多是「根據資料的推測」，而不是「證明的事實」。此時，雖然不能完全推翻這種可能，仍要進一步檢視是否能提出足夠的證據。判斷其所提的理由，可從以下的方法來判定：

1. 是親眼目睹或被他人告知？
2. 是原始資料？還是二手的訊息來源？
3. 是「直接」證據？還是「間接」證據？

4. 是否是一致性的資料？

㈢是否需要專業知識或研究來決定？

「術業有專攻」，各行各業均有其專精的領域，有時非得借助專業的知識來協助不可，有時則不然：

美國著名的辛普森殺妻案審理到尾聲，有一次庭訊中主控法官突然要求辛普森在法庭上戴上與凶案同樣式的手套。結果，辛普森在眾目睽睽下，竟然無法戴上手套。顯然手套太小了。雖然控訴律師找到辛普森穿戴類似同一手套的照片，並且有專家佐證說手套濺染血液後會收縮，但是辯護律師也請出專家來佐證說，不會如此收縮。

這個手套成了辛普森被判無罪的關鍵證物，但至於手套遇血會不會收縮，恐怕也不是一般人能解答的；此時，求助專家，聽取專業的意見才能做正確的判斷。

㈣是否為常理常識？

相對於上述，有些理由是眾所周知或為常識性，在討論過程中就採取相信的立場，而不必浪費太多的時間在已知的事實上。

地球自轉一圈約 24 小時，繞著太陽轉一圈大約要 365 天。

㈤推理是否違反常理？

有時候所謂的推理，不應超出我們熟知的常理或常識。

2006年台灣藝人一連爆發多件吸毒案件，很多藝人都會說吸毒是因為壓力大，所以靠吸毒來放輕鬆，或是因為身材不完美，而靠吸毒減肥等等的理由。

壓力大是否成為藝人吸毒的理由，一般人大概很容易可以判斷；除非科學、醫藥等新的發明，才會跟一般人的認知不同。總之，某些主張如果跟既有的認知相契合，是比較容易被接受的；反之，如果跟原有的認知或常理不相契合，幾乎不可能被相信。

㈥訊息來源是否可靠？

有時我們會根據消息來源，來決定相信與否，至於這個消息來源是否值得相信，有幾個檢驗的方法：

1. 是否具有專業？其組織是否有公信力？
2. 是否有利害關係或衝突？
3. 可否有其他佐證？
4. 過去的評價（信用）為何？

五、推論的方法

當我們根據前述的說法，將理由與結論充分予以釐清，並透過檢驗各項理由、證據的可信程度；接下來讀者必須考量，我們從已知的事實理由與證據，是否足以歸納或足以支持結論；其間的過程就是推論（inference）。因為並不是每一件事情都是我們親眼目睹，即使親耳所聽、親眼所見，也不一定代表就是真實。所以必須從已知的部分去猜測未知，或者從我們認知為真的理由，據此證明我們預設的結論、詮釋或決定等等，這就是推論。

如果我們認為某個推論是足以相信的，我們便要檢視兩件事情：其一，這些理由是真的（true）？如果其理由是假的（false）或是誤導人的（isleading），那麼這個論證便無法成立；其二，結論是跟隨（follow）這些理由嗎？只有這兩項前提都成立，這項推論才能成立。

民意調查顯示，百姓對政府的信任程度很高。

目前充斥於社會各角落的民意調查都有被質疑的空間，特別是選舉期間各政黨的候選人，都會聲稱自己民意支持度遙遙領先對手，原因就是民意調查過程中被動手腳，或者是故意扭曲事實。如果前提中的民意調查就不值得相信，後面的結論就不值得參考了。在進行研究法教學時，筆者常會舉一個例子，每當女孩子穿比基尼泳裝時，吃冰淇淋的人就增加了，所以女孩子穿比基尼會導致人們喜歡吃冰淇淋。很顯然地，這兩件事並沒有存在合理的關聯，所以這並不是一個好的推論。

其次，討論理由與結論之間的關聯性，一般而言，常用的方法有兩種，一是演繹法；二是歸納法。

㈠演繹法

所謂的演繹法，就是從普遍的通則，根據邏輯推論，推演出個別的現象。

人都會死，賓拉登是人，賓拉登遲早會死。

班上的同學都是友善的，所以坐在隔壁的同學必定是友善的。

坐在隔壁的同學為什麼是友善的，因為是以「有一個班上的

同學都是友善的」作為前提。另外一種常見的三段式論證，也可以讓我們瞭解：

所有的A都是X B是一種A 所以B也是X	所有的A都不是X B是一種A 所以B也不是X
男人都是人 Ben是男人 Ben也是人	男人都不是好東西 Ben是男人 Ben也不是好東西

上述的例子或許是個玩笑，當要做演繹推論時要注意：

> 在一個有效的推論演繹中，其結論必然跟隨一個或數個通則性的理由。
>
> 就算其理由或結論不是真的，但其演繹推論亦是有效的（合邏輯的）。
>
> 為了使推論或結論為真，其理由必須為真且有效的。（蔡偉鼎譯，2002）

雖然演繹法解決了相當多數的問題，但演繹法受到相當大的限制，原因在於其理由是否為真？只要理由不是真的，其後所有的推論都失去意義；為了解決這樣的困擾，所幸還有第二種推論的方法：歸納法。

(二)歸納法

歸納法與演繹法正好相反，是從許多個別的事例出發，再走到一個普遍的結論。

小明對同學很友善，建華對同學很友善，祥輝對同學也是很友善，所以三年一班是一個友善的班級。

當然上述推論的方法要承受風險，原因在於要調查多少樣本，才能歸納出上述的結論，這涉及統計學的問題，而且抽樣也有誤差的問題。但無論如何，透過歸納法，有助於我們理解事物整體的面貌。

事實上，演繹與歸納都會有限制，也都有推論上的盲點，這些限制與盲點都會造成推論上的錯誤，我們不可不慎且要盡力避免。以下有一些檢查的方法。

1 以演繹法為例

⑴盡你所能的評估，是否這些概論均為真，有沒有相反或例外情形？

⑵暫且接受這些理由為真，是否這結論就必定跟隨此理由，還是有其他因素？

2 以歸納法為例

⑴就你所知，這些個別事件或有關大多數的主張是否為真？

⑵是否有足夠多的事例來證明與結論之間的關聯，或者只是例外而已？

⑶這個概括的結論，是否跟隨個別的事例而來？

雖然我們窮盡上述的方法，但在推論上仍有犯錯的時候。因此「大膽假設、小心求證、謹慎結論」，特別在人文社會科學的領域中，人類活動存在許多變異，這些變異極可能使你的推論失效，但不代表上述方法是無效的，讀者在使用上仍可參考。

六、做決策

批判思考的最終目的，還是在幫助我們做決策，特別是人生一些重大轉折之際；像是要念哪一所大學？要不要結婚？中年轉業等等。這些人生重大決定，如果少了思考的過程，就變成感情用事，等到了時過境遷，再回頭已是百年身，屆時後悔也來不及。所以當瞭解前面推論的過程之後，所有的理由均加以檢視並為真後，我們可以利用 T 字法，來幫助我們做決策：

不以體罰來改變孩子行為

這個決策的優點	這個決策的缺點
1. 親子關係良好。 2. 讓孩子發自內心認同。 3. 符合人性。 4. 避免行為的複製。	1. 沒有效率，短期難以見效。 2. 孩子太小，可能聽不懂。

當我們利用 T 字表考慮了所有問題之後，在做決策時，我們可以利用下列問題再做一次檢查。

㈠這個決定的目的為何？

㈡做這樣的決定，是基於什麼樣的理由？

㈢有其他更好的選擇嗎？

㈣這個選擇的後果為何？它的可能性為何？（根據什麼證據？這些證據可靠嗎？）

㈤這些後果對受影響的人有多重要？

㈥我將如何落實這個計畫？（有什麼配套與因應突發狀況）

經過整個思考的過程，所做出的決定，相信是目前最好的決策。然而，事實上並沒有十全十美的事物，任何事物利弊互見，只是就決策者而言，是能力所及底下最好的決策。當人自己很清楚為什麼做這樣的決定，對於所做的決定就能全力以赴，日後也不至於怨天怨地；因為畢竟那是深思熟慮的結果，也不遺憾了。

伍 批判思考常犯的誤失

上文提到了許多練習批判思考的方法，許多人也嘗試著這樣的方式來進行思考，但事實上社會仍充滿許多「似是而非」的論點，或者是胡亂推論、歸因的情形。這種情形不是只出現在市井小民，連學者高官、政商名流，甚至媒體名嘴，每天都有許多令人發噱的謬論。如何認清、分辨其間的真偽，最後建立個人的價值判斷，值得我們關切與學習，以下介紹許多批判思考常犯的錯誤，應引以為鑑。

一、過度簡化與過度推論

事情有許多面向，從不同面向上看事情，結果往往不同。所謂「橫看成嶺側成峰，遠近高低各不同」，在推論的過程中，過度簡化與過度推論都是我們應該避免的。如許多書上都說，牛頓被掉下來的蘋果打中，所以才發現了「萬有引力」，這個故事恐怕只是一個傳說，未必是真的。事實上，萬有引力的概念早就有人發現並且提出來了，跟牛頓同時期的一些科學家，都曾經想要證明萬有引力的存在；可是，只有牛頓利用數學原理，證明萬有引力適用於一切物體，而且證明了地球上的重力與物體間的引力本質相同。從牛頓所「確立」的萬有引力之後，科學家可以輕易的解釋歲差、潮汐、地球的形狀及彗星的運動等問題。

又如，「彈簧受力伸長，伸長量與拉力的大小成正比，今知用 10 公克重的力去拉，可伸長 1 公分，若用 10 公斤重的力去拉，會伸長多少？」這種過度推論，也是一件非常危險的事情，各種理由、證據皆有適用的範圍，過度延用，超出適當範圍，並沒有意義。

二、未用堅實的證據論事

在討論的事情中最難溝通的情形，就是不靠證據論事者，完全依循過去的經驗，依附傳統、依循舊制，不能察覺社會環境已有巨大改變、條件不再的狀況。其次迷信權威專家，也是一大困擾。如在論證A事件時，引述某些名人在B事件的結論，但A與B的背景或條件、情境不同。現今每個人均以專家自居，幾乎要論斷所有的事情（君不見，每晚的政論節目，所請的來賓幾乎就是那幾位，但可以談遍政治、經濟、文教、社會等議題，甚至連民俗、科學、靈異、家庭倫理也是同一批人）。而這些人的言論又間接影響了社會群眾，難怪社會事件始終沒有定論，因為專家自己就沒有定論了。

此外，因人廢言，如因某人位階不高，而不理會他的看法，則是另一個現象。雖然是小市民，發言也不一定沒有道理，重點是論證的過程，能不能被接受。

三、推論的邏輯不嚴謹

符合邏輯的推論是整個批判思考過程最重要的一環，但卻也是最容易犯錯的，因此推論必須嚴謹。確認理由與結論之間的關係，常犯的錯誤如下述。

㈠類比不當，譬喻失據

「比喻」是在論述想法的過程中，經常會使用的方法，但類比必須恰當，否則極易鬧笑話。

㈡以偏概全，巧合謬誤

例如說：「看到一個壞的A國人，就說A國人都很壞！」遇到的只是個別例子，不能因此論斷該國的人民都是壞人，也就是常說的「一竿子打翻一船人」的情形。又如看到人在瓜田，即說人偷吃瓜，胡亂栽贓，因果不相干之事編湊一起。

㈢證據不全，無足輕重

在法庭審判中經常會看到的例子是，法院判某一名疑犯無罪，並不代表法院真實認為這個疑犯沒有犯罪。這是因為檢察官或警方所提的證據不足，無法證明疑犯犯罪為真，所以只好宣判無罪。

㈣斷章取義，模糊焦點

評斷事情時經常必須置入情境因素，許多事情在不同的時空背景考量或許不同。故有些有意或無意忽視事情始末或發生時之背景，或者摘取片段扭曲原義，討論起來往往雞同鴨講，永無焦點。

㈤因果誤植，胡亂套用

原本是事實的結論卻胡亂套用不真實的原因，例如：「小明最近零用錢突然多了起來，一定是偷了同學的錢」。

㈥循環論證，自說自話

先假設「A為真」，推論「若A為真，則B亦必真」，再論「若B為真，則A亦必真」，但是A、B皆是杜撰之事。

㈦離題謬誤，前後矛盾

所舉的例證與討論的事情無直接相關，或所提的證據理由，前後不一致，如開庭時向法官抱怨看守所生活條件不良，陳述與案情無關之事。

上述提出批判思考常見的謬誤，每天都在我們的生活周遭發生。特別像許多人抱怨我國的民主政治，還流於民粹，蠱惑百姓，就是政治人物利用推論之間的矛盾，欺騙人民，徹底解決的方法。唯有提升百姓的公民素養，讓每一位國民皆具有批判思考的能力，才能終結這種惡質的政治文化，讓國家的政治走向成熟的、理性論辯的民主社會。

陸 結語：嘗試成爲眞正的知識分子

本文一再強調批判思考的重要性，事實上具有批判思考能力者，是邁向理性生活的第一步。台灣自 1987 年政府解嚴以來，社會呈現多元的面貌，這固然是一件好事，卻讓純樸的台灣社會宛如一鍋煮沸的開水，顯得動盪不安，這是民主社會必經過程。筆者衷心希望，台灣有朝一日可以變成一個「講理」的社會，或許彼此理念、觀點可以不同；但可在一個和諧的氣氛下進行論辯，最後形成共識，而為社會發展共同努力；這份責任要由知識分子承擔起來，那就先從教育著手。誠如理查・波斯納（Richard A. Posner）所言（韓文正譯，2004），對知識分子的期待：

具有學術背景和專業素質的知識者；
對社會進言並參與公共事務的行動者；
具有批判精神和道義擔當的理想者。

溫明麗（2002）曾指出，批判思考就是反省、解放、再重建的歷程。反省並非單純的嘗試錯誤，也不是如無頭蒼蠅般的亂竄，而需要有步驟、有系統的思考。因此反省不只增進理解，更能深層觸及對思考歷程的掌握。所以反省就是回過頭再看一看、再想一想，故反省可以降低判斷的風險，也減少嘗試錯誤所可能引發的問題；而解放就是先將個人原來的價值觀暫時放在一旁；最後在比較不同價值觀後，重建自己的價值觀。希望透過本文的介紹能幫助讀者有所依循，達成人人具備批判思考的能力，真正成為明辨事理的人。

問題與討論

1. 請找一篇新聞事件的剪報，評析其立場、理由與結論。
2. 就上述的題目中，再找尋其他媒體對同一事件的評述，比較其差異處，並試著理解其差異原因為何？
3. 時下社會或媒體、廣告，經常會邀請名人代言或背書，對於這種代言或背書該注意些什麼？廠商為什麼要這麼做？作為一般老百姓該注意些什麼？

參考文獻

余英時（1999）。商業社會中士人精神的再造。**知識分子十二講**。台北縣：立緒。

沈家平、陳文典（2004）。**「批判思考」智能**。2009 年 2 月 21 日取自 http://www.phy.ntnu.edu.tw/nstsc/pdf/book5/03.pdf

周愐安（2006）。**台灣大學生批判思考技巧與批判思考意向關係之研究**。國立成功大學教育研究所碩士論文，未出版。

林葦芸譯（2004）。A. Fisher 著。**批判思考導論**。台北市：巨流。

張善楠譯（2008）。伯克（D. Bok）著。**大學教了沒**。台北市：天下文化。

楊淑民（2005）。**大學生生活經驗與批判思考之相關研究**。國立中山大學教育研究所碩士論文，未出版。

溫明麗（2002）。**皮亞傑與批判思考教學**。台北市：洪葉。

葉玉珠（2008）。**批判思考教學：理論與教學設計**。台灣大學演說摘要，2009 年 2 月 4 日取自 http://ctld.ntu.edu.tw/epaper/? p=1000

劉雲霞（2002）。**什麼人算得上知識分子？**。2009 年 2 月 14 日取自 http://asiademo.org/b5/2002/04/20020424a.htm

蔡偉鼎譯（2002）。C. A. Missmer 著。**批判思考導論**。台北市：學富。

鄭淑芬譯（2007）。S. Coottrell 著。**跳脫慣性的思考模式**。台北市：寂天。

盧玉玲、連啟瑞（1999）。批判思考潮流下的科學教育。**國民教育，38** (4)，12-15。

韓文正譯（2004）。波斯納（R. A. Posner）著。**公共知識分子**。台北市：時報。

Beyer, B. K. (1988) . *Developing a thinking skills course: Handbook.* Oxford: Basil Blackwell.

De Bono, E. (1971). *Practical thinking*. London: Penguin Books.

Dewey, J. (1933). *How we think*. Boston: P. C. Heath.

Facione, P. A., Sanchez, (Giancarlo) C. A., Facione, N. C. & Gainen, J. (1995). The disposition toward critical thinking. *Journal of General Education, 44* (1), 1-25.

Russell, B. (1979). *A Histrory of Western Philosophy*. London: Unwin.

自我管理與生活

4
CHAPTER

壹 前言：成功來自自我管理

想在今日的社會中成功脫穎而出，除非擁有很好的家世背景，想要出人頭地非靠自己的努力不可，而成功者與失敗者的關鍵，往往就差別在「自我管理」（self-management）；事實上，自我管理已不僅是高階主管的專利。

《天下雜誌》286 期訪談台灣 IBM 人資副總經理柯火烈發現，能為自己設定目標，且能依計畫按部就班完成目標，往往也是成功者（羅詩誠，2003）。柯火烈比喻，在公司組織中，嫻熟工作技巧僅能得 60 分；若是加強包括溝通、談判、簡報等可移轉技巧（transferable skills），則可達 80 分；要達到 100 分的標準，差別就在是否具備嚴格的自我管理能力。但自我管理的能力卻非常不易培育，他強調這條橫亙在平庸與成功之間的界河，就是取決於個人的自我管理能力。陳珮馨（2008）就指出，唯有做好自我管理的人，才是職場的常勝軍。

事實上，「自我管理」非常的重要。許多專家學者都認為，自己是自己的敵人，自己也是成功的絆腳石。人生在世無論如何，都希望得到「自我實現」或「自我發展」。自我管理這個課題，在過去任何教科書，並沒有刻意說明自我管理的實踐方法，本章希望介紹個人如何從生活中有效處理時間、空間、情緒、學習、健康等方面的問題，學習自我管理的技巧與方法，期勉讀者在人生的戰場上攻無不克，戰無不勝。

貳 何謂自我管理

自我管理是先瞭解自己，而管理自己之後，才能瞭解他人或管理他人。先學會控制自己，能妥當管理內在自我，才能處理自身以外的事情與周遭的環境（陳如山，1996）。因此每個人都要學會自我管理，每個人只要堅持自我管理，成功就能水到渠成。

自我管理也有人稱之為自我控制（self-control），是一種利用個人內在力量改變行為的策略（洪儷瑜、黃裕惠，1998）。楊坤堂（2000）認為自我管理即個體經有意識的努力和有意義的行動來引導和規範自己的行為，而表現出自己想要表現的行為，包含認知與行動兩個層面。在認知層面，個體能使用策略來鑑定問題情境，產生可能的解決方法、表現適當的行為，並進而闡釋自己和別人的行為、修正自己的思想和行為；在行動層面，個體能應用特定的方法或程序以達成目標，並建構特定環境和操作肇因，使適當行為發生、提供增強作用，以及監控和評鑑自我進展的性質和程度。

此外，許多人都誤解了自我管理的意思，認為自我管理就是人人都分開獨立工作。事實上「正確無誤的判斷，並執行工作」的自我管理的定義（張敏，2006），還包括能夠正確判斷「如果這樣的判斷能夠順利推動工作，將會有哪些影響？」、「有哪些相關配套的工作？」所以，自我管理包括了判斷力、因應力與執行力。

一、自我管理的重要性

《教出組織力》一書的作者郭德堡（Goldberg D.）與崔貝爾（Zwiebel J.）（丹鼎譯，2008）指出，自我管理就是一種組織能力，缺乏組織力的學生，常有下列情況。

㈠經常弄丟講義、筆記等各種紙張。

㈡作業常來不及交，或根本沒交。

㈢書包裡滿滿都是皺巴巴的紙張和無關的物品。

㈣不會把需要花一段時間來做的作業分期完成，而且會錯過期限。

㈤什麼事情都是拖到最後一分鐘。

㈥常會驚慌失措的找東西，夜深了才十萬火急的求助，或是因為充滿焦慮而崩潰，讓家裡不得安寧。

這種自我管理的能力，不僅攸關學生的學習表現，更關乎日後進入社會與職場的成就。因此，想要在學校出類拔萃，學生就必須曉得上課的筆記放在哪裡，會把正確的課本帶回家，能夠及時完成並繳交作業；這些能力，跟讀、寫能力一樣重要，孩子必須具備「組織能力」與「時間管理」的概念和實踐，才能有效地處理個人事物，達成個人的目標。

二、自我管理的理論基礎

析論自我管理的理論，實際上是結合自我控制和自我調適兩種行為的歷程而成（廖鳳池，1990）。自我控制係指個體在某一特定情境下的行動方式，但此與人格特質有關，也可說是一種工作的習慣。此類可分為兩種：一是決策性的自我控制和延宕性的自我控制。前者如果面臨抉擇時，會放棄滿足欲望或嫌惡之情境，而選擇一個暫時不是那麼具吸引力，但卻會有更好的未來結

果的反應而言；而後者是指個體當決定選擇之後，就必須忍受一段時間內抗拒誘惑或忍受某種苦楚，以能評估相互衝突之行為模式間的利弊得失，並做出較佳的抉擇。

舉例而言，一個身體肥胖的人，如果因為種種理由選擇減重，減重這個抉擇可能在短時間不一定會有明顯的效果，但對未來而言，一定可以得到良好的成效。當其開始決定減重這個決策性的自我控制時，緊接而來的就是一連串的誘惑與味蕾的不滿足（因為減少了美食），成功者與失敗者的差別就在於審慎的評估後，做較好的選擇，並且身體力行（有關執行會在自我調適部分說明）。

因此，自我控制成為自我管理的第一步，具有良好的自我控制必須要有清楚的認知，藉由認知與學習充分明瞭事務的道理，再做出正確的判斷（君不見，市售許多減重產品外加許多誇大不實的廣告，仍然吸引大批民眾購買，即沒有正確認知所致），才是自我控制成功的關鍵。

其次，自我管理的第二步驟，稱為自我調適。自我調適可以說個體建立行為模式或者稱為自動化處理（automatic processing）的歷程，這個過程可以分為三個階段：自我監控期（self-monitor stage）、自我評量期（self-evaluation stage）和自我增強期（self-reinforcement stage）。整個自我調適模式即個體在遭遇非預期或做決策的關鍵時（如緊急狀況或刻意安排的新狀況），個體會隨時監控自己的行為是否符合預期，評估是否適度調整，最後強化自己的行為，直達自動化的結果，也就是一種藉由改變達到提升數量或效率的方法。因此，自我調適的歷程可說是個體存活及適應環境的基本功能之一。

所以，透過認知（自我控制）到行為實踐（自我調適），來達到自我管理的目標，看似容易，卻不易達成，原因在於認知不

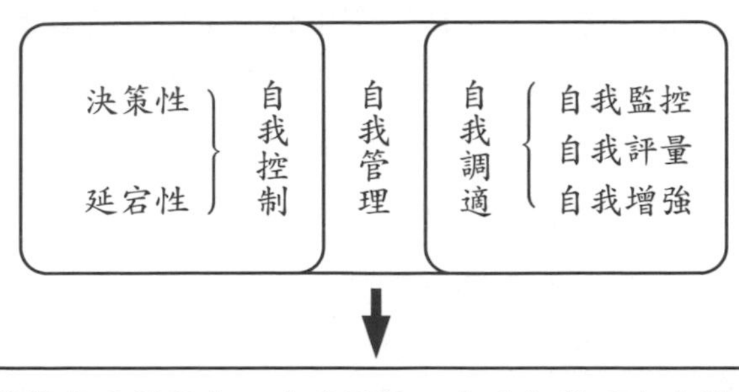

圖 4-1　自我管理的內容與技巧

資料來源：筆者自行繪製。

足或者執行力不足。綜合上述的理論，就形成自我管理的四個技巧：標準或目標設定、自我監控、自我評量及自我增強（程千芳，2001）。

另一個有關自我管理的理論是由程千芳（2001）依據 Tomkin（1962、1963）、Izard（1977、1991）和 de Rivera（1977、1984）之情緒理論，所形成之個體對其自我和情緒聯結的自我管理架構（self-management framework）。在此架構中，個體對自我或與他人互動的情緒或情感（fellings），形成具某種程度的穩定性或聯結（self-feelings bonds），其扮演如特質般（crait-link）的角色，影響其日常生活中的表現，如個體與他人的互動之中，常伴隨著正向的情緒（如被肯定、有成就感的），則日常生活中有更多正向的情緒表達。也就是說，個人內在情緒影響著外在行為的表現。

在自我管理的架構下，個體眾多的社會自我角色與概念透過兩種運作體系來經營與管理；一為自我的一致性（self-consistency），另一種為自我的提升性（self-enhancement）。通常個體傾向表現自我的一致性，當然個體也有追求自我提升的動力。比如當個體面臨令其感到壓力的事件或狀態，會設法解除這種不舒服的感覺，因此自我提升不僅是個體追求美好的感覺，同時也能降低不舒服的情緒。因此，程千芳（2001）認為，個人即是在自我一致性與自我提升性，此二套動力的運作下，形塑自我管理建構。

而上述兩套動力的互動關係，如同圖 4-2 所示。亦即當個體長期處於自我一致的狀態下時，因極為節省能量，且易於預測個體的行為，長久下來帶給個體極高的穩定性與效能感，這也可以說是一種自我效能（self-efficacy）。當這種效能感處於長期且正面的觀感時，即會使個體進一步追求自我提升，此一過程即說明了由「自我一致性」轉換成「自我提升性」的道理；相反的，這種長期與外界處於一種負向的互動時，便形成了另一種負向的循環，屆時就不是自我提升，而是自我沉淪了。

自我管理架構理論即是強調個體應勇敢面對問題、解決問題，進而自我提升（包括正向概念的形成），並且減除壓力，所換來的將是個體正向自我形象（positive self-image）之長久維持；然而如果不在關鍵時刻自我提升，長期處於負向的自我一致性時，屆時個體反倒是負向歸因，形成習得無助感，那就是向下沉

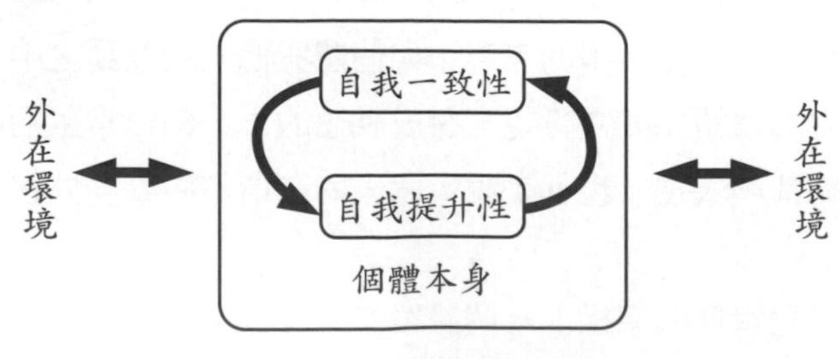

圖 4-2　自我管理架構圖

資料來源：修改自程千芳（2001：80）。

淪而非向上提升了。

綜合上述自我管理的理論可以得知，自我管理與個體與外在環境的互動品質及個體內在的自我控制、調適均有關聯；個體與外在的互動，會影響個體心理對於自我的認知與否，品質良好、正向的互動會幫助個體形成優質的自我一致性；長期以往，再藉由自我提升，成為個體進步的動力，再回饋個體的自我一致性，成為具備自我管理知能的個體。在個體本身而言，藉由個體自身合宜的認知，輔以自我監控、評量、增強等行為的實踐，以達自我管理的目的，相信是個體終身努力的目標。孔子在《論語・為政》提及：「吾十有五而志於學，三十而立，四十而不惑，五十而知天命，六十而耳順，七十而從心所欲不踰矩。」所謂從心所欲不踰矩，應該就是吾等努力的目標吧！

參 生活中培養自我管理的能力

根據前述自我管理理論，自我管理源自於個體與環境的互動與個體自身的認知與實踐。鄧振源（2006）指出大學教育的主要目標，在培養學生忠於真理探索、在形塑（formation）完整的人以及強調學術自由與容忍。因此，良好自我管理的能力，應該在大學教育中予以完整的訓練與培養。就一位大學新鮮人而言，生活、學習與人際，是大學生重要的三大課題，本章提出生活中如何培養時間、空間、情緒、學習與健康管理等五個重要自我管理層面的知能與方法，以利大學生順利養成自我管理的習慣。

一、做好時間管理

時間是上天公平的賦予個人的禮物，如無充分利用，虛度光陰實在可惜。史密斯（Smith, 1994）指出：「管理人生就是管理時間，管理時間，就是管理生活中所有的事。」時間的利用與管理關鍵在於知道用在哪裡？是否花在有意義的事情？換句話說，所做的事情目標方向是否正確？如果答案是肯定，那成功只是遲早而已。有效的時間管理，應包括下列幾個策略。

(一)時間有效運用

大學階段與高中階段最大的不同在於：高中生的生活、時間是被控制的，鮮少有自我的時間，而大學生正好有許多可以自己安排的時間，懂不懂得適切的安排，就成為成功與否的關鍵。事實上每個人都會浪費一些時間，然而當時間的浪費到了一定程度之後，它會干擾個人目標的達成；你可以利用如同記帳的方法，將每天的行事記錄下來，只要一個星期就能找出浪費的時間，避免浪費時間是時間管理的第一課（參考第五章「每週時間分析表」）。

其次，「效率」也是一個重要的課題，每個人生理時鐘不同，讀書、做事情的方法、習慣也都不一樣。如何利用最有效率的方法，如將重要的工作分配在精神最好的時段去完成，所費時間最短或者是收益最大；將一些不必集中精神的工作，利用精神較差時完成，就是有效率的運用時間。如保留一段不受打擾的時間，能讓工作更為專注。美國前總統尼克森（Richard Nixon）在其著作中，提及他從法國前總理戴高樂（Charles de Gaulle）那裡學習到「封鎖時間」的重要，由於他的堅持，他的手下每天要讓他空出幾小時進行不受干擾獨自思考，讓尼克森得以完成重要的工作。

此外，還要檢視是否做了一些根本就不必做的事，因為這些事只會浪費時間，毫無成效可言。檢查的方式很簡單，從自己工作清單中，找出如果沒做這件事，不會有什麼後果的事情，就代表可以刪除掉了。

㈡善用零碎時間

宋代大文豪歐陽修說：「予平生所作文章，多在『三上』，馬上、枕上、廁上也。」意思是說他的許多好文章，都是善用時間寫的。歐陽修的「三上」現在看來有點不符合對身體健康的要求，但他告訴我們一種忙裡偷閒、分秒必爭、珍惜光陰的讀書方法，是很好的啟發。但願同學們能夠多利用零碎的時間進行閱讀，日積月累，積少成多，使自己成為一個優秀的學習者，成為一個富有活力、情感豐富、思想深刻、智慧超群的成功者。

人一天的工作、生活常被分割成許多段落，這些段落與段落之間，則有許多零散的時間。善於時間管理者，會把零碎的自由時間做整合，讓時間集中成幾個大段落，如將例行的會議固定安排在特定的時間，讓剩餘的時間可以專心工作，不致因為常有會議而打斷工作的連續性；此外，另一個方法就是運用這些零碎的時間，將零碎的工作利用零碎的時間完成。不論上述何種方法，「計畫」成為時間運用的一個重要關鍵，讀者可以利用「行事曆」、「記事本」安排行程，並且在一週開始前預先瞭解本週工作的分配如何進行，再加以整合工作或時間，甚至試圖運用零碎的時間，就可以將零碎時間發揮到極致，無形中就比其他人完成了更多的工作。

㈢學習授權與優先順序

學會授權及設定優先順序，是時間管理的關鍵。京華鑽石董事長柯朝祥說：「如果你的工作都是無人能夠代替，那你也沒有時間讓自己升級。」授權是分攤工作與責任，設定優先順序則是強調輕重緩急與按部就班。另外，得學習說「不」、「請勿打

擾」等，可避免無謂的瑣事惹上身。

卡內基資深講師黑立言說：「有時你也必須勇敢說『不』，多給別人承擔責任的機會。當你願意掛上『請勿打擾』的牌子時，你會發現至少有 50%的工作，會有別人幫你共同承擔。」更何況有些事情純粹是消磨時間，基於好友情誼又不忍拒絕時，常是時間最大的浪費。

㈣避免拖延影響時效

要避免拖延，最好的方法就是在時限內完成，可惜多數人都正好相反，常把工作拖延至最後才急就章完成，所完成的成果迫於時間壓力往往品質不良。因此，可以運用一些消除拖延的策略（李麗君譯，2007：162-163）：

1. 預估時間：習慣拖延的人在預估時間上常發生困難，他們常低估工作所需的時間，也低估了自己完成工作所需的時間；一方面練習估算時間，二方面將完成工作的時間提前設定前置量。所謂的前置量不一定是指時間；換言之，就是想達成一個目標的時候，自己要限定一個稍微嚴格的目標，如果連這個稍微嚴格的目標都能達成，自然就完成原本的目標了。如星期一上午 8 時要繳交作業，要求自己在星期天晚上 8 時完成，如果這預訂的時間可以完成，除了一定能達成原有的目標外，同時，也保留了修正的時間，可以讓品質更加提升。
2. 備忘錄：把備忘錄（如便利貼）貼在一些特定的地方，來提醒自己該做些什麼事情，隨時提醒自己，除了不會忘記外，也可以提示完成的時間。
3. 增強：達成自己設定的目標，可以給自己一個獎勵，值得注意的是，這個增強與完成的目標間要符合比例原則。
4. 小部分進行：有些工作複雜且龐大，不太可能一蹴可幾，最好的辦法是將工作切成幾個部分，每天進行一小部分，日積月累總會有完成的一天。筆者在攻讀博士學位時，最後的論文撰寫非常辛苦，一方面白天工作，晚上讀書寫論文，而且還常有許多其他的雜事占去不少時間，但筆者堅持每天都要有進度，即使一、二頁也沒有關係，最後論文終究完成，也才得以順利畢業。

5. 五分鐘計畫：讓自己只要做五分鐘，等五分鐘到的時候，再決定是不是要繼續五分鐘，通常只要在第一個五分鐘裡能專心，多數的情形都可以再持續下來。所以，一開始的堅持是很重要的。
6. 達到 80%原則：不要期望自己一次就可以把所有的事情從開始進行到結束，最好給自己比較務實的目標，至少先完成 80%，當達成 80%時給自己一點增強，再思考如何完成剩下的 20%。
7. 社會支援：可以找其他同學一起讀書或做作業，但是找來的同學必須是很積極，而不是同樣會拖延的同學。
8. 設定固定時間：在一天中設定固定的時間做同一件事情，如此可以建立起習慣，一旦習慣就容易持續進行。
9. 改善環境：工作環境會直接影響拖延。如讀書環境中有電視又有音響，這不可能是好的讀書環境，你可能要選擇到其他干擾比較少的環境去，好讓自己能夠專注（有關空間管理下一小節會繼續討論）。

每個人都同樣地享有每年 365 天、每天二十四小時。可是，為什麼有些人在有限的時間裡既完成了學業、享有輝煌事業又能充分享受到親情和友情，甚至愛情；讓自己的生活過得多姿多彩呢？他有三頭六臂嗎？他們會分身術嗎？時間老人過多的偏愛他們嗎？不，其實關鍵的祕訣，就在於善於進行自我時間管理。以上的經驗可以提供讀者分享，希望大家都成為時間的主人。

二、空間管理

環境對人的影響不可言喻，劉蓉散文〈習慣說〉的名句：「一室之不治，何以天下國家為？」道盡空間管理的重要性。要評估一個人，只要從他的生活周遭環境觀察，就可以明瞭此人在學業或工作的表現如何？不要小看整理書包、房間、書桌、保持抽屜整齊等生活秩序的培養，透過這些行為，個人其實是在建立「組織」與「管理」的能力。國外教育專家認為，自我管理的能力，跟讀、寫能力一樣重要，並會隨著年齡增長而影響個人的學業成績表現（丹鼎譯，2008）。

一位具備組織與管理能力的學生，最基本的一項原則就是：「在需要時可以找到他需要的東西。」在學校中我們常可見到「現代孝子與孝女」（孝順兒子和女兒的父母），只要學生忘了帶東西，一通電話，心疼子女的父母便隨 call 隨到，幫子女送文具、送物品，更助長了孩子不會整理個人的物件。一位懂得組織管理的學生：書包裡不會帶著全部的東西；能夠判斷完成當天功課所需要用的課本、文具、練習卷，並帶回家；上課時能夠找到已做完的作業，而且能及時繳交；讀書有效率，因為他知道什麼時候要考試，會空出足夠的時間溫習，也不會把時間浪費在尋找筆記和講義上。這就是空間管理的重要性。

要做好個人空間的管理，下列三件工作非做好不可。

(一)學習收納

收納並不只是將個人物品收藏起來，事實上比較重要的意義就是個人空間的管理，將個人的物理空間如書桌、房間甚至小至書包，均將其空間有效的分配，並且養成隨手定位的習慣。此時，不但搜尋物品快又有效率，空間看起來清爽、乾淨，個人的工作或學習的情緒會更佳。

㈡布置與選擇學習空間

學生最重要的工作就是學習，沒有好的學習空間，學習的效果勢必大打折扣。因此，布置與選擇一個有利於學習的空間非常重要。布置與選擇最大的差別在於：「是否有權改變？」舉例而言，有些學生反應，同學上課時非常吵雜，不容易專心，教室因為是公共區域不易改變，但可以選擇靠近老師而不受干擾的位置。住校的學生如果住在宿舍裡，室友的生活習慣大不相同，寢室可能不容易專心讀書；此時，只好選擇圖書館作為溫習課業的地方。如果是屬於私人的空間，則應該將影響注意力與專注力的因素儘量排除，像是雜亂的房間、房間中有電視、音響等，甚至為求專注，在特定的時間關閉手機，以減少分心，這些做法會讓你的環境成為一個適合學習的環境。

㈢定期清理

雖然平時就保持好歸位的習慣，但許多工作不會一件一件乖乖的排隊，事實上你會發現，當你完成一件工作時，就又會有五、六件工作等著你。這些日積月累的文件逐漸堆積，又成為另一個亂源的開始，因此養成定期清理的習慣，成為維護物理環境一件不可避免的工作。要做好此項工作，下定決心是非常重要的。我們常因工作忙碌，平時疏於整理個人空間，若沒有辦法下定決心整理，可能愈積愈多，最終不可收拾。所以隨手整理的動作要養成之外，下定決心每日或每週定期清理自己的書桌、房間，才能常保工作效率；此外，忍痛割捨是確保整齊的法則，有些物品是否要保留，常成為非常難以抉擇的項目。因此，如果評估未來的使用率不高或根本不可能再使用，只好「忍痛割捨」，

為了避免浪費，如果用不到的東西最好就是不買，避免買了沒用，最後又丟棄形成雙重的浪費。最後，如果一定要留下的物品，就又回到了第一項的工作「有效收納」，善用空間收納，才能確保物品有再被使用的機會。

物理環境的管理，看似簡單卻非常重要，而且跟一個人的個性、習慣有莫大的關聯。事實上每個人都可以透過自我監控與調適，逐步培養自己建立個人物理環境管理的習慣，習慣一旦養成，個人將不知不覺內化成生活中的一部分，其間所省下浪費的時間、所提升的工作效率，都是日後成功的基礎。

三、做好情緒管理

自我管理的第三課，是管控好自己的情緒，一個成功的自我端看是否能合宜的扮演自己的角色，每個人都有許多的人生角色，在眾多的角色間能否準確的拿捏，有賴於個體情緒的穩定而定（楊克平，2005）。情緒指由某種刺激（外在的刺激或內在的身體狀況）所引起的個體自覺的心理失衡狀態。此失衡的心理狀態包含了極為複雜的情感性反應。如喜、怒、哀、懼、愛、惡、欲等七種情緒的說法，可見人類情緒的複雜性。在情緒高張狀態下，除個體會有主觀感受外，身體上亦隨之會有生理變化（如興奮、憤怒或恐懼時會伴隨心跳加速）。情緒失控往往把事情搞砸，情緒低落者則萬念俱灰、情緒失常者精神錯亂、情緒不穩者喜怒無常、情緒成熟者則理性圓融……。個人情緒也影響工作、生活的表現。《中庸》上所說：「喜怒哀樂之未發謂之中，發而皆中節謂之和，中也者，天下之大本也。和也者，天下之達道也。致中和，天下位焉，萬物育焉。」這是做好情緒管理的最高境界。

壓力常是影響情緒波動的原因。當然，適度的壓力可以激發人類潛能，端賴壓力是否有效調節，如果長期處在壓力滿載的情況下，甚至會引發精神方面的疾病。因此，適度抒解壓力成為情緒管理中重要的課題。近年來有很多的證據顯示，大學生的壓力及沮喪情況愈來愈嚴重（Reiberg, 2000）。彼德森（Peterson, 2002）指出，有超過 30%的大一新生經常感受到壓力；王春展（2004）針對國內大學所做的調查指出，有三成以上的大學生有明顯憂鬱傾向，少部分大學生遇有挫折時，有自殺的念頭。所以，每一位大學生都應該將情緒列為生活中的管理事項。

處理情緒的智慧（Emotional Quotient, EQ），是一種自我情緒控制能力的指數，甚至比 IQ 還要重要（Goleman, 1995）。情緒智慧較高的人，在人生各個領域都較占優勢，情緒能力較佳的人通常對生活較滿意，較能維持積極的人生態度，一個高 EQ 的人通常是情緒穩定的，不會因小事產生劇烈的波動。而且，在產生情緒反應時，能夠恰當的處理自己的情緒，對事與對人能有合理的想法，同時表現出合宜的行為。對學生而言，學業上的情緒會影響學習成就，正向的情緒可以激發學生在學習上的控制力，預測高成就；負向的情緒則會產生被動的行為導致低成就（李麗君譯，2007）。而我們應如何管理自己的情緒，下列的幾個重點必須掌握。

㈠體察自己的情緒

可時時提醒自己注意：「**我現在的情緒是什麼？**」如當你因為朋友約會遲到而對他冷言冷語，問問自己：「**我為什麼這麼做？我現在有什麼感覺？**」如果你察覺你已對朋友三番兩次的遲到感到生氣，你就可以對自己的生氣做更好的處理。有許多人認為：「人不應該有情緒」，所以不肯承認自己有負面的情緒，要知道，人一定會有情緒的，壓抑情緒反而帶來更不好的結果，學

著體察自己的情緒，是情緒管理的第一步。

㈡正確的歸因

俗話說：「人生不如意事，十常八九」，面對失敗與挫折，才能從逆境中成長，愈戰愈勇。當事人僅是偶爾出現某些行為，卻不必被概化成「每次都這樣」、「總是如此」，這種「認知扭曲」最要不得。每個人一生中難免有低潮，這時我們常懷疑自己是否能撐到下個星期，但到頭來畢竟還是撐過去了。重點是我們如何看待失敗，如何肯切地分析。雖然，不能將所有過失歸責於外，但也不必妄自菲薄。總之，藉由正確的歸因，真誠面對問題，堅持該堅持的，放棄該放棄的，不要總是留戀逝去的榮華，不要總是盯著不幸遭遇不放。懂得放下，你會發現前面是另一片天。

㈢適當表達自己的情緒

再以朋友約會遲到的例子來看，你之所以生氣可能是因為他讓你擔心，在這種情況下，你可以婉轉的告訴他：「你過了約定的時間還沒到，我好擔心你在路上發生意外。」試著把「我好擔心」的感覺傳達給他，讓他瞭解他的遲到會帶給你什麼感受。什麼是不適當的表達呢？如你指責他：「每次約會都遲到，你為什麼都不考慮我的感覺？」當你指責對方時，也會引起他負面的情緒，他會變成一隻刺蝟，忙著防禦外來的攻擊，沒有辦法站在你的立場為你著想，他的反應可能是：「路上塞車嘛！有什麼辦法，你以為我不想準時嗎？」如此一來，兩人開始吵架，別提什麼愉快的約會了。如何「適當表達」情緒，是一門藝術，需要用心的體會、揣摩，更重要的是，要確實用在生活中。表達的並不一定全是負面的情感。壓抑正面或愛的情感，就像抑制怨恨或怒氣一樣不健康。

㈣以合宜的方式抒解情緒

抒解情緒的方法很多，有些人會痛哭一場、有些人找三五好友訴苦一番、有些人會逛街、聽音樂、散步或逼自己做別的事情，以免老想起不愉快。比較糟糕的方式是喝酒、飆車，甚至自殺。要提醒各位的是，抒解情緒的目的，在於給自己一個釐清想法的機會，讓自己好過一點，也讓自己更有能量去面對未來。如果抒解情緒的方式只是暫時逃避痛苦，爾後須承受更多的痛苦，這便不是一個合宜的方式。有了不舒服的感覺，要勇敢的面對，仔細想想，為什麼這麼難過、生氣？我可以怎麼做，將來才不會再重蹈覆徹？怎麼做可以降低我的不愉快？這麼做會不會帶來更大的傷害？根據這幾個角度去選擇適合自己且能有效抒解情緒的方式，你就能夠控制情緒，而不是讓情緒來控制你！

EQ 的重要性表現在生活的各個層面，它決定了個人主觀上認為生活是否順心，也會影響個人與他人（如家人、朋友、配偶、上司、同事、客戶）之間的關係，甚至會影響學業及工作表現。試想：一個不能處理好自己情緒的人，必定很容易受情緒所左右，表現出衝動的行為，因而破壞人際關係；如果與身邊的人不能相處融洽，不論在家庭、學校及工作環境中都存在不滿的情緒，覺得大家都對不起他、認為一切都是別人的錯，或者陷入深深的自責中，形成惡性循環，當然活得不快樂。相反的，若能敏銳的察覺自己及他人的情緒，坦誠面對自己的負面感受，同理對方的感受，不任意批評，並且將生活中的困境視為合理的挑戰。有堅定的信念去完成艱鉅的任務，對人對事做出適切的反應，那麼就容易與他人保持良好的關係，能夠得到他人的幫助，這樣一來，許多事情都能迎刃而解。以工作為例，相信很多人都曾經覺

得工作是否順利圓滿，往往不是由能力決定，而是你能不能打開心扉傾聽同事或上司的不同意見，能不能將個人的好惡、利益與工作區分開來，將人際衝突的阻力化為助力，才是成敗的關鍵。

情緒能改變人的生活，有助於改善人際關係和說服他人，EQ高的人可以控制、化解不良情緒。在成功的路上，最大的敵人其實並不是缺少機會，或是資歷淺薄；成功的最大敵人是缺乏對自己情緒的控制。憤怒時，不能遏制怒火，使周圍的合作者望而卻步；消沉時，放縱自己的萎靡，把許多稍縱即逝的機會白白浪費，所以成功者均必須善於管理自我情緒。

四、做好學習管理

學習是人類生存與發展的推動力。人並非生而知之，必須靠「學習」而得。知識和能力不是天上掉下來的，而是從學習和實踐中來的，正如《論語》所言：「學而時習之，不亦說乎！」有道是「生也有涯，知也無涯」，如何在眾多繁大的知識領域中，學會尋找自己喜愛而有用的「知識」，就是學習能力。我們處在一個激烈競爭的時代，具備「比他人學得快的能力」就是保持競爭優勢。

在成人教育的領域中，非常強調「自我導向學習」，即成人知道自己該如何學習，去哪裡找資源，自己設定目標，安排時間地點，自我評鑑檢討。1996 年聯合國教科文組織（UNESCO）所出版的《學習：內在財富》一書亦告訴我們：學會認知、學會做事、學會與他人相處、學會發展（引自張德永、陳柏霖、陳書農，2006）。掌握適合自己的學習方法才能有效學習，做好「學習管理」，是邁向成功的必經之道。

不同階段學習方式亦不同，高中升上大學的學生，會覺得時間多了許多；在高中階段，學習生活往往被師長所填滿，當然所剩的家庭或休閒生活時間並不多，沒有太多剩餘時間「分配」的問題。到了大學生活是截然的不同，學習課程大部分由自己規畫、安排，學習時間由自己分配。如果大學生還再問考試有哪些重點時，代表大學生仍未掌握住學習的要領，以下就經常使用的學習管理策略，提供同學參考（李麗君譯，2007）。

㈠選擇最適當的時間與空間

前文提到，時間與空間管理的重要性，它不但是攸關個人成就的關鍵，也是學習的重要影響原因；首先，同學必須非常瞭解個人的讀書習慣如何？有人喜歡獨處，有人喜歡群聚，有些同學是夜貓型，有些同學則是日光型，同學可以針對自己不同的特質，安排自己最恰當的時間與空間，會得到最有「效率」的學習效果。

㈡選擇精緻化的策略

學習要有成效，關鍵點在學習所得的資訊能否進入「長期記憶」的階段（張春興，1997），而能否進入長期記憶，又與個人學習風格有關，自然所採取的方式便不盡相同。舉例來講：

1. 做筆記：有些人習慣做筆記來幫助自己記憶，學歷僅有小學畢業的京華鑽石董事長柯朝祥，就是個用筆徹底學習的人。無論是平時閱讀，還是聽演講，柯朝祥總是拿著筆隨時做筆記，將每一句他聽過的名言佳句都記錄下來。不僅如此，他還會將這些內容用錄音機錄下，讓自己閒暇時也能學習。他說：「記憶力沒別人好，我就靠記錄。」
2. 劃線：有些同學會在課本上標記各式各樣的線條，提醒自己重點所在，也是很好的方法。
3. 大聲複誦：藉由聲音的練習來幫助自己記憶，也是非常有效的方法，所以許多同學喜歡找一個安靜的場地，大聲背誦，幫助自己加深印象。

4. 動手做：根據一項嬰幼兒的相關研究，學習時所運用的感官愈多重，即使如剛出生的幼兒，也會有很好的學習成效（柯寶絢，2006）。然而，這種學習方法隨著年紀增長，卻逐步消退；事實上，如果學習能同時運用眼、耳、鼻、手等多重感官，所得效果會愈佳。

㈢建立個人知識系統化

精緻化的目的是幫助學習記憶，如果希望記憶能內化成為個人知識體系的一部分，系統化的過程便是一個重要的關鍵。所謂系統化的過程是指運用前述精緻化的方法，將所學習的知識與原有的知識，結合成為一個系統，藉由系統化的過程與原有知識緊密結合，在學習上則更有效率。表 4-1 是一個分析礦物的系統化範例。

表 4-1 所述的系統化方法，在呈現上會用表、圖（如學習地圖、概念構圖）的方式，有人戲稱學習的策略上：「文不如表、表不如圖」，但不論圖或表，都是知識系統化的形式，只要適合個人風格、習慣使用，都是可以嘗試的方式。

㈣到課認真聽講

其實前述談了許多學習的策略，更重要的是「到課認真聽講」才是本分。學習是學生的主要工作，應該沒有任何一件事情比學生到課堂的學習來得更重要；除了到課之外，與老師的互動、參與課程的進行，會幫助自己充分理解教師課堂所欲傳達的理念，與欲達成的目標。故到課聽講並參與課程，更是每一位大學生的首要任務，也是確保學習成效的不二法門。

表 4-1　礦物分類一覽表

礦物				
金屬			石頭	
稀少	常見	合金	寶石	石材
白金	鋁	青銅	藍寶石	石灰石
銀	銅	鋼	翡翠	花崗石
金	鉛	黃銅	鑽石	大理石
	鐵		紅寶石	石板

資料來源：李麗君譯（2007：57）。

每個人的做事及學習方式不盡相同。事實上，只有極少數的人知道，他們到底怎樣完成一件工作，因此他們常以不適合他們的方式工作。彼得・杜拉克（Peter Ducker）認為，不能依據自己最擅長的方式學習及工作，注定成績平庸。所以，針對自己的學習風格，採取合適自己的方式，才是關鍵。

五、做好健康管理

身體健康是一切事業成功的基礎。身體健康的二大要素為運動與飲食。適當的運動有助身心發展，選擇適合自己的能力、方式、時間和地點持之以恆的運動，每週至少運動三次，每次至少三十分鐘，讓心跳達 130 下。至於飲食更是影響健康的主因，如何攝取均衡的營養，不偏食或暴飲暴食。吃要有營養，對身體有助益，常吃垃圾食品，宛如慢性自殺，應儘量避免。世面上流傳的養身之道可供參考，如養身在動，養心在靜，動靜得宜；飲食有節，起居有時；物熟而食，水沸而飲；多吃果菜，少吃肉類；頭部宜涼，腳部宜熱；無求乃安，知足常樂。企業家溫世仁的驟

逝，除了讓人感嘆人生無常外，更體認到做好健康管理的重要。

然而大學生正值青春年華，自認為身體健康而不在意，事實上健康一點一滴流失，疾病一步一步逼近，糖尿病、高血壓等中高齡才會出現的疾病，近幾年都發現罹病的年齡逐步下降，以下有一些健康管理的策略，仍要苦口婆心的提醒所有大學生們。

㈠不準時的生理時鐘

你累了嗎？這不是廣告詞，但身心疲乏是一種危機狀態，它是健康的主要殺手。年輕人仗著年紀輕、體力好，熬夜或是失眠造成不準時的生理時鐘，這無疑是放任自己的積蓄提早耗盡。要知道充分的睡眠與休息，身體才有足夠的時間修補自己的組織，一般養生專家還是建議，每晚 11 點上床睡覺，是最理想的睡眠時間。環境通常很難改變，而心態卻可以做一定的調節，以有利於我們更好地休息。

㈡少肉多菜注意烹調

根據行政院衛生署的統計（衛生署，2009），二十餘年來癌症均高居國人十大死因之首，2004 至 2005 年男性十大癌症前三名分別是肝及肝內膽管、結腸及直腸、肺及支氣管與氣管癌；女性的前三名是乳房、結腸及直腸、肝及肝內膽管癌。而分居男女前二名的結腸及直腸癌、肝及肝內膽管癌，與飲食習慣有高度相關。特別是結腸及直腸癌與國人喜好美食、精緻的烹調有莫大的關係；因此，還是建議少肉多菜，簡單烹調，少油、少鹽、少糖，才是健康的保障。

㈢平穩的情緒

如果你放任自己的不良情緒，身體就會失去均衡。這是身體因你不夠堅強而在「懲罰」你。所以還是要儘可能讓心情穩定，保持愉快，人生才是彩色的。

㈣適量運動常保健康

運動可以幫助新陳代謝，加速循環，適量的運動還可以幫助我們抒解壓力，所以人人都應有至少一項作為休閒與健身的運動習慣。運動事實上隨時隨地可以進行，不一定要特意的安排，如能走路就不要坐車、能爬樓梯就不要坐電梯，這都是可以作為運動的方法，不但可以運動健身，還能節能減碳愛護地球。

上述「時間管理、空間管理、情緒管理、學習管理、健康管理」，都是作為一個時代青年所必備的功課。近年來，對時下年輕人有「草莓世代」之稱，代表年輕人抗壓性低、中看不中用等負面評價，但新一世代的青年人有自我的看法，充滿創意與活力，如果這些特質沒有良好自我管理作為基礎，一切都是枉然。因此，做好上述的五項工作成為重要的關鍵。以下再就運用自我管理的理論達成五項管理，提出建議。

肆 運用自我管理理論達成五項管理

管理大師彼得・杜拉克在《二十一世紀的管理挑戰》一書中寫道：「有偉大成就的人，向來善於自我管理。然而，這些人畢竟是鳳毛麟角。但在今天，即使是資質平庸的人，也必須學習自我管理。」（劉毓玲譯，2000）如何學習自我管理呢？哲學家康德曾說：「沒有實務的理論是空的；沒有理論的實務是盲的。」如果光知道理論，不知如何運用，一切理論都形同無用。因此，根據前述自我管理的理論與五大管理，我們可以整理出自我管理的成功五步驟。

一、節制欲望

人的欲望是多元發展並且層出不窮，如果不能加以約束，則表面看來愜意，但長久下來，就會發現自己只是受著外在誘惑的牽引，身不由己的奔馳在人生路上，最後只覺得茫然與無奈而已（傅佩榮，2005）。因此，自我管理的第一堂課就是克制自己的欲望。

所謂克制自己的欲望，並不是要人們捨棄物質生活，事實上物質是維持我們生存與生命的重要因素，那如何在生活之中取得平衡？人們必須學習分辨何謂需求（needs）？何謂欲望（wants）？所謂需求，就是維持我們生命與生存的必要性，如馬斯洛所提的人生五大需求：生理的、安全的、隸屬感、尊重、自我實現等需求；除此之外，皆是屬於欲望。

西方哲學主張「享樂主義」之稱的是伊比鳩魯學派，此派所稱追求享樂，是指經過深思熟慮後「溫和地節制欲望」。理由是如果只是隨心所欲地放縱欲望，那結果反倒是「求樂反苦」，因為欲望永無止境，滿足了一項就會想要滿足下一項，形成循環，最後超越自己能力而陷入痛苦的深淵；這種想法與《禮記》的觀點不謀而合，《禮記》上說：「欲不可縱，縱欲則傷身；樂不可極，樂極則生悲。」於是，只有節制欲望，才有真正的快樂（傅佩榮，2005）。這也是自我管理的首要課題。

不論是時間、學習、情緒等自我管理的課題中，首先都要學會自我控制，從認知清楚理解克制欲望才有提升自我的可能，否則耽溺於欲望無法自拔，永無成功的一日。2009 年 4 月底，一名多次因毒品被警方查獲的藝人，擺脫不了使用毒品的欲望，終究將大好前程毀在毒品之中，實為可惜！

二、戰勝自己，從自律開始

美國可口可樂公司前董事長兼執行長羅伯托・古茲維塔（Roberto Goizueta）的傳記（羅詩誠，2003）曾提到，這位掌權十六年讓公司規模擴大三倍的可樂教父，年輕時能一連五小時把自己鎖在房間裡讀書，不理會走道上的喧鬧，不念完書，絕不踏出房門。他的大學同學也以「苦力」形容這位傳奇人物專注的個性。台灣經營之神王永慶，他的奮鬥史令人稱頌，但更重要的是王永慶對自我要求之嚴格，才是我們更要學習的地方。

台大商學院院長陳家聲說：「自我管理可以說就等於自律。」類似自律甚嚴者的情節，總會出現在成功者的故事中（吳韻儀，2008）。因為人總有惰性，所以必須認清，為誰辛苦為誰忙，你必須先說服自己，對自己要求是為自己好。每個人要堅守的正確行事規範就是最好的自我管理。一個成年人的定義，除了獨立、自立之外，最重要的一項就是負責。生活中遵守原則，保持紀律，是為自己負責，是為了使生活過得更充實、更有活力。

自律就是自我監控，不論任何一項的自我管理的課題，都要學會自我監控，隨時能夠提醒自己，才不會因為過於鬆散，遠離目標而不自知。

三、態度決定一切

在我們不斷塑造自我的過程中，影響最大的莫過於是選擇積極的態度或是消極的態度。我們建議正確的心態才能幫助我們達到人生目標。成功者善於隨時調整自我心態，持續的保持積極的心態！

楊淳賢（2005）指出：「無論在什麼樣的情況下，只要擁有一個良好的心態，我們就能從容地面對一切逆境。」1111 人力銀

行副總經理吳睿穎建議，想在職場上脫穎而出，擊敗眾多求職者，成為萬中選一的佼佼者，「知識為基礎、技能是門檻、態度則是最大的職場競爭力！」因為企業晉用人才方面，通常人資主管最希望求職者具備積極性、抗壓性、獨立自主等人格特質。在職能方面，企業主及人資主管則偏好責任感、主動積極，以及問題分析與解決能力。

「態度」（attitude）可說是決定一個人在職場上成功與否的重要因素。因此，職場上 K ＋ S 的理論（專業知識 knowledge 與技能 skill），近來已轉換成為（K ＋ S）×A^2 程式，成為人資市場的主流，也就是「知識」加上「技能」括弧乘以「態度」次方（貿易電子雜誌報，2008）。

積極樂觀的態度來自於自信，國內從事卡內基訓練的幼龍企管顧問總經理黑立言說：「人要鼓勵，才會受刺激去做得更好。」自信的建立可以仰賴「個人帳戶」的儲蓄。生活管理專家西恩．柯維（Sean Covey）在其著作《與青春有約》中建議，人的自信可以像銀行帳戶一般，藉由思想、言語和行為隨時儲蓄。其中，存款項目可以包括「對自己守信、在小事上行善、對自己好一點、誠實做人、更新自己、開發天賦」等六項。反之，則成為提款項目。「長時間從事小額存款，最後你一定會找回自信」愈有自信者，則愈有積極樂觀的態度。

當我們面對逆境時，誠如聖嚴法師所言：「面對它，處理它，然後就把它放下。」因為逃避不能解決問題，勇於面對，然後是懂得面對，雖然這並非容易之事，有勇氣嘗試的人，才能開啟新局，創造新的生活。所謂勇於嘗試，不是教人朝三暮四，忽東忽西，沒有生活的目標。勇於嘗試，是要你在關鍵處，勇敢為自己爭取創造的機會，正如自我評量策略中所言的，透過評估瞭解自我，再以自我提升，設法完成目標的要求。

陳如山（1996）指出，思想管理的重點在於破除使人陷入某些特定的思考方式，或僵化的心智習慣的陷阱之中，如過去經驗、成功、空間（經由感官所接收訊息而形成）、主題／背景（任腦中由意念，所形成的特別形象，或將注意力放在情境中最顯著的特徵而忽略其他不明顯的重要因素）等。如能以不同的觀點、角度、可能性及解答來看待同一件事情，就不會被個人因素、情境或文化等的陷阱所囿限。能以小幅度但意義重大的改變開始，持續修正觀點或思想，就能達到根本的改變，也就能改變態度、反應與行為，而提升生命品質。

四、選對自己擅長的戰場

自我管理也必須選擇自己擅長的戰場。自謙沒有運動神經的全國電子總經理蔡振豪，也曾經不惜重金聘請名師、買昂貴的球具練習高爾夫。「沒天分，球具、球鞋還是放著憑弔就好」他笑說，還是將精力專注在擅長及有興趣的事物上比較正確。

挑錯戰場的例子並不少見。彼得．杜拉克更是一針見血地指出，一個人的精力必須用在自己擅長的事物上。對於無能為力的領域，就不必徒耗心力。畢竟，從「毫無能力」進步到「馬馬虎虎」所需耗費的精力，遠比從「一流表現」進步到「卓越境界」所需的工夫更多。

「回饋分析法」則能幫助你評估自己的長處在哪。彼得．杜拉克建議，當你每次採取重要行動前，都事先寫下你所預期的結果。最後，將實際的成果與當初的預期相互比較，就能顯示出自己的缺失與不足，才有改進的空間。

五、擬定計畫與管理

生命的悲劇不在於目標沒有達成，而在於沒有目標！目標有多遠，我們就能走多遠。訂立目標，不僅努力有方向，也能藉由每階段的目標達成狀況，讓你確定每一步都走得踏實。其實，大多數人不是沒有目標，而是目標過於遙遠而無所適從。所以，目標不僅必須明確，還要把目標剖析為許多小單位，專心地一次完成一個，逐步達成目標，這就是計畫的重要性。有了明確的目標，還要有實踐的方法，這些就靠具體的計畫逐步達成；許多人空有目標，沒有具體的計畫，目標無法實現；有了計畫還要有執行的決心，有了執行的決心還要時時檢討，隨時省思計畫無法落實的原因，也就是「自我監控」的重要性。

彼得・杜拉克在回憶錄中，感謝年幼時的一本練習簿讓他終生受用。每個月，彼得・杜拉克的小學老師都會交給他一本練習簿，讓他在上面寫下每學期的長、短期目標，然後一一記錄他希望做到及實際做到的情形，再進一步檢討、改進。彼得・杜拉克戲稱，在往後的日子裡，他都「濫用」這種名為「回饋分析法」的技巧。「立下目標並組織思考，照著這種有計畫、有目標的方式前進」。他提及，練習簿至少讓他度過中學的留級危機，及在半工半讀的環境下獲得博士學位。

每位信義房屋員工人手一本的「成功護照」也有異曲同工之妙。在護照上，員工不僅能列出自己每年、每月、每週的目標，護照旁也列下公司年度的目標及各階段業績獎勵標準。信義房屋董事長周俊吉解釋道：「目標清楚，員工的努力方向才能與公司目標一致。」這其實也就是企業常使用的「設定目標、擬定策略、執行及檢討」的目標管理。但套用在個人身上，基本的原則都一樣。

伍 結語：做好自我管理，實現夢想

因為現代社會已非過去以勞力工作者為主體的時代。台大商研所教授陳家聲解釋，過去受過完整教育訓練的工作者並不多，因此組織必須進行層層控管。但現今企業大多以受過專業訓練的知識工作者為主體，因此近十年很明顯的看出，企業都有要求每個工作者必須進行自我管理的趨勢。「演員阿諾」變成美國加州「州長阿諾」，靠的不是鋼鐵般結實的肌肉，而是自身鋼鐵般堅毅的意志。奧地利同胞在接受美國 CNN 採訪時表示：「他是有理想、有目標，且會一步步完成夢想的人。」敢作夢也能讓夢成真，是每個成功者身上都能發現的人格特質之一（吳韻儀，2008）。

總之，從演員阿諾的成功，看出許多的特點，值得同學深思與啟發，企業界強調「自我管理」的重要，其目的在於個人的永續經營與發展。而每個人要成功，應將自我當成「助力」而非「阻力」，從邁向「自我管理成功的五步驟」之外，更要加強做好「時間管理」、「空間管理」、「學習管理」、「情緒管理」與「健康管理」，才能彰顯生活的充實與品味，更能讓大學生的理性生活與生命的價值流芳千古。

問題與討論

1. 本章所提五項自我管理：時間、空間、情緒、學習與健康管理，自我評估成效最好的是哪一項？較差的又是哪一項？原因為何？

2. 大學生面對自我管理，最大的障礙為何？
3. 生活中有哪些態度是要不得的？又有哪些態度是受同學、師長歡迎的？

參考文獻

丹鼎譯（2008）。郭德堡（Goldberg D.）與崔貝爾（Zwiebel J.）著。**教出組織力**。台北市：久周。

王春展（2004）。台灣地區大學生情緒智慧、憂鬱傾向與情緒調整策略之研究。**嘉南學報，39**，443-460。

吳韻儀（2008）。打破「找藉口」文化。**天下雜誌，390**，58。

李麗君譯（2007）。Myron H. Dembo 著。**做個成功的大學生：動機與學習自我管理**。台北市：心理。

柯寶絢（2006）。寶寶也有好記性。**學前教育，29**，32-33。

洪儷瑜、黃裕惠（1998）。過動兒親子教育——專注力自我控制訓練。**中國過動兒協會會訊，14**，3-5。

張春興（1997）。**教育心理學**。台北市：東華。

張敏（2006）。成功經理人必備的十二項自我管理能力。**中國管理傳播網**。2009年4月5日取自 http://www.beelink.com/20060628/ 2103545.shtml

張德永、陳柏霖、陳書農（2006）。從志願服務中探討終身學習的實踐。**T&D 飛訊，52**，1-11。

陳如山（1996）。自我管理——內在革新的開始。**國立空中大學社會科學報，4**，1-30。

陳珮馨（2008）。自我經營——職場新鮮人態度決定勝負。**經濟日報**，2008年7月10日，第10版。

傅佩榮（2005）。練習自我管理。**直銷世紀，2005年5月號**，12-13。

程千芳（2001）。壓力因應與管理。**空軍學術月刊，539**，73-83。

貿易電子雜誌報（2008）。**貿易電子雜誌報，203**。2009 年 5 月 1 日取自 http://www.ieatpe.org.tw/magazine/203-1.htm

楊克平（2005）。管理哲學的核心——自我管理。**護理雜誌，52**(5)，20-22。

楊坤堂（2000）。**情緒障礙：理論與策略**。台北市：台北市立師範學院特殊教育中心。

楊淳賢（2005）。**栽培**。台北市：攻略本。

廖鳳池（1990）。**認知治療理論與技術**。台北市：天馬。

劉毓玲譯（2000）。彼得・杜拉克（Peter Drucker）著。**二十一世紀的管理挑戰**。台北市：天下文化。

衛生署（2009）。**國民健康局「93 年及 94 年癌症登記報告」**。2009 年 5 月 10 日取自 http://www.bhp.doh.gov.tw/bhpnet/portal/Them_Show.aspx? Subject=200712250031&Class=2&No=200805020001

鄧振源（2006）。**大學教育的目標**。2009 年 4 月 25 日取自 http://empower.hfu.edu.tw/sites/11/DocLib3/951115% E3% 80% 8C % E5% A4% A7%E5%AD%B8%E6%95%99%E8%82%B2%E7%9A%84%E7%9B%AE%E6%A8%99%E3%80%8D.ppt

羅詩誠（2003）。你管得住自己嗎？。**天下雜誌，286**，32。

Goleman, D. (1995). *Emotional intelligence: Why it can matter more than IQ*. NY: Bantam Books.

Peterson, K. (2002). College weighs on minds: Depression rates soaring for students. *USA Today*, 7D.

Reiberg, L. (2000). Students stress is rising, especially among women. *Chronicle of Higher Education, 46* (21), A49.

Smith, H. (1994). *The 10 natural laws of successful time and life management*. NY: Warner.

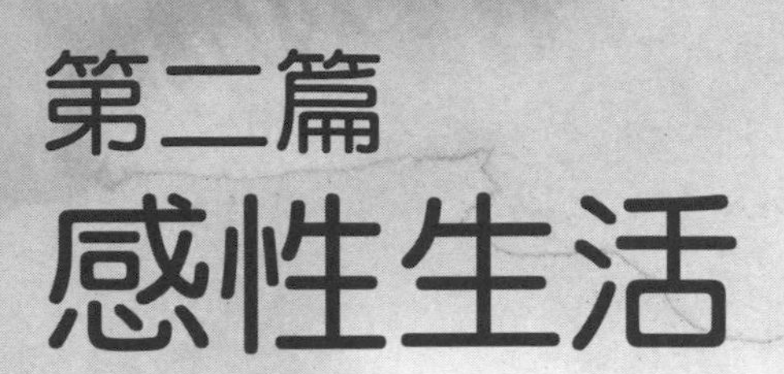

第二篇
感性生活

生涯發展與生活

5

CHAPTER

壹 前言：生涯規畫的重要

韓第（Charles Handy，唐勤譯，2007）說：生命的過程，像是爬一座身分的梯子。梯子的第一階是「生存」，我們必須養家餬口、維持一份工作。接下來，我們必須建立「獨立的身分」，中年的成就代表達到了這一階。梯子的最後一階是「貢獻」，是對自己以外更大群體的付出。所謂的貢獻就是實現自我，服務人群。生命是個動態、不斷開展的過程，在人生的旅程中，或許平坦或崎嶇不平，且充滿挑戰；但每個人都是獨一無二的個體，身世背景、成長條件、理想和抱負都不同，在實現個人的夢想與理想時，每次抉擇的當下，都因為有長遠的生涯規畫，而使你能在目標和願景清楚之下，願意忘記背後，努力向前，向著標竿直跑。

俗語說：「命運掌握在自己手裡」，背後的真正涵義是，你無法掌握天災、人禍、天氣，但你可以改變心境，選擇如何應對。人一生中面對發生的事物，有些完全無法掌握，有些可以部分掌握，有些則是完全可以掌握。如天災、地震、突來的意外、交通的阻塞、經濟景氣的變化，是人無法掌握的；考試分數的高低、業績的好壞、健康的狀況是部分可掌握的；要讀書、充實自己專業知能與能力，是能夠掌握的。因此，如何掌握我們能掌握的部分，透過生涯規畫，將時間、體力、精力、財力作最恰當的分配，便能使目標容易達成，也能發揮個人生命的價值，展現生命的熱力，貢獻國家、服務人群。

已故歌手張雨生曾創作和演唱一首歌「我的未來不是夢」，其實就是鼓勵年輕人不要渾噩過一生、隨波逐流。因此本章將會針對生涯的內涵和發展做說明，幫助大家透過探索與覺察，真正認識自己，掌握大環境的變遷，做好生涯規畫，為自己美好的未來做好各種準備，實現理想並發揮生命最大的可能。

貳 生涯與生涯發展

一、生涯的意義與認識

生涯的英文是 career，原意指兩輪馬車，引申為道路，是人生的發展道路。生涯發展大師蘇伯（Super）認為：生涯是統合了個人在一生中依序發展的各種職業和生活的角色，這些角色包括兒女、學生、休閒者、公民、工作者、配偶、家管人員、父母及退休者等九項；而這九個角色會在家庭、社區、學校及工作場所等四個主要場所中扮演。生涯是以人為中心，只有在個人需求它時，它才存在（Super, 1976）。

蘇伯將生涯視為個人在自我發展過程中，統整所有生活角色的經驗，並透過工作，逐漸實現一個有目標和有意義的人生。從蘇伯的觀點，生涯的意義具有以下五個特性（鍾思嘉，2008）。

㈠方向性

生涯是生活中各種事物的演進方向，生涯中雖有不確定性，但受到性格、自我概念、價值觀、興趣或能力影響，使個人內心產生期望與動力，朝著某個方向發展。

㈡持續和發展性

生涯是生活中各種事物的演進過程，人一生是持續不斷的歷程，過程中有些停滯或阻礙，但時間是依序往前，不能倒轉，所以會說童年只有一次。但隨著生理與心理狀況漸趨成熟，對自我認知更清楚，於成長歷程中職業概念逐漸形成，最後以職業觀念與自我觀念配合，達成職業的選擇並繼續發展。

㈢統合性

生涯是統合了個人一生中各種職業和生活角色，生涯是一種生活，雖以工作角色為主軸，但和其他生活中角色相互影響。因此，如何統整這些角色是生涯重要課題。

㈣獨特性

生涯是表現出個人獨特的自我發展形式，雖有些人生涯發展表面看起來相似，如都是選擇當老師到主任甚至擔任校長角色，但整個生涯歷程中仍有差異，會因個人的特質、條件、能力，而具有獨特性。

㈤自主性

生涯只有在個人需求它時，它才存在，當一個人能主動思考、選擇、做決定並計畫和實踐自己的生涯規畫時，才有機會使生涯發展得更好，因此，生涯具有相當的自主性。

瞭解生涯意義的五個特性後，可知每個人一生的生涯規畫和發展，猶如燈塔引導著大海中乘風破浪的船隻，在前途茫茫中，有可依循的方向和指引。

二、生涯發展的內涵

瞭解生涯的意義後，生涯發展（Career Development）的內涵又是什麼呢？希爾和克萊姆（Heer & Cramer, 1996）認為，生涯發展是由個人心理、社會、教育、經濟和機會等因素，綜合形成個人終其一生的發展性生涯歷程；這些個人所經驗的層面，與個人在教育、職業、休閒、嗜好等方面的個人選擇、投入和進步情形有關；是個人自我認同、生涯認同、生涯成熟等特質的發展歷程。這樣的發展歷程，會影響個人的工作價值、職業選擇、生涯型態的建立、決策風格、角色統整、自我認同及生涯認同、教育進修等（引自鍾思嘉，2008）。周談輝（2006）認為生涯發展在時間上，是指個體從出生到死亡的人生歷程；在空間上指個體與其周遭環境的互動；在心理上指個體在心智與人格上的調適成熟與變化；在社會上指個體的社會角色與責任義務的轉換。

可見生涯發展不管是生理上的發展、心理與人格上的成熟，或不同階段角色轉換的學習，都是希望幫助個體更成為一個身、心、靈健全的完全人。

三、生涯發展的目標

余朝權（1999）認為，人生可從「事業、財富、社交、家庭、自我」等面向加以檢視，追求均衡的人生。人本心理學家馬斯洛認為，人有基本需求和成長需求，包括生理的、安全的、隸屬感、尊重和自我實現的需求。當基本的需求滿足後，更進一步會渴望追求成長的需求，包括對求知和求美的需要。而行為學家阿德佛（Alderfer）則認為，人的需求可分為三大項，最簡單的是「生存的需求」，指吃飽飯和工作上的保障；中間的是「關係的需求」，指必須跟人互動、建立關係，成為社會的一分子，受人尊重；最後是「成長的需求」（余朝權，2002）。

因此，各級學校生涯發展課題，著重在自我探索、生涯覺察及生活規畫方面，主要目標有以下幾點。

㈠增進對自我的瞭解

每個人最大的敵人是自己，不太容易面對自己的缺點和肯定自己優點。如果能瞭解自己的特質，並能培養對生活周遭的敏感度，便能對自己充滿自信、積極、樂觀，為自己的選擇負責任，培養良好品格和正確價值觀。

㈡強化對工作世界的認識

生涯中工作期是很漫長的，能掌握社會的脈動，較能掌握工作的機會。如果你想要從事生化科技的研究或產業，或想要擔任教職，或希望投入電子或資訊產業，都需要對工作世界和市場需求有全面的瞭解。如有些人一心渴望當老師，修畢教育學程取得證照後，現今因為少子化現況，教師缺額少，有可能成為流浪教師中的一群，這些都必須加以因應、評估。

㈢提升工作的專業知能和態度

資訊爆炸時代，不能用過去所學的，應對資訊一日千里的時代。如何讓自己不是畢業即失業，或者高學歷卻無專長，甚至變成宅男或宅女。若能在求學階段充實並鑽研自己的專業，畢業後也能謙虛為懷，具備終身學習的態度，才能不斷提升專業知能與

素養，並具備二樣以上的專長，以備不時之需。誠如韓第鼓勵年輕人要勇敢展開自己的第 N 段人生，如同解釋公司如何成長的 S 曲線理論，可運用到個人生涯發展。建議每個人應該在第一條曲線走下坡之前，畫出另一條曲線，展開第二生命。

㈣學習生涯發展的方法與途徑

整個社會的教育、文化、工作、經濟、政治之間，關係密切環環相扣。面對全球金融風暴，第一個衝擊的是放無薪假，或遭解僱、裁員，家庭經濟可能陷入困難；當穩定及安全無虞的生活遭變故時，孩子教育與教養問題也跟著浮現，並造成更多的中輟、邊緣少年；緊接著社會治安、物價波動也會造成社會的失衡。因此，唯有透過多元的學習，充分涉獵各方面資訊與知識，並根據性向培養專長、瞭解興趣，才能給自己彈性與轉換變通的機會。

㈤培養適應社會變遷的能力

面對二十一世紀，變是唯一的不變。社會變遷快速是個特徵，唯有具備終身學習的能力，運用各種社會與個人資源，不斷培養自己在計畫、組織、規畫等生涯發展的能力，才能適應變遷的社會。

四、職業生涯的選擇

《國語日報》2009 年 2 月 24 日第二版報導，2009 年大學學測成績單寄發後，針對考生準備甄選入學事件邀請專家提供意見。發現 2009 年度受到經濟不景氣和失業率攀升影響，很多考生在選擇校系時，偏重市場考量，希望將來大學畢業後不要失業。專家學者呼籲應該以個人興趣為優先選擇，避免後悔；因為市場取向只是一時，很多過去熱門的校系和行業，現在不一定熱門；目前熱門的行業，將來未必有很好的工作。大學畢業後在職場上能否有很好的發展，全力以赴才是關鍵。行業熱門與否不重要，因為有些人雖從事冷門行業，但因為符合興趣，才能持之以恆，而獲得很好的成就。

俗話說：「男怕入錯行，女怕嫁錯郎。」選擇行業是一生中重大的決定，它對一個人的生活具有多方面的影響。也就是說，選擇什麼樣的工作就會有什麼樣的「生活型態」，因為工作與生活是息息相關。面對不同的工作型態，在人際交往、家庭生活、休閒等，都會有不同的安排。我們在受教育的階段，如果能對自己的性向和興趣有更多的瞭解，讓自己選擇就讀的科系是自己有興趣的，且能和將來的就業有高度相關，那將是最幸福的事。因為從事有興趣的事，不僅能賺錢求溫飽，更能在工作上展現熱忱。當你願意投入其中，將工作不僅當事業，更是你一生的志業時，工作雖然辛苦，但樂在其中。一份勝任愉快且有挑戰性的工作，會讓你人生充滿了努力的熱情。

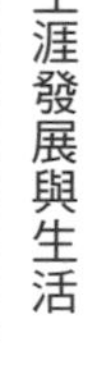

所以職業的選擇，決定了你的興趣、能力是否能充分得到發展，也決定你在什麼地方工作或居住，更決定了你與什麼人一起工作，建立怎樣的人際關係。如你選擇當護士，在醫院輪夜班時，就必須適應日夜顛倒，也可能無法兼顧家庭孩子的照顧問題。你選擇當老師，你的生活作息能和孩子一起上下學和放寒暑假，較能兼顧家庭生活。

五、生涯規畫的準備與技巧

周談輝（2006）綜合各家學者整理生涯計畫方法、技巧，認為一個人透過充分自我瞭解，掌握生涯發展階段的變化、瞭解工作特性及生涯路徑，並培養生涯規畫的能力，才能促成生涯目標的實現。

因此生涯規畫應先從「知己」及「瞭解就業市場」著手。知己，指一個人先瞭解自己的人格、興趣、能力與價值觀。能力，一種稱為普通能力（general ability），另一種是特殊能力（special ability）。普通能力，有人稱為智力，是指一種學習、運用符號、抽象思考及解決問題的能力。「普通」能力，是因有別於「特殊」能力，它是學習任何事物的基本能力，也就是說，學文學也好，學理工、藝術也好，至少要有相當程度的普通能力作為學習基礎。因此，此種能力也是從事任何行業都需要的。至於特殊能力或性向（aptitude），也會對我們的個人及職業生活有影響。這種特殊能力可能是天生的，也可能來自學習。有許多測驗可以測量機械、文書、音樂、藝術等各方面的性向，幫助你更瞭解自己。

㈠瞭解自己的人格、興趣與職業選擇

工作是個人認同的要素。它可以決定個人地位、影響個人生活及其與社會的交互作用。工作的選擇受到人格、家庭、性別許多因素的影響（黃富順，1993）。

首先就人格部分說明。美國學者荷倫（Holland J. L., 1973）的特質因素論，認為職業選擇與個人特質有關，包括人格、智力、技巧、能力和職業興趣。他以人際關係的型態將職業加以分類，並找出與此有關的六種人格特質：實際型、研究型、藝術型、社會型、企業型和傳統型。認為個人會選擇某種職業，係因該種職業與其人格型態有極大的相似性。茲將六種人格特質與適合的工作簡述如下。

1 實際型（realistic）

(1)個性特徵：情緒穩定、溫和、個性順從、務實、節儉，比較

不善社交。

(2)適合工作：適合從事明確、清楚、具體、實在及需要體力上的工作。如農業、汽車修護員、飛機控制、電器工程、加油站工作等。需要具備機械能力，以便處理機器物體、工具、運動設備及動植物有關之工作。大部分工作須在戶外進行，較不需與人有深入的接觸。

2 研究型（investigative）

(1)個性特徵：謹慎、理性、精細、好奇、獨立、溫和，重視分析、方法和具批判性。

(2)適合工作：研究型的人運用其智能或分析能力去觀察、評量、判斷、推理，以解決問題。喜歡與符號、概念、文字有關之工作，不必與人有太多接觸。從事如生物、物理、化學、醫學、地質學、人類學等的研究工作。

3 藝術型（artistic）

(1)個性特徵：獨立、善表達的、崇尚理想的、富幻想並重視直覺。能藉文字、動作、聲音、色彩、形式來傳達思想及感受，有敏銳的感覺能力、想像及創造力。

(2)適合工作：喜歡從事的職業，如作曲家、音樂家、指揮家、作家、室內設計師、演員，具有文學、音樂、藝術的能力。

4 社會型（social）

(1)個性特徵：合作的、友善的、同理的、社會化的、敏銳度高並善體人意。

(2)適合工作：樂於與人相處，喜歡從事與幫助他人有關的工作，如老師、宗教人士、輔導員、臨床心理學家、社工等，具有社會技能及溝通技巧。

5 企業型（enterprising）

(1)個性特徵：精力充沛、勇於冒險、外向、樂觀，對自己有自

信，善於表達且充滿熱情。

⑵適合工作：運用其規畫、組織、領導及口語表達能力，進行銷售、督導、策劃、領導方面的工作及活動。如經理人員、企業家、電視製作人、運動促進者、採購員、業務人員、推銷員等。

6 傳統型（conventional）

⑴個性特徵：謹慎、有條不紊、守本分、順從而能持之以恆的。

⑵適合工作：需要注意細節及事務技能，以便記錄、歸檔及組織文字或數字資料。喜歡從事資料處理、文書及計算方面的工作，如簿記人員、文書人員、銀行人員、金融分析師、稅務專家、成本估計師等。

當你愈能瞭解自己的人格特質和興趣，選擇與人格特質相符的工作，會使你勝任愉快且工作滿意度高。

其次，家庭也會影響子女的價值觀和興趣，因而對子女職業的選擇產生決定的力量。因為父母對某些工作的態度，不管是積極或消極，都會對子女的職業選擇有影響（黃富順，1993）。家庭生活對子女選擇的職業亦有間接的影響，如生長在大都會區的年輕人，不太可能選擇務農的工作。至於性別因素，因男女兩性生理及心理的發展不同，在職業準備上的許多層面也有差異。每個人都要為未來做準備，在 1970 年代，男孩早年就透過學習瞭解到工作是身分的代表，職業成就成為男性生活上的壓力；但二十一世紀的今天，講求兩性平權，男女兩性在職業的選擇上，差異性愈來愈少了。

除了瞭解自己的人格性向和興趣，作為職業選擇參考外，仍可從以下五大要素來協助做職業的選擇：⑴個人成長：考慮你的工作是否能學習到多樣化的知識、應對技巧及培養正確的工作態度；⑵合理報酬：工作時數與工作內容，和實際所領薪資是否相稱；⑶產業前途：此行業是否具有前瞻性；⑷晉升機會：是否有晉升的機會與制度辦法，可供合理競爭與努力方向；⑸工作價值：是否覺得工作有意義並樂在其中。

㈡瞭解自己的工作價值觀

每個人之所以會選擇從事某一項工作，所看重的原因不同；有人重視報酬的高低，有人重視環境的良窳，老闆是否賞識，或同事之間相處如何，這形成了每個人的工作價值觀。當生涯抉擇時，應謹慎考慮自己的工作價值觀是什麼，去尋找最能配合的。蘇伯提出十五種工作價值觀，你可以依據它對你的重要程度從 1 排到 15（1 代表最不重要，15 代表最重要）。

1. 利他主義：工作的價值或目的，是在於它能使你為他人或社會大眾服務，盡一分心力。
2. 美的追求：工作的目的在於它能使這個世界更美好，增加藝術氣氛。
3. 創造力：工作的價值是在發明新產品、設計新事物或創造新的觀念。
4. 智性的刺激：工作能提供獨立思考、學習與分析事理的機會。
5. 成就感：由工作中得到做好及完成一件工作的成就感。
6. 獨立性：工作能允許以自己的方式及步調去進行，不受控制或阻礙。
7. 聲望：工作使你受到別人的重視與尊敬並廣為人知（不僅指地位或權力）。
8. 管理的權力：工作的職權是策劃及分配工作給其他人，能影響或控制別人。
9. 經濟的報酬：工作能獲得優渥的報酬，使自己有足夠的財力獲

得想要的。

10. 安全感：工作使我有保障、安全感，免於意外或不愉快。
11. 工作環境：工作是在宜人的環境下進行，不是太熱、太冷、吵雜或髒亂。
12. 與上司的關係：在工作中，能與上司平等且相處融洽。
13. 與同事的關係：在工作中，能接觸到令人愉快的同事。
14. 生活方式的選擇：在工作中，自己生活不受工作干擾。
15. 變異性：不是一成不變的，而是可以嘗試不同的差事。

上面的十五種價值觀可試著排序，如果自己所重視的工作價值觀能在工作中得到滿足，就是最適合的工作了。何飛鵬（2007）在《自慢——社長的成長學習筆記》一書中提到，每個成功者的職涯成長第一步，都是「摸著石頭過河」，會面臨許多做人與做事的問題。一個人擁有正確價值觀與態度，不見得能立即成功；但是如果缺乏正確的觀念與態度，就算一時幸運，終究還是會回歸原點，難逃失敗的結局。

一般來說，工作上最核心的價值和態度不外是「誠信、樂觀、熱忱和學習」，因為職場上誠信原則最重要，樂觀、熱忱和樂於學習使你有勇氣面對挑戰並不被時代所淘汰；而在群己、人際關係中可做到「盡本分、有度量、守紀律、有認同感」，職場上講求對自己負責並能與人團隊合作，對組織有認同和向心力；至於工作的正確方法則須有「專業、努力、堅持到底和勇於面對挑戰」，因為機會和成功，永遠是給隨時準備好並能堅持到底的人。

㈢瞭解就業市場及獲得資訊

各行各業有其專業和發展背景，就業前，須知道如何獲得職業資料及就業機會資訊，以認識工作世界。透過閱讀報紙、雜誌有關職業或傑出工作人士的報導，查閱勞委會所編的《職業分類典》、《職業簡介》、《職業展望》等刊物，或到行政院青輔會「生涯輔導資訊服務中心」查閱有關資料。再者，也可以藉由請教親友、師長，到工作場所和有關工作人員訪談，來增進自己對某些職業的瞭解。時下網路的相關資源也值得運用，如網路人力銀行、人才仲介公司以及各公司網頁消息。

總之，資訊取得有靜態、動態兩種，透過刊物、企業簡介、視聽資訊、電腦網路連線等靜態資訊及透過請教、參訪、短期研習、實際打工經驗及聆聽說明會等動態資訊取得，都可進一步瞭解就業市場。

㈣生涯規畫的步驟與技巧

生涯規畫是有步驟的，我們必須擬定計畫，逐步而行：⑴訂定目標：可依照各種主、客觀的因素先決定自己的方向，仔細探索後，將目標具體化、階段化；如訂定短、中、長程目標；⑵考慮多元途徑：每一個目標的達成，其途徑可多元化，如將來想擔任教職工作，可以讀師範院校；亦可先讀一般大學再甄試或修習教育學分以獲得合格之教師證書。可針對一個具體的目標，將其可能達成目標之途徑全部詳細列出，再做選擇；⑶選擇最適當的途徑：可就自己所列出的可行達成目標途徑，選出最適當的途徑，並努力達成；⑷採取行動執行：再好的計畫，不去實行永遠是空的。要確實安排執行的時間表，並依計畫行動；⑸評鑑與改進：依時間進度訂定之後，在實施過程中，可隨時逐一檢視，使之配合預定進度；或對主觀、客觀因素的變化，做一適當的調整。而在執行之後，更須進行成效評估，找出優缺點，以作為改進之參考。

參 認識自我概念，有助於生涯發展

組織大師韓第（唐勤譯，2007）說：「生命就像一個八斗櫃……每個抽屜代表生命的一角，其中有個抽屜是鎖上的，外人見不到內容，還有一個抽屜是連自己也打不開的，那就是你的下意識。而我們唯一能做的，是儘可能公開而誠實地面對自己，不要裝成一個不是自己的人。」可見人是以多元的角色，生存並立足於社會，但唯有更多認識自我、覺察自我，才有助於個人的生涯發展。

一、自我概念的內涵

何謂自我概念（self-concept）？自我概念又是如何形成？郭為藩（1996）表示自我概念是指：「個人對其自我的形象及有關人格特質，所持有的整合性知覺與態度。」張春興（1999）認為自我概念最簡單的解釋就是：「個人主體自我對客觀自我的看法。」黃惠惠（1996）認為自我概念是指：「個體對自我整體看法，會對自己產生喜歡或厭惡的感受，也會對自己有所評價，認為自己是有用或沒價值。」因此，自我概念就是自己如何看自己，認為自己是個怎樣的人，能做些什麼樣的事；並形成、塑造他自己的「自我形象」（self-image）。構成自我概念的因素包含四個面向：生理方面的特質（如身高、長相、身材或是否有生理上的缺陷）、智能（指學業、智力上的表現）、社會（指在社會上的角色、地位如何）、心理（包括所具備的個性特質）。瞭解自我概念的內涵，更清楚自己擁有什麼優勢，也能接納自己的缺失和限制。

二、自我概念的形成與特性

生命中第一個主要照顧者是父母，父母的身教與言教，深深影響個體如何看待自己。如果你從小就是家中的寵兒或掌上明珠，經常被稱讚你是有責任感、聰明的；或者你是在不被期待下出生的，從小就被認為是笨手笨腳或多餘的，都會直接影響你如何看待自己。其次，影響你的是師長、兄弟姊妹、配偶、親近的朋友。最後是外人對你的評價。因為別人對你的評價，是你用來瞭解自己的鏡子；也就是說，個體從與人互動中所接收的回饋、反應、評價中形成自我概念。

那自我概念的特性又是什麼呢？黃惠惠（1996）認為自我概念有以下特性。

㈠自我概念是學習而來

生命中的重要他人，及對自己有重大意義的人對你的回饋和評價，造成你如何看待自己。但既然是學習而來，就較有改變的可能。

㈡自我概念是主觀的，而非客觀的

由於東西方社會文化的差異性，東方人總是期望、要求過高，教導我們要謙虛為懷、貶低自己，也因為追求完美而害怕失敗，總認為自己永遠不夠好，而會造成較負向的自我概念。對已經 20 歲的你，過往的自我概念可能是已過時，或因資料有誤，或因別人回饋不實在，而使你的自我概念是負向的，如「你是膽小怕蟑螂的，沒用的！」現在即使你已經長大成人，有力量膽識打死蟑螂，卻仍以小時候的自我概念，認為自己是沒有能力改變現況的，這樣的主觀認定，除非你有機會去覺察或反思，否則不

易鬆動。

㈢健康的自我概念是有彈性的

隨著年齡而成熟，要對自己有一個符合實際的畫像，自我概念不是固定的，而是彈性的。當自己在生理、智能、心理、情緒及精神方面，透過不斷的學習與成長，是會有改變的。

㈣自我概念是難以改變的

雖然在實際狀況下，我們不斷在改變。但是，當你要鬆動或改變自己根深柢固的做法或想法時，的確不易，因為人都渴望在安全、舒服，又不傷及自尊下，以防衛性行為來保護自己。但如果能有所覺察自己的負向自我概念，透過學習，仍可以有緩慢的改變。

㈤自我概念是自我實現的預言

自我概念對人格影響很大，不僅決定個人對自己的看法，也影響自己未來的行為及他人的行為。自我實現的預言有兩種型態，一是你的期望影響你的行為。二是父母或師長的期望，控制了你的行為。

因此，自我概念的形成會受自己主觀認知及家人和他人，如何看自己學習而來。而抗拒改變是必然的特性，因此要能覺察並願意鬆動既有的自我概念，才能擁有彈性的自我概念。

三、改變自我概念，掌握成功的關鍵

改變自我概念須透過覺察，能掌握最新訊息，才有機會讓過時不合時宜的想法鬆動。如一般認為智力好的人，學業和將來事業成就較好，其實不然。腦神經訓練師王秀園（2009）指出，

2005年賓州大學達克沃夫和沙力門的實驗研究發現，高智商無法主宰一個人在校的學業成績表現，反而是一個人能否為長期目標，放棄眼前短暫享樂的「自制力」才是關鍵。又舉出荷蘭由蒙克所主導的研究團隊，在資優兒童研究發現，毅力、堅持和努力，才是學習能夠發揮聚沙成塔效應的主要推手。

可見如果你認為自己不夠聰明，所以較無法成功，以上的研究發現能振奮人心，幫助你在做生涯規畫時更不自我設限。至於如何改變呢？⑴首先要對自己有較切合實際的自我覺察，多肯定欣賞自己優點，接納與瞭解自己的限制；⑵擁有較實際的期望，凡事不和人比，給自己合理的期望、不自卑、不以別人的標準衡量自己；⑶告訴自己完美是一種理想目標，是過程，而不是結果，過程要盡心盡力，但結果要欣然接受；⑷相信自己並努力開發潛能，設定具體可行的努力目標，便有機會一步步精進；⑸具備有改變的意願與改變所需的技能。

改變是一種選擇的能力，如歐巴馬（Barack Obama）總統就職演說指出的，這是個改變的時代，如何在既有的框架中求突破和精進，其實都是「你」自己做了什麼選擇和決定，而決定你的未來。又如收視率很好的電視節目「超級星光大道」節目，每位星光幫成員，透過製作單位精心設計的挑戰，幫助進入前十強的人，更需要有自我突破與蛻變的勇氣和決心。當然透過評審老師給意見回饋，並安排觀察楷模學習的機會，透過更多的自我覺知、反思力和行動力時，每個人都能找出屬於自己的表演風格，並在人生的表演舞台上有精湛的表現。

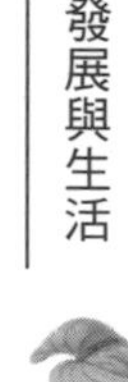

四、透過自我探索，實現自我

一個探索自己夠深的人，才有機會貼近自己內在的渴望和想要，不僅能滿足個人想要，也較能以人飢己飢、人溺己溺的胸襟關懷世界。如果能感謝生命中每件事的發生，將突如其來的災難，當作是個化了妝的祝福，那你便能不因環境的改變而影響自己的心境，反而能在不同的環境中，有不同的體會和願意接受淬鍊的勇氣與心志，因著意外人生而能更加實現自我。而這也是馬斯洛所言，在一個人生命歷程的最高境界，便是追求自我實現。以下特別舉出兩本暢銷書，其作者自我探索和自我實現的案例供借鏡。

㈠王文華（《史丹佛的銀色子彈》）

王文華，台大外文系，美國史丹佛大學 MBA，曾任台灣博偉電影公司資深行銷經理、《e 天下》雜誌行銷講師，目前是「News 98 廣播電台」主持人、台大進修教育推廣部老師。著有諸多暢銷小說《倒數第二個女朋友》、《蛋白質女孩》、企管文集《美國企業致勝策略》。名校畢業的他，對文學充滿熱情的，想起十九世紀梭羅《湖濱散記》中的話：「我搬到森林，是因為我想要認真的生活……我要活得深刻，把生命的菁華吸個乾淨……」經過一年的思考，當完兵後，決定出去看世界！

在 1994 年一個從詩人背景到轉念經濟，在史丹佛大學兩年念 MBA 的經驗，加上他將所學，十年來，在紐約、東京、佛羅里達、台北工作，歷經了金融、電腦、電影、電視等不同產業的豐富人生閱歷，產出此書。此書以十三篇文章，提供行銷、職場、愛情與人生的祕密武器。王文華認為史丹佛教的很多技巧，在現實世界中一針見血的適用，但也有一些東西，不是史丹佛或任何學校可以教的。

王文華認為在真實世界中，如果你一定要得到，就要拚命去爭取，沒有最好的志願，只有最適合你的志願，因此要透過有紀律、有恆心，讓苦功、挑戰和事前準備，成為扎實學習的必要條件。在學習的歷程中，能承認自己的無知和脆弱，原來是這樣解脫的感覺；因為贏家是贏在當下，輸家只能回去上網；如果人生都可以「回去上網查資料再回覆」，那就不會有成功或失敗。

在他邁入中年不惑的年歲，回首成功的他，開始感嘆從十年工作中得到很多養分，卻也錯過了很多人生。體會到不要讓賣力工作成為「毒癮」，非要等到生病了才知道健康、運動和休息的重要，因此要學習「煞車」和「微笑」。更體會到「夢想」和「放下」，都是同樣的高貴，要懂得回歸「簡單、慢活」的人生。

㈡約翰．伍德（John Wood）（《一個創業家的意外人生》）

約翰．伍德從小就受到父母、親近朋友及老師的愛護和尊重。熱情的他，具有使他人快樂的基因及不願讓人失望的個性，從小就有商業頭腦。熱愛學習和探索新世界，有閱讀、寫日記和省思的習慣。他在西北大學取得MBA學位，曾在銀行工作多年，並於1991年進入微軟工作，由於工作勤奮果斷，職務升遷快速，獲得許多人夢寐以求的海外駐派機會，前往澳洲和中國負責行銷業務。任職微軟大中華區事業發展總監一職時，一趟尼泊爾之行，發現當地讀書資源貧乏，因此決心協助第三世界兒童解決教育問題。他發現世界上有超過八億五千萬人缺乏讀寫的能力，當時世界人口約六十億，八億五千萬人之中約有2/3是女性，全世界有超過一億名學齡兒童並沒有入學。

約翰．伍德對自我的覺醒，乃是懷抱一顆世界公民的心，以他的人生閱歷和資源，「在別人的需要上看到自己的責任」。他不想再當符合社會期待的那個「我」，決定給自己一個激烈的改變。於是由一家跨國企業主管，成為在喜馬拉雅山區設立圖書館的無業男人。他忠於自己的感覺，能放下人人稱羨的高薪位子，

並透過與內在對話：「我一輩子都在存錢，現在我不再有固定收入，儲蓄金將大失血，如果我不能用這些錢達成我的夢想，存款再多有何意義？」當然，重要抉擇時刻，他父親關鍵的話也幫助他做了改變的決定。父親說：「人生中你真正要滿足的人就唯有你自己，做你認為對的事，並且不要欺騙自己。」當忠於自己想法後，他感到前所未有的平安、放鬆、快樂，並對未來有所期待。

生命的轉折是，以前他只關心自己賺多少錢，但自我省思「更長的工作時間與薪水，就是一切嗎？」於是他決定改變生命的優先次序，失去優渥的物質生活與論及婚嫁的女友，但他認為這只是交換，而不是失去；因此選擇離職。現在的他沒有自己的房子，存款低，但卻不後悔。2000 年他創辦閱讀空間（Room to Read）網址為 www.roomtoread.org/programs/schools.html。

目前他已為六個資源貧窮國家新建 200 所學校（約 1,600 萬美金）；已創立 2,500 多座雙語圖書館；已捐出 120 萬本書；已幫助 1,800 多位女孩得到長期獎學金。他認為很少有人和他一樣這麼享受工作，週一早上他興奮地前往辦公室，並且積極、愉快充滿力量。他善用行銷策略，顯示熱情，讓遇見的人覺得他不一樣，他是個勇敢做自己、幽默看人生，並對貧窮孩子的教育懷有使命感的人。

這兩位都是透過著作分享自己生涯發展與改變的真實故事，我們可透過閱讀他人生命故事作為自己做生涯規畫時的借鏡。

肆 透過教育做好生涯管理

生涯是需要管理的，大學生首先要學習以下三種重要課題：(1)做好時間規畫與管理；(2)學習抗壓方法；(3)做好溝通與情緒管理（參閱第六章人際溝通與生活）。

一、做好時間規畫與管理

你是否常覺得好忙、好累，常連夜準備隔天的考試和報告？你是否缺乏分辨事情輕重緩急的方法，導致心情惶恐不安與沮喪？以下幾點可幫助你做好時間規畫與管理。

㈠注意時間管理不當的警訊

每個人每天都有二十四小時，時間是最珍貴的資源。但時間是有限的，人也是有限的，因此千萬不要過度承諾，把自己當超人，當你承諾一大堆事時，可能一件事也做不成。一個善於管理時間的人，因為能及時完成任務，不被任務追著跑，而有好心情。王淑俐（2003）因為做好時間管理，可以兼顧結婚、生子、讀研究所，取得博、碩士學位，還有時間寫作、演講。她在 19 歲時，以「備忘錄」做時間管理，應付課業、社團、家教及參與演講、辯論比賽等多頭馬車的日子。29 歲則以精確的「時間單位」劃分，做好每件想做、且必須完成的事，如讀博士班（含寫論文）、照顧幼子、寫作及演講。39 歲當她自己依然很忙、很累時，她開始注意時間管理不當的警訊，如生理現象：該睡不睡、該吃不吃，久而久之常覺疲累不堪、體力透支；或者生病了沒時間就醫休息還在硬撐；如胃痛或者頭痛、肩頸痠痛、脖子僵硬，這些身體疼痛都是生理告訴你需要運動、休息，不可輕忽；否則小病可能變成大病而影響課業工作和生活效能。其他，如因為拖延事情而引發焦躁不安或壓力過大造成心情不佳，或者過於忙碌而疏於與家人朋友相處。

有時我們樂在忙碌中而不自覺，當你的親人或周遭朋友提醒你「看起來很累，臉色不佳、眼皮很重、瘦了好多，好像變胖

了、要多休息喔！放輕鬆些！不要那麼緊張！你做太多了！你很忙碌！」這些關心的話語都是在暗示你，你的時間管理不是很理想，須做調整。

㈡建立時間管理的正確觀念

洪鳳儀（2000）認為時間管理的觀念，不在於完成每件自己喜歡的事，而是完成事情的價值與品質。理想狀況是愈重要的事做得愈好，愈急的事做得愈有效率。事情的輕重緩急有四種類型：⑴重要而緊急；⑵重要但不緊急；⑶緊急但不重要；⑷不緊急也不重要。正確的時間管理觀念簡述如下。

能判斷輕重緩急，時間只用在重要的事上。每個人在不同的人生階段，會有自認為最重要的事。要確認生命中重要的事，值得花一個下午、一個晚上或一整天認真思索，並列出優先順序。確立時間運用的先後次序，隨時調整生活步調。生活中重要而不緊急的事，對個人而言是很有意義的，可能是許久的盼望或長遠的目標，如健康是大家一生都要追求的。按照專家建議：每個人能做到每週「三三三」，是維持健康最基本的要求，即每週三天運動，每次三十分鐘以上，讓心跳達每分鐘 130 下以上，這件事很重要，卻常為大家所忽略。又如，大家都知道強化自己外語能力，對求職有加分作用，如能每天收聽英文教學廣播節目半小時，日積月累英語聽力一定進步。可見善於時間管理的人，每天能在固定的時間，持續做一件重要而不緊急的事，在提升自己的專業上一定指日可待。

其次，要養成準時、及時的好習慣。準時是一種高貴的情操，出席任何會議或上課，讓自己提前出發，可以享受悠閒、從容。而「及時」的標準，是指提前完成，如繳交作業、完成報告或準備考試，千萬別前一天才開夜車完成，不僅損害身體，品質也不佳。

㈢學習時間的安排與規畫

覺得時間不夠用的人，工作之外沒有個人生活，經常處於忙碌狀態，常在事業、愛情和自我中掙扎。懂得透過規畫和記錄，讓你更能掌握時間。美國管理顧問史密特（T. D. Smidt）提出「每週時間分析表」（如附件一），是被大家認同的重要分析表。余朝權（2002）認為，透過擴充日記功能以及記錄的內容，則日記將變成生涯規畫過程中的一項良好工具，生涯規畫日記內容要項有年度計畫、各月、各週和每日計畫。洪鳳儀（2000）則建議透過記錄每週流水帳，可幫助對時間有所覺察並做管理。王淑俐（2003）認為，時間規畫有「今日」的時間安排，也有「長期」的行程規畫。長期規畫要靠每日行程來落實，而每日行程須依長期目標來安排。所謂「長期」包含如寒暑假一段較長的假期，或一學期、一年、三年或五年。「今日」的時間安排可以較具體，每天花些時間為一天做準備，可以是前天晚上或當天清早，每次規畫半天，下午則規畫下半天，晚上再規畫晚上時間。每天能主動規畫預定要完成的事（包含休閒、運動在內），並放入各個時間單位（如附件二）。

每個人因生理時鐘不同，可先找出自己最適合的「工作時間」，即指每次安排一件工作最有效率的時間稱為「時間單位」，時間過長可能由於疲憊而效果打折扣，一般建議先以「半小時」為單位。每天計畫可依事情的緩急輕重及困難程度排出順序，專家建議愈重要及愈困難，排在愈前面；需要長時間工作則分段進行。如果不能按照原來計畫的每日行程，也不要挫折氣餒，或許因為有臨時的事情插進來，或因身體不舒服，或太高估自己能力，唯有不斷修正和自我激勵，才能找出最適合自己時間的管理方式。

㈣找出「時間賊」，並養成生活規律與整潔的好習慣

現在的人喜歡用手機或MSN網路聊天或上網瀏覽搜尋資料、觀看影片，科技的進步和發達，常偷去、耗盡我們寶貴的時間，因此要找出你的「時間賊」，才不至於干擾或浪費太多時間而一事無成。去除時間管理的干擾，需要嚴謹的時間紀律，並養成生活規律和整潔的好習慣，意即做好空間管理，如東西用完習慣歸位，避免浪費時間找東西；保持書桌整潔，習慣將資料類建檔，以方便查詢使用。因為真正做好時間管理，不會讓自己成為夜貓族或工作狂，影響身體健康；反而因為有規畫，而使你不慌亂、有效率和效能，每天讓自己神清氣爽、心平氣和又不失積極進取，並能按照自己的生涯規畫逐步達成夢想。

二、學習抗壓方法

人在不同時期的生涯發展階段，生活重心和目標不同，會面對不同的壓力。意義治療學派佛朗克（V. Frankl, 1905-1997）認為，人活著因有以下三點所以產生意義：⑴有工作可以做；⑵有人可以關懷；⑶有痛苦可以受。痛苦的存在往往是因為生活中壓力所致，當人在痛苦時會試著改變自己，而最大的改變就是「覺悟」；透過覺悟可提升靈性的體悟與成長（傅佩榮，2005）。既然人生不可能沒有壓力，與其逃避或排斥，不如正面迎向它，並以積極的觀念和態度去面對它；其實「抗壓」的方法只在「一念之間」，你雖然不能改變環境，但你可轉換心情，所以《聖經》上說：「要掌管你的心，勝過掌管一切，因為一生的果效，都由心發出。」（《聖經》箴言第4章23節）。

現代的年輕人生活作息顛倒，大學生更是忙碌，與過去的壓

力來源比起來，現代人焦慮的常是一種無形、抽象的，甚至是想像出的危險。我們的身體對這些無形的壓力做出反應，如肌肉緊張、血壓升高、心跳加速，腎上腺分泌增加，而明顯影響健康，所以很多中老年人才會出現的疾病，如心臟病、高血壓，目前都會在年輕人身上發病。至於如何抗壓，讓自己的生涯發展更順暢呢？

㈠認識壓力公式，解決現代焦慮

適當的壓力是一個人振作、成長和開展實現人生的動力。要解決現代人的煩惱與焦慮，需要改變我們面對壓力的方式。鄭石岩教授在多年的諮商經驗中發現，人的壓力可以用一個公式表現（鄭石岩，1993）：

壓力＝負載／自我功能

負載等於是卡車上所載的東西，自我功能就好像這部卡車的承載能力。如果上面負載的東西並沒有增加，可是你現在很難過，這就表示有幾個可能，一是你的自我功能減弱了，二是你在上面加了太多別的東西、太多垃圾。如在班上和同學處不好，回家後又跟家人處不好，全都算到課業壓力上，這些壓力、情緒，全部加起來，就變成垃圾負載。這些衝突、情緒，其實跟你的學業並沒有關係，但都全部被加到你的課業裡面去。當知道壓力來源，不是把原來的主題負載減少（如課業壓力），要減少的是他們的垃圾負載（如家人和同學相處的壓力）。透過改善人際互動上的困難，主動關懷他人而不是以自我為中心，加上多微笑、固定運動，可消除不當負面情緒使心情變好。

(二)抗壓四部曲

傅佩榮（2005）在《抗壓有方法》一書，提出抗壓四部曲為：

1. 認識逆境，突破逆境：逆境智商第一招，是面對任何逆境，讓自己喘口氣，先肯定事情還沒有變得更糟，然後整頓自己資源找出解決方法。在平常可訓練自己從局外人看問題，問題來時問自己：「這件事在別人看來會同情我嗎？會覺得我倒楣嗎？如果發生在別人身上，我會同情他嗎？」認清每件事自己都有選擇權，人只要活著就有希望，而能面對壓力和死亡威脅。
2. 化理論為行動，追求理想：人只要活著就不能停止思考及活動，因此不能沒有方向。方向就是志向，修養皆由勉強而來，勉強在開始時必定困難重重，但只要養成了習慣便會成自然。人經常會在「恐懼」的陰影下，受到侵蝕和斲傷，因此別太在意別人的掌聲與噓聲，內心的自我肯定才重要，生涯規畫要以「自我成長」為核心。做任何事都能以「人無遠慮，必有近憂」提醒自己，隨時做好準備，讓每件事可以水到渠成，在惜福中努力去追求自己的理想。
3. 培養積極樂觀的態度：常以「人生不如意，十常八九」、「事情總會過去」、「面向陽光，陰影自在你背後」、「危機就是轉機」，成為積極樂觀人生的座右銘，透過不斷地學習，不擔心害怕會被時代淘汰，讓自己時時充滿挑戰的決心和動力。
4. 轉換心境，輕鬆生活：自己的觀念與態度才是決定人生快樂的關鍵。因此「以『禮』自我約束，以『學』來因應環境」，透過認真過生活，學習如何調節，每天保持愉快與感恩的心情，使自己對人生充滿希望和信心。

㈢學習化解壓力的方法，並採取行動

化解壓力的方法很多，提供十招供參考：

1. 早起 15 分鐘，為一天做準備：早睡早起讓自己精神好，有更充裕的時間面對早晨的壓力，並將今天的重要行事做一規畫與思考。
2. 改善外表與整理居家及工作環境：每天給自己不一樣的穿著打扮，使自己看起來更美，心情也會更開朗。隨時保持井然有序的生活空間，能免去找不到東西的困擾，並增加工作效能。家中用品有損壞馬上修理或換新，不要任由一些生活不便影響情緒。
3. 和積極樂天派的人做朋友：近朱者赤近墨者黑，快樂積極的人會散發熱情，帶動工作的熱力。
4. 凡事先計畫、按部就班，並養成用筆寫下來的習慣：養成凡事豫則立的好習慣，討厭的工作儘早做完，是解除壓力的良方。
5. 懂得變通和求救：三個臭皮匠勝過一個諸葛亮，因此要有可以互吐苦水和專業對話的朋友，把問題說出來和朋友討論，學習給一些彈性和適當的妥協、折衷。
6. 每天做一、兩件你最喜歡的事情：主動關懷別人，打電話給好友或做義工或看一本好書，都可使自己心情愉悅。
7. 透過靜坐觀照自我：每天留給自己片刻寧靜避開吵雜，透過靜坐、冥想，一方面休息，一方面整理思緒。當感到緊張時試著放鬆，做幾個深呼吸。
8. 懂得拒絕，並善用零碎時間：學會對你沒時間或沒興趣參與的工作或活動說「不」。隨身攜帶紙、筆和一本書，在等候的時間可以進行閱讀，或寫下靈光乍現的創意點子。
9. 洗個熱水澡，鬆弛情緒，睡眠要充足：每天回到家，讓自己泡

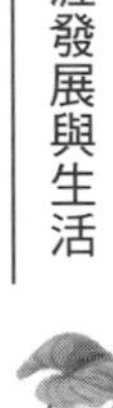

個熱水澡或加上精油，都可使心情放鬆。掌握晚上 10 點到凌晨 2 點是身體器官最好恢復的時間，睡眠充足並能恢復疲勞。

10. 就寢前，先為第二天的生活做準備和計畫：養成每天睡覺前先整理好自己明天的衣著、用餐和工作要項，使自己安心入睡。

伍 結語：透過生涯規畫，做最好的自己

2008年賣座最好的國片「海角七號」導演魏德聖，耗資4,000萬完成其首部劇情長片「海角七號」而一舉成名。畢業於遠東工專電機科，當他備受肯定與接受訪問時，自己覺得有點不真實感。他之所以成功，是因為他在服役時認識一位世新畢業、終日談論電影的同袍，一把將他拉進了電影的世界裡，他有一個電影夢，在未成名前仍堅持自己的所愛，要拍出好的電影。

李開復是Google全球副總裁／中國區總裁，在《做最好的自己》一書中指出，在紛繁的現代社會中，一代又一代的年輕人為了追求世俗或理想，抑或是有個性的成功而奔波忙碌。人人都在追尋成功，但卻很少有人能靜下心來好好想一想：到底什麼是成功？成功究竟能帶給人們什麼樣的滿足和體驗？二十一世紀的年輕人應當如何追尋成功？最根本的衡量標準都應該是：該行為是否對社會、對他人或對自己有益，是否能在自主選擇的過程中，不斷超越自己，並由此獲得最大的快樂與成就感，而我們做生涯規畫的目的，也是在追求成功。

李開復（2006）認為：「成功＝價值觀＋態度＋行為（成功同心圓）」。簡單地說，要想取得成功，首先就必須擁有正確的價值觀，因為價值觀是指導所有態度和行為的根本因素。如果價值觀不正確，一個人無論怎樣努力，都會像南轅北轍的趕車人那樣，離成功愈來愈遠。有了正確價值觀的指引，可求真、求善。

對一個渴望成功的人來說，最重要的人生態度包括：積極、同理心、自信、自省、勇氣、胸懷等六種，它們構成了同心圓的第二層。最後，還要將正確的價值觀和人生態度應用到追尋理想、發現興趣、有效執行、努力學習、人際交流、合作溝通等六種最基本的行為方式中，它們構成了同心圓最外面的一環。只有按照這樣的邏輯順序尋找通往成功的道路，每個人才有可能真正做最好的自己，真正取得多元化的成功。

而當你成功後，可能更加忙碌而忽略了生命中的重要事件，瓊斯．托德（Jones Loflin）與托德．穆席格（Todd Musig）（林淑娟譯，2008）在《放下手中的大象》一書中，以馬戲團做比喻，認為你絕對有辦法享受精采、輕鬆的人生，只要你懂得如何放下手中的大象！當你能管理你的人生，提升時間和精力的使用效率，就能享受精采的人生。因為你不可能把每一件事都做好，因此你必須做出你人生的計畫與選擇，也要留下空間處理突發事

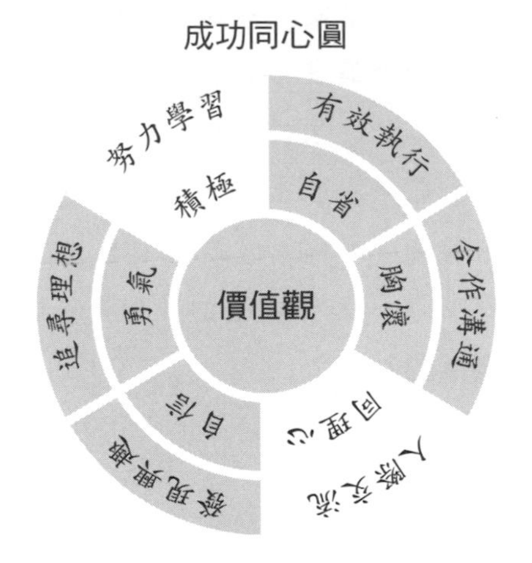

圖 5-1　成功同心圓

資料來源：引自李開復（2006：21）。

件。在與人共事時，做個「士氣長」隨時給人讚美與喝采，讓他人能量得以發揮；更需要「中場休息」時間，為下半場做更好的準備。當你是自己人生的節目主持人時，學習把環境當成踏腳石，而非絆腳石，讓自己一步步迎向成功的人生。

活動

一、觀賞天下雜誌400期《成長》紀實影片＜周杰倫——本事＞

1. 你覺得周杰倫的成功在哪裡？
2. 請找出影片中有意義或有影響的話（格言、佳句）。
3. 你認為周杰倫生命中的貴人是誰？對他有何幫助？
4. 你欣賞周杰倫人格特質中的哪一點？你看出他眼神中透露什麼訊息嗎？
5. 周杰倫在學習歷程中，什麼態度是值得你學習的？
6. 你對「周杰倫認為拿掉音樂，生命中就不再是什麼！」有不同的看法嗎？請說出為什麼？
7. 周杰倫對家的定義是什麼？你自己又如何去定義？
8. 你覺得課業學習和將來成就上有何相關？
9. 當一個人功成名就後，如何活出自信與自在？
10. 當一個人功成名就後，如何盡他的社會責任？

二、自我肯定訓練活動

1. 兩人保持90公分的距離，面對面坐下，互相注視一分鐘，告訴對方你看到什麼。
2. 告訴對方十項「我喜歡我的髮型、熱心、努力……」
3. 兩人一組，向對方提出邀請或借東西，對方很肯定、溫柔而堅持的說：「我無法出席……、我不願意……」

問題與討論

認識自我討論

1. 你的家人或朋友喜歡你什麼？
2. 你擁有什麼特質或能力使得別人喜歡你？
3. 安靜傾聽別人對你的稱讚或對別人分享你得意的事，並分享過程中感受為何？
4. 回想生命中，有誰對你是鼓舞打氣的？他如何使你建立積極正向的自我概念？
5. 你是否也扮演過別人的鼓舞打氣者或洩氣打擊者？是在哪些情境下？你的行為對他們有何影響？

參考文獻

王文華（2005）。**史丹佛的銀色子彈**。台北市：時報。

王秀園（2009，2 月 25 日）。九十九分努力。**國語日報**，第 12 版。

王淑俐（2003）。**情緒管理——祝你健康快樂**。台北市：全華。

何飛鵬（2007）。**自慢——社長的成長學習筆記**。台北市：商周。

余朝權（1999）。**生涯規畫——圓一個人生大夢**。台北市：華泰。

余朝權（2002）。**新世紀生涯發展智略**。台北市：五南。

李開復（2006）。**做最好的自己**。台北市：聯經。

周談輝（2006）。**生涯規畫與發展**。台北市：全華。

林淑娟譯（2008）。瓊斯・托德（Jones Loflin）與托德・穆席格（Todd Musig）著。**放下手中的大象——如何管理精采人生**。台北市：方智。

洪鳳儀（2000）。**生涯規畫**。台北市：揚智。

唐勤譯（2007）。韓第（Charles Handy）著。**你拿什麼定義自己？組織大師韓第的生命故事**。台北市：天下文化。

張春興（1999）。**教育心理學**。台北市：東華。

郭為藩（1996）。**自我心理學**。台北市：師大書苑。

傅佩榮（2005）。**抗壓有方法**。台北市：健行文化。

黃富順（1993）。**成人心理**。台北縣：國立空中大學。

黃惠惠（1996）。**自我與人際溝通**。台北市：張老師。

鄭石岩（1993）。**活出豪氣來**。台北市：遠流。

鄭明華譯（2006）。約翰·伍德（John Wood）著。**一個創業家的意外人生**。台北市：商智。

鍾思嘉（2008）。**大學生的生涯諮商手冊**。台北市：心理。

Holland, J. L. (1973). *Making vocational choice: A theory careers*. Englewood Cliffs, NJ: Prentice-Hall.

Super, D. E. (1976). *Career education and the meaning of work monographs on career education*. Washington, DC: The Office of Career Education, U. S. Office of Education.

【附件一】每週時間分析表

活動項目	每日花費時間	每週花費時間
睡眠		
上班或上課前準備		
工作及上下班時間		
與家人相聚		
家庭作業時間		
吃飯時間		
休閒、嗜好		
閱讀		
與事業有關的研究		
看電視		
上網（MSN）聊天		
社交、聯誼		
雜項		
其他		
總計	24 小時	168 小時

【附件二】每天時間規畫記錄

時間（以 30 分鐘為基準）	事情內容	備註說明
6：00～6：30	起床梳洗	
6：30～7：00	讀經、靈修或打坐	

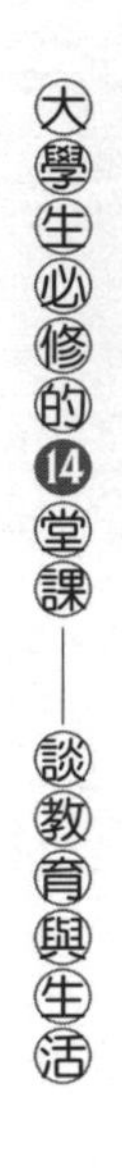
大學生必修的14堂課——談教育與生活

人際溝通與生活

6 CHAPTER

壹 人際溝通共創雙贏之重要

打開每日報紙社會版：夫妻反目、婆媳不合、兄弟鬩牆、愛人分手……，因而上演著一幕幕自殺、跳樓、潑硫酸事件，令人觸目驚心！追究其原因，皆是因為利益的糾葛，或是感情不順，導致人際關係的衝突、破裂和毀滅。

西班牙諺語：「一座山不見得需要另一座山，但一個人一定需要另一個人。」可見一個人在世上需要親情、友情和愛情的滋潤和支持。如何與最親密的家人溝通，如何在職場上與人團隊合作，經營自己的人際存款，累積人脈；使自己在孤單無援時，讓身旁的朋友發揮「安全氣囊」的功效，扶持、陪伴你走過人生的低潮。「欣賞別人、讚美別人，溝通就沒煩惱！」每天帶著「讚美與感恩」二顆珍珠，將使你所到之處，散播歡笑與友誼。

古希臘德爾菲神廟（Delphi Temple）上刻有「認識你自己」，二十世紀美學家班雅明（Walter Benjamin）說：「幸福，就是能夠認識自己，而不驚恐。」可見人際關係與溝通上最難的是先認識自己（有關自我概念的內涵、形成與特性、改變，參見第五章）。本章將探討人際溝通的意義、功能、原則與溝通技巧；其次瞭解自我防衛機轉、自我揭露、周哈里窗（Johari window）與人的生存應對模式，以帶來自我更深覺察；最後探討衝突的處理及情緒管理，以培養溝通雙贏的技能與態度。

人際關係與溝通是需要學習的，唯有學習認識自己並能與他人和諧相處，透過學習溝通技巧、衝突處理與情緒管理才能共創雙贏，邁向事業成功，經營幸福快樂人生。

貳 人際溝通的意義、功能、原則與技巧

一、人際溝通的意義

人際溝通是一種歷程（process），且是一種有意義的溝通歷程。雙方是一種互動的狀態，如同兩人打桌球一來一往，只要一方漏接，便會中斷無法繼續下去。藉由溝通的歷程瞭解他人，關係才得以發展、改變或者維繫下去。

溝通歷程發生於不同的人之間訊息的傳遞和接收，一人是訊息傳送者，另一人是接收者。兩者間透過編碼（encode）、意義和譯碼（decode），瞭解訊息；此傳送歷程中會被噪音（noise）干擾。有效的人際溝通視個人的溝通能力而定，因為溝通情況是複雜的、多元化的（如圖 6-1），需要具有彈性的溝通能力。

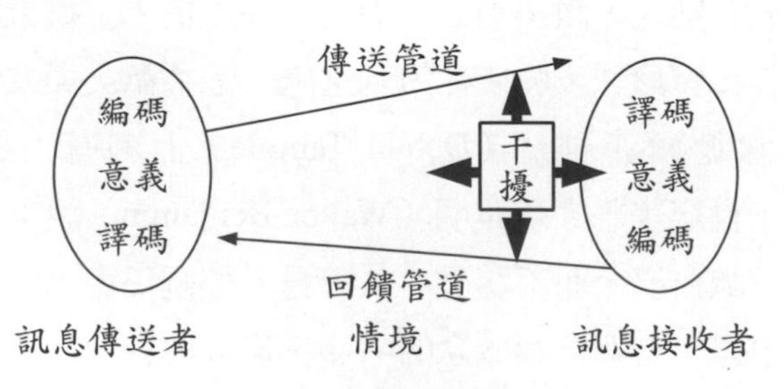

圖 6-1　溝通示意圖

二、人際溝通的功能

人際溝通功能有三：心理功能、社會功能和決策功能（曾端真、曾玲珉譯，1996）。

㈠心理功能

人是一種社會的動物，需要與他人相處。如果失去與他人相處機會，可能會產生如幻覺，喪失運動機能，且變得心理失調。人際溝通提供兩種心理功能，滿足我們和他人互動的人際需求，且提供可看清自己的一面鏡子。即使是聊八卦，閒聊生活瑣事，因為滿足了互動需求而愉悅。要如何得知自己有什麼專長與特質，有時須藉由溝通從別人回饋裡得知。

㈡社會功能

人際溝通藉由社會功能，發展和維持與他人的關係。如剛進大學的你，參加社團或籃球系隊，可訓練自己與社團夥伴或其他成員相處，讓關係得以發展、改變和維繫。

㈢決策功能

個人透過與他人溝通資訊或藉由觀察、閱讀、電視、網路訊息等，做出正確的決策。如明天有集體大遊行，上班、上學應改道，或依天氣狀況，而決定如何穿著禦寒。這樣自己決定或和別人商量後，所做的決策，不僅自我決策影響他人，別人給的意見也會影響自己的決定。

三、人際溝通的原則

根據人際溝通的歷程和功能，可以發現人際溝通的原則如下：是有目的性、具象徵性、具關係性（是相對的），具有持續性、是交換的但不可逆轉，更是學習而來的。溝通的訊息因編碼而異，但這些原則可應用到所有情境的溝通上（曾端真、曾玲珉譯，1996；黃鈴媚、江中信、葉蓉慧譯，2007）。略述如下。

㈠人際溝通具目的性

人與人做溝通時，有其目的性存在。比如你在一個城鎮中迷路了，想開口問路希望能夠因此而獲得幫助，不論你詢問的對象是一名警察或是小孩，也不論你的語氣是和緩或著急，都有一個你所要設法求得的目的性存在；就是你想知道你身處何方，如何找到你要走的路。或者想向人借東西，也許不好意思開口，而拐彎抹角的說，但其目的仍是要跟人借東西而做的溝通。

㈡人際溝通具象徵性

溝通可能是語言性也可能是非語言性，如面部表情透露非語言溝通；而用文字溝通，如書信或文章等，能夠傳達出其表徵的意涵，都有一種象徵性的作用。又如吵架，有破口大罵的一種非理性溝通方式，也有冷戰不說話，但雙方都能夠明白對方所表徵出來的意思。

㈢人際溝通具關係性（相對的）

在任何的溝通中，人們不只是分享內容意義，也顯示彼此的關係。在互動的行為中涉及到關係中的兩個層面，一種是呈現於關係中的情感，另一種是人際溝通中的關係；本質在於界定誰是主控者。而關係的控制層面有互補的，也有對稱的。在互補關係中，一人讓另一人決定誰的權力較大，所以其中一人的溝通訊息可能是支配性的，而另一人的訊息，則是在接受這個支配性。在對稱關係中，人們不同意有誰能居於控制的地位，當一人表示要控制時，另一人將挑戰他的控制權，以確保自己的權力，或者是一人放棄權力，而另一人也不願承擔責任。

㈣人際溝通具有持續性

我們無時無刻都在傳遞出別人可以做推論或下定義的行為訊息，即使在團體討論中你沉默不語或缺席，都代表著你對環境或周遭人的反應，仍應被關注和尊重。

㈤人際溝通是交換的但不可逆轉

溝通的交換中有付出也有獲得，每個人傳遞並接收訊息、給予回饋，滿足自己與他人需求。但溝通說出去的話，如同潑出去的水，不可逆轉。

㈥人際溝通是學習而來的

人際關係並非是自然與生俱來的能力，有些人很容易和他人起衝突，甚至遭到排擠，如果在溝通的態度或技巧上能加以學習，試著去觀察周遭環境的人，誰的溝通技巧好、人緣佳；誰老是被攻擊惹人討厭，透過觀摩，學習良好人際溝通技巧，並不斷練習，必能有所改善。

四、人際溝通的技巧

人際溝通有語言和非語言的技巧，懂得傾聽，有時比會說話更重要。當你能專注聽對方說話時，對方會覺得他在你心目中是重要的。非語言技巧，是一種面部表情、音調和姿態的運用技巧。語言技巧，是使用文字或語言以增加訊息的清晰性，透過自我表達技巧，幫助你使別人更瞭解你。若能營造溝通的正向氣

氛，將使溝通較易達成，如約會的男女，選擇到氣氛浪漫的西餐廳吃飯，以促進情感交流。以下將從說的技巧、傾聽的技巧並解讀非語言訊息，幫助大家掌握人際溝通技巧。

(一)說的技巧

溝通技巧從培養如何與人閒聊開始。日常生活中的對話，面對不同個性、性別或階級對象的人，常從話家常開始。缺乏說話技巧的人常伴隨著害羞，它很難克制，且經常給人一種疏遠冷漠的感覺，會造成不良的影響。透過微笑和以眼神交會，事先準備三、五個有趣的話題，如閱讀書籍或時下最熱門的影評，都可創造與他人對話的機會；特別是能引發別人熟悉想談論的話題；當然也可適時抒發獨特觀點，以建立自信的機會。當你能嘗試主動和人問好、寒暄，可以毫無拘束地交換彼此觀點，練習主動分享，便能熟能生巧。不管是自己發生的事或是引用他人生活經驗，包括對小孩、工作、家庭或自己有興趣議題的想法都可以。

與人溝通，多以「我訊息」（I message）表達感受，而非以「你……」指責他人的不對，較能減少對方的防衛性。如「我覺得很難過，因為你已超過約會時間半個小時，卻一通電話也沒有，我等得好焦急！」而不是說：「你死到哪裡去了，約好見面時間的是你，遲到也不說，害我空等！」可能就引發一場爭吵而不歡而散。

(二)傾聽的技巧並解讀非語言訊息

一個良好的溝通者，首先要做個好聽眾，傾聽時保持全神貫注、完全接納的態度，讓說話的人覺得，在雙方交談的這段時間裡，他是世界上最重要的人。傾聽（listening）比耳聞（hearing）要多花些工夫，「聽」比「說」的功力更深更難。

非語言訊息包括肢體語言及超語言。肢體語言表達，可以透過目光、手勢、站姿、坐姿，以及人與人之間的距離傳達。不同的文化脈絡，有不同的非語言溝通型態及詮釋內涵。

1. 目光的重要：人與人之間最正確、最清楚的溝通訊號就是眼睛，因為它不能受控制，無法說謊。注視對方是傾聽的第一步，談正事時應注視在對方眼睛以上，社交時應注視在眼部以下。覺察自己在溝通時，常因忙碌、疲憊或被其他事情打斷，因此目光較易飄忽，缺乏聚焦的習慣，這是不禮貌的行為，值得檢討。
2. 手勢及腳部姿勢：握手是建立關係的重要步驟，手掌向上呈現的是開放與誠意，而另一隻手接觸對方，可以提示更積極的互動。雙手交叉及兩腳交疊，經常讓人覺得舒服而安全，特別是在陌生的社交場合，手插口袋及抱物品於胸前，可以緩和緊張的情緒，但透露的是負面的、拒人千里之外的訊息。因此，可轉換另一種感興趣及積極性的手勢，如兩手搭成尖塔型，雙手掌心向上，手掌相握在背，手輕握拳靠在頰上等，都是減輕壓力、消除緊張的好方式。
3. 談話的位置：斜角的談話空間，最能輕鬆的拉近彼此的距離；並肩而坐，較能提供合作的氣氛。布置一個優雅潔淨的空間，提供他人愉悅的談話氛圍，應可有效提升溝通的品質。

其實，非語言影響溝通甚於語言，在超語言部分：如聲音特色（指音調、音量、頻率、音質）和口語干擾（指口頭禪等）。超語言和我們所聽到的聲音有關，所關心的是如何說出事物，而不是說什麼，故要多加覺察。

人際溝通技巧要常說「謝謝你」、「你看呢？」、「需要幫忙嗎？」、「你做得很好」、「我錯了，原諒我！」。因為維繫人與人之間的情誼，最重要的不是技巧，而在於真誠和尊重。因

此，不去論斷他人，免得被人論斷（《聖經》馬太福音第 7 章 1 節）；不批評、不責備、不抱怨。與人溝通時，能引發他人心中渴望的話題，並給予真誠的讚賞與感謝。隨時存入人際上的感情存款，包括瞭解別人需要、注意小節、信守承諾、闡明期望、誠懇正直、勇於道歉；並掌握「愛人如己」這句話的真諦。

參 人際關係的障礙與促進

一、自我防衛

你有說謊的經驗嗎？你覺得自己什麼時候會戴上面具保護自己？

每個人都有三個我存在：⑴本我（id）：本我是難以控制的，是潛意識的，源自遺傳及本性壓抑；⑵自我（ego）：可透過自我肯定練習，協調本我與超我；⑶超我（super ego）：幼兒在社會中所學的良心、理想、價值觀，是從社會的良知，學習未來也是每個人希望可能去控制的我。生活中所碰到的焦慮、壓抑可能源自本我、自我與超我之間的衝突。

何謂自我防衛的意義？當自我概念受威脅時，會引起防衛行為，在心理學上稱為防衛機轉（defense mechanism）。防衛機轉並非百害無利，但過度使用會造成自己認知及與別人溝通的障礙（黃惠惠，1996）。以下將介紹和舉例常用的防衛機轉。

㈠壓抑（repression）：是最基本的，把生活實質經驗放入潛意識，會表現出遺忘，把不愉快帶離知覺。如一個生性內向的人，受到屈辱和傷害，告訴自己沒關係，對方不是故意的，壓抑自己的怒氣。

㈡否認（denial）：最困難且最麻煩。拒絕承認傷害、生氣，如親人死亡依然保存親人房間及遺物的完整性，每天也要招呼他吃飯，拒絕接受死亡的事實。

㈢轉移或替代（displacement）：一個人上課被老師責罵，回家踢小狗或大聲關門出氣。

㈣投射作用（projection）：把自己不希望擁有的特質或缺點「過戶」給別人，如發現自己自私、不負責任，反而批評別人；或看見穿著暴露的人，笑人家故意勾引人，其實是自己很想穿，卻沒勇氣。

㈤反向作用（reaction formation）：個人行為與動機應該是一致的，但表現於外的行為和內在相反，如一個人總是表現強者風範，其實內在是脆弱易受傷的；明明喜歡某人，卻故意捉弄對方，好像很討厭他一樣。

㈥認同作用（identification）：在現實生活中無法獲得成功或滿足時，會模仿或將自己比擬為幻想中成功的人。如自己唱歌不怎麼樣，卻說自己和楊宗緯星光幫是同校同學，好像自己就是他一樣，有種滿足感。

㈦幻想作用（fantasy）：我們所處世界並不完美，受挫折時會躲進幻想世界，讓自己滿足、好過些。如考試成績不好，卻幻想自己是第一名。

㈧補償作用（compensation）：個人在生活中遭遇某方面的失敗或不如意，會轉向其他方面努力追求成就。如失戀會專心於工作或事業上，功課不好轉而在體育上求表現。

㈨退化（regression）：面臨創傷時會退縮到嬰兒時期的行為表現，如小三學生被欺負或受虐，發出無助的像嬰兒的哭泣聲。

㈩昇華（sublimation）：這是較正向的防衛機轉，如結不成婚的男女朋友，昇華為單純的友誼。

吉布（Jack Gibb, 1961）花費八年時間，研究六種與人互動時的行為較易引起他人防衛性行為，但若改以支持性行為則會帶來良性的循環，如表 6-1 所示。

表 6-1　支持與防衛性六種對應行為

防衛性行為	支持性行為
1. 評價：以「你……」批評指責對方。如「你很笨，這麼簡單的題目都不會！」	1. 描述：以「我訊息」描述客觀行為。如「你這次考試只有五十分，我感到很擔心，是否有需要我協助的地方？」
2. 控制：如「你照我的意思做就對了，別找理由！」	2. 問題導向：以共同討論解決問題。如「針對這次的活動，各位可提出寶貴意見。」
3. 謀略：想要對方為你做事，先誇獎別人一番，而非出自真誠的讚美。如「你今天穿得很漂亮，可否順便幫我影印一下。」	3. 自發：以真誠的態度展現關心。如「我看到你最近經常請假，是否發生麼事？」
4. 情緒中立：如明明很捨不得對方遠行，卻說「你放心的去吧，別擔心我。」或者對愛你的人表示冷漠、不理他。	4. 同理：接納瞭解對方感受。如「同學這樣笑你，你一定很難過。」
5. 優越：處處炫耀自己，展現比別人強，懂得比別人多。如「我認為我的點子最好，聽我的就沒錯，沒問題的！」	5. 平等：以平等對待對方，而非高傲自大。如「我事先做了很多功課，蒐集許多資料，請各位參考看看。」
6. 確定：很多師長或父母，常以武斷、維護自尊的方式認定自己是對的，通常是愛爭辯而不是解決問題。如「就按照我說的去做，別再說太多理由！」	6. 協商：彼此有商量與討論的空間。如班長說：「針對此次班際啦啦隊比賽，各位可提出自己看法。」

資料來源：修改自黃惠惠（1996：73）。

當一個人能以支持性行為與人互動時，因為能自我肯定、瞭解並接納自己，同時幫助對方成為他能成為的人；互動中容許、接受、尊重並重視對方的想法與感覺。但有些人有時為了忠於自己，而以攻擊踐踏別人的尊嚴或權益時，反而易有衝突發生，故不可不察。如「你這個人太沒人性了，說出這種話，害我生病，你會遭天譴！」這樣表達易引起防衛；如換句話以「我訊息」表達自己感受：「當聽到你這麼說時，讓我感到很訝異、很難過，也無法贊同。」或許較能表達自己的真實感受，又不會引起對方攻擊。

總之，以支持性自我肯定行為表達有助於良好的溝通，首先不以批判、評價對方，而以描述情境或行為為主；如「我們約好5點碰面，而你7點才到，我已經等了一小時……」。

能表達情緒感受，但不傷及對方；如「妳說話的聲音太大使我無法專心，我覺得很不舒服」。

能勇敢提出意見或自己的需求，幫助對方明白；如「因為我需要專心讀書，請你把收音機關掉或轉小聲一點」。

當意見不合時，能徵詢討論；如「我瞭解你對此事很生氣，而我認為……我的理由是……」

二、自我揭露

有效的人際溝通需要某些程度的自我揭露（self-dusclosure）。自我揭露就是把自己的個人資料、意見與感覺分享給別人的過程。人際關係中我們不停在增加揭露層級與維護隱私之間做抉擇。瞭解一個人愈多，愈能有更親密的人際關係，但太瞭解或太快瞭解對方，也可能引起疏離的現象；因此，自我揭露與保護個人隱私，必須保持平衡。運用自我揭露的技巧，以描述感覺來協助我們與他人交換我們的感覺，幫助別人更瞭解你。

為什麼人們不願說出自己的意見與感覺？其實是有許多的擔心和害怕。有些人習慣性的隱藏感覺，認為個人意見與感覺毫無分量，只好宣稱是大家的意見以加強言論的威力；另有一些人想逃避責任，不必為自己的感覺與思維擔負任何責任。但不說出自己感覺，可能會帶來身體疾病以及心理疾病，也可能造成彼此誤解。唯有說出心中情緒而不加以評斷，可以提升正面互動且降低造成防禦性溝通的機會。

為什麼要學習描述自己的感覺？因為可讓對方知道他們的行為如何影響到你。許多時候人們以為他們在描述感覺，而其實他們是在表達感覺或評斷別人的行為，所以要留意！有時以「我覺得」開頭的句型，但並不一定是在描述感覺。

如「我覺得你是在侮辱我，當你說……」可換成「我覺得受到傷害，當你說……」

又如「我覺得你在生我的氣！」可換成「當你用生氣的語調跟我說話時，我感到害怕。」

描述感覺能力有三大技巧：⑴界定是什麼引發感覺；⑵把所感覺到的情緒以具體明確的文字表達出來；⑶口語說出明確特定的感覺，並承認是你的感覺。

如「感謝你的恭維（引發）；我（有感覺的那人）覺得感激不盡（特定感覺），因為你注意到我所做的努力。」

又如「我們兩人都要上班，你還批評（引發）我燒的菜不好吃，我（有感覺的那人）覺得憤怒不已（特定感覺）。」

如何在人際場合中做適當的自我揭露？原則有下述五點：

㈠表露那些你希望別人也向你表露的資訊，如嗜好、學校事件和時事觀點，可在早期關係時便表露。

㈡只有在能接受冒險時，才表露較親密的資訊，其實和家人相處是可以放心自我揭露的。

㈢漸進式的將自我揭露推向較深的層次，這須隨著關係進展層次增加表露的深度。
㈣保留親密的或非常個人化的自我揭露於穩定關係中，如內心的害怕、愛和其內心深處或親密的事。
㈤當有回報時，才繼續親密的自我揭露。

總之，自我揭露是漸進式的，交淺言深或交深言淺，都會阻礙兩人的關係更親密。要自我揭露前應先問自己：⑴對方這個人對你是重要的嗎？⑵自我揭露所冒的險合理嗎？⑶此時自我揭露是否與目前情境有關？⑷表露是相互的嗎？⑸自我揭露是否清楚易懂？當要對別人開放自己時，要先瞭解自己，因為自我覺知是從與他人互動經驗中產生的；你如果把自己隱藏起來或避免和別人接觸，是因為害怕自己受傷，但相對的你也不太可能有管道來瞭解自己；唯有願意走出去冒險和他人互動，適當且漸進式自我揭露；透過他人回饋，可以驗證你對自己的看法，增進自我覺知。

三、周哈里窗介紹

周哈里窗是從創始人 Joe Luft 和 Harry Ingham 兩人的名字中截取而來，「窗」是指一個人的心就像一扇窗，想像你的個性、能力、想法、價值觀、好惡、需求、目標、祕密⋯⋯。強調根據對自己的瞭解、不瞭解和別人對我們的瞭解、不瞭解，每個人都可分割出四個部分，如圖 6-2 所示。其中，公開我，是自己瞭解而別人也可以知道的部分，如性別、身高、籍貫等。盲目我，是自己不瞭解而別人卻知道的部分，如我們的一些習慣，如罵人的口頭禪。盲目我的大小與自我省察的工夫有關，如果能「吾日三省吾身」，盲目我自然就會變小。隱藏我，是自己瞭解而別人不知道的部分，如我們的缺點、童年或受傷往事等。未知我，是自

	我知道的我	我不知道的我
別人知道的我	公開我 (Open)	盲目我 (Blind)
別人不知道的我	隱藏我 (Hidden)	未知我 (Unknow)

圖 6-2　周哈里窗概念圖

資料來源：修正自黃惠惠（1996：92）。

己不瞭解而別人也不知道的部分，這就是所謂潛能的部分。個人要瞭解自我，就是要清楚的掌握自己的四個部分，並經由自我及他人的回饋，使揭露的部分，儘量擴大。

一般而言，建立健康的人際關係，會縮小一個人的隱藏領域、盲目領域與未知領域，而擴大公開領域。當你願意透露自己更多自己知道，而他人不知道的事情時，你的「公開我」領域會愈擴大；如分享自己一個人在家會做些什麼消遣，或自己的好惡。而透過真誠邀請他人回饋，如指正你上台報告時的優缺點；盲目我領域也會愈縮小。你可以把回饋當成給自己的最好禮物，要求回饋前，確定你已準備好別人誠實的回應，主動要求回饋，較願意真實面對自己。

四、生存應對模式

每個人都以自己認為對的方式及讓自己舒服、好過的方式與人互動。別人只能從你外在的行為表現來瞭解你，但或許你的內在冰山是自己習焉不察，也不知如何去碰觸。薩提爾（Satir）認為人求生存，有五種溝通互動時的「應對模式」。簡述如下（林沈明瑩、陳登義、楊蓓等譯，1998）。

(一)指責型（blamer）：內在是孤寂的，凸顯自己是強者，凡事批評，希望別人聽從於他，只發現別人的錯誤，並且為自己辯護。如指責型的人經常出現的語言是：「我不是已經跟你講過了嗎？你要我講幾遍？」

(二)超理智型（super-reasonable）：內在是脆弱，卻顯現高人一等，冷靜以避免感情的涉入，採取固執的立場，不與人親密；隨時保持理性控制以避免情緒化。超理智型的人經常出現的語言是：「根據過去的經驗來看，及書上所說，你應該如何做才對。」

(三)打岔型（irrelevant）：內心迷惘，覺得沒人在乎自己存在，企圖使他人分心，看起來和任何事都無關的樣子。打岔型的人經常出現的語言是：「我們談些有趣的事情吧」、「我跟你講一個笑話⋯⋯」

(四)討好型（placater）：缺乏自我價值，總是道歉、討好，怕別人生氣，常表現懦弱、遲疑、自我貶抑的。討好型的人經常出現的語言是：「我就是為了你的幸福快樂而努力工作的」、「都是我的錯，你們不必做了，我來處理就好。」

(五)一致型（congruent）：擁有自我價值感，自由與坦誠的，能接納自我感受，與人建立信任關係；是真實、真誠的表達者，在適當的脈絡下傳遞直接的訊息，並為此負責。一致型的人經常出現的語言是：「我覺得這個問題有點複雜，讓我們再仔細想想。」「你的看法是什麼，先說來聽聽，雖然我和你的觀點不同。」

唯有隨時能檢視自己在與人互動中常用的模式是什麼，不追求過度的討好，以至於常有委屈而產生指責他人卻不自知。更忌諱，因為擔心自己受傷而先指責他人；最佳的模式應是讓自己內外一致性，可以勇敢以「我訊息」說出自己感受，也幫助他人明

白你的不舒服或受傷害的部分。

每個人在與人互動時，會遵循過去的「家庭規條」，如從小被教導「男人應該要賺錢養家，有責任感；不能哭，因為哭是懦弱的；女人應該三從四德，在家相夫教子」。而這樣的家庭規條，會反映出我們在兩性關係上的自我價值感，以及我們如何據此聆聽、感受與反應？透過有意識的覺察，可瞭解自我常用的防衛機制及生存應對型態。如果你是個經常指責別人的人，可試著改變應對模式。先提升自我價值感，包括愛自己、欣賞自己、覺得自己是有價直的，覺察並更新舊有的規條，成為新的生活指引。當你與人互動時能減少自我的防衛性，便能更加真實、統整，使自己真誠一致。當你能面對並貼近自己內心的真實感受時，便能有一個自然流動的內在過程，幫助自己更趨於一致性。

肆 衝突的處理

衝突是很自然的，當兩個人彼此意見不同或利益衝突，或知覺到不相容的目標時，衝突便會產生。當立場不同且阻撓他人達成目標時，如一個人需要把音響開到很大聲，另一人受到干擾，或沒有足夠資源時，易起衝突。親子間，對穿著的看法和需求不同，父母常要將大人價值觀硬加在孩子身上，便會引發親子衝突。而互相依賴的兩人，如夫妻、師生、朋友間，如果能意識到「我們都是同在一條船上的人」，較會有意願去面對和學習如何處理衝突。

一、衝突的階段

衝突產生是有過程，可分為下列各階段。

㈠潛在衝突階段：此階段中，衝突的基本情勢已形成，只是尚未為人所認知。如彼此活動的相互依賴，爭取稀少的資源，或次級目標的對立，都可能形成衝突的根源。如同一個排球社團的人，因上場比賽的人數設限，用何種方法決定誰能出場比賽似乎都不公平時，衝突的雙方已知覺到，便是潛在的衝突階段。

㈡認知衝突階段：雙方當事人或某一方，已發現衝突的肇因。此時，可能發生衝突的一方或雙方，在情感上常會認定己方沒有錯，認為所有的問題都是對方的錯；如夫妻之間生活習慣不同，唯此種認定，僅限於有此種認知而已。當雙方或一方感受到衝突的發生，會選取有利於己方而不利他方的說詞。

㈢感受衝突階段：雙方當事人已開始呈現緊張狀態，只是尚未有鬥爭的手段而已。此時，可能衝突的雙方都有先入為主的成見，尤其是與他人發生衝突時，雙方都會誇大存在其間的差異。此種彼此的曲解，將因溝通的減少而更形加深。如夫妻原生家庭生活習性差異很大，又堅持對方要照自己的意思改變，便會形成強烈的敵視態度，更形成認知上的曲解，總是認定對方不對。

㈣呈現衝突階段：此階段為已採取鬥爭手段的時期，依嚴重程度，可分為戰爭、仇鬥、決鬥、口角、辯論、訴訟等方式。如夫妻離婚爭取孩子監護權過程，可為直接的或間接的，也可以是公開的或非公開的。然而，不管衝突的直接與否，或許僅止於態度上，但也可能採取行動，如告到法院請求判決。

㈤衝突善後階段：此時衝突事件已經解決，或一方已為他力所壓制，而宣告結束。但其可能重新顯現新情勢，或展開更有效的合作，或演變為更嚴重的衝突。

所有的衝突事件都必然要經過上述各個階段，只是引發衝突的兩造，卻不一定都同時處於同一階段；如一方可能處於認知衝突階段，另一方卻已在感受衝突階段。

二、衝突的處理模式

想想你是如何因應最近經歷的衝突？是躲避或全盤讓步？強迫其他人接受你的意志？是否妥協？或採取問題解決？每個處理的決定，都取決於雙方是否願意彼此合作，來嘗試滿足另一人。

處理衝突的方式，分為五種主要模式：退縮、投降、攻擊、妥協或說服、合作——問題解決的討論（曾端真、曾玲珉譯，1996；黃鈴媚、江中信、葉蓉慧譯，2007）其內涵說明如下。

㈠退縮：指人們在身體和心理上從衝突現場離開，特徵是非合作的、非主張自我的；目標是避免處理衝突，但因是不願面對問題，如男女雙方一吵架，便有一方不說話、不回應，其實只會讓問題更難處理。

㈡投降：人們無視於自己的想法與需求，以滿足他人需求或接受他人的想法來處理衝突，是一種放棄以避免衝突的做法。如兩人決定去看電影，其中一方希望邀另外兩人去，雖然另一方不同意，但仍委屈無奈的說：「好吧！」目標是避免激怒對方。

㈢攻擊：希望滿足自己的需求或促銷自己的想法，不顧他人感受，亦不顧慮此會傷害到他人。特徵是非合作的、主張自我的；目標是以自己的方式解決衝突，身體或口語的攻擊，都只會升高或模糊衝突的焦點，無法使衝突獲得處理。

㈣妥協或說服：放棄個人的一部分要求，來換取雙方和諧；至少享有部分的滿意；或試圖改變別人的態度或行為，以獲得和解。特徵是部分合作的、部分主張自我的；目標是得到部分的滿足。

㈤合作——問題解決的討論：試圖充分滿足兩方的需求，並達成雙方都滿意的解決方案。特徵是合作的、主張自我的，以共同解決問題為目標。

三、建設性處理衝突的原則

運用討論解決衝突是最好的方法，有時在衝突中你不想談，而對方堅持要談時，可以跟對方說：「請給我一、二分鐘」，不要讓對方認為你在拒絕、逃避溝通，再找適當的時機處理。因此處理原則如下（曾端真、曾玲珉譯，1996；黃鈴媚、江中信、葉蓉慧譯，2007）。

㈠雙方要具有處理衝突的意願。

㈡認清衝突的類型：處理衝突前，要先認清衝突的類型；比較能在衝突失控前予以有效解決。因為衝突的處理技巧，在於避免衝突升高到無法解決的地步。衝突的類型有四：⑴可能是假衝突：如要別人一定要穿哪件衣服，只是權利之爭，希望掌握主控權；⑵內容（或事實）衝突：指因訊息的正確性而引發衝突爭辯；⑶價值觀衝突：如政治黨派或宗教信仰議題，是較難處理的；⑷自我衝突：衝突中的人，把輸贏當作維持自我正面形象之標準時，便是自我衝突，這是最難處理的衝突。

㈢以合作代替競爭：當人們合作時，會採取問題解決的步驟，以達到彼此均滿意即雙贏的結果。營造合作氣氛需要練習，當你能心胸開放時，較能保持彈性。

㈣瞭解非語言訊息：透過非語言訊息可解讀對方感受，或是否想要主控全局。

㈤運用幽默：幽默是處理衝突的重要元素，能促進團結，增進親密感情並免於傷害。

㈥直接溝通：直接溝通可避免第三者傳話，內容易被歪曲，重要訊息被遺漏。

㈦進行協商：只藉由交易協定來處理衝突，當每個人都堅持己見時，便應進行協商。雙方可以考量是否要讓步，以滿足雙方的

期望。

(八)尋求協助：如果問題無法協商，則可請催化者或仲裁者介入。

(九)從處理衝突的失敗經驗中學習：當關係是重要的，應該花時間分析、瞭解處理失敗之因；或許需要加強簡述語意、描述情感、知覺檢核等技巧。

總之，要懂得認識衝突發生之前的徵兆，這樣才能在衝突發生之前適時預防。對任何議題不要太過主觀，以避免造成言語上的衝突。如有不同意見可以委婉表達，並尊重對方；以建設性的方式處理衝突，避免衝突嚴重性擴大到不可收拾。

四、吵架的藝術

吵個好架，或許有助於感情的增進和彼此更加深入瞭解對方想法，要做到某些事，也要避免某些事。

(一)要做到的事

1. 要澄清對方的想法，也要清晰的表達自己的想法。當一方說：「我覺得你真的很浪費。」你千萬別急著反擊：「那你呢？你又好到哪裡去！」你可以冷靜下來，問一下對方：「謝謝你的提醒！很抱歉，是我做了什麼事情讓你有這種感覺？」這樣讓雙方有機會澄清核對對方的想法。如果對方提出的證據，你覺得不合理，也應講出你的理由。唯有清晰的表達彼此的想法，爭吵才有可能聚焦，讓吵架具有建設性。
2. 要釐清彼此的需求。真誠的問對方：「你要我怎麼做？才會讓你覺得滿意？」或者清晰的告訴對方：「你要的是什麼？」許多人吵了半天，結果雙方根本弄不清楚對方要的是什麼。如一方說：「你每次都不會在意我的感受！」你可以問她：「我要怎麼做，你才會覺得我在意你的感受？」如果他說：「我希望你能夠常常陪我。」可以繼續追問：「你覺得一星期要陪你幾天，你才會覺得我有在陪你，而沒有忽略你的感受呢？」這樣鉅細靡遺的對話與知覺檢驗，可釐清雙方真正的渴望與需求。如果有困難可以試著說：「我真的不可能每天都陪你。如果一個星期有三天陪你，你可以接受嗎？」當你這麼說時，對方可能就瞭解到自己的要求不合理，而會願意提出一個較合理可行的要求。這種協商的方式，比起在他一開始抱怨不被關心時，你就生氣怪他不諒解，有建設性。

(二)吵架時要避免的事

1. 不要談一些不太可能改變的事情：如嫌對方的身高不夠高、身材不好或者賺得太少。你可以說：「我知道我的確是這樣子，但是這就是我。我們談論這個問題，對我們並不會有幫助！所以，我們要不要談一些我可以改變的部分？」勉強要求對方做一些不可能達成的改變，只不過在增加彼此的挫折而已。如果他的問題是需要精神醫療處理的，如衝動、酗酒、悲觀、逃避人群，那麼你應該協助他尋求專業的建議。
2. 不要翻舊帳，要朝著未來的問題來爭吵：在爭吵的過程中，翻舊帳只會激起雙方的情緒而已，於事無補。可以說：「我們又回到爭論不能解決的問題，對我們的關係於事無補，是否可以針對我們的未來提出問題討論。」
3. 不要打斷對方：有效的溝通應該冷靜傾聽完對方講話，再針對內容做澄清。如果內容很複雜，你可以要求一次談一個重點；並重述一遍他的想法，以核對正確性。通常盛怒中的對方，會因為你準確的理解他的感受而平靜下來。所以，要讓對方有機會順暢的談完自己的想法，這是很重要的。如果你在講話的時候，對方會一直打斷你呢？那麼你可以直接跟他說：「你現在

一直在打斷我，這樣子我沒有辦法講我的想法。」當你已經提醒過兩、三次，對方依然會打斷你的時候，那麼你就可以說：「我覺得你一直在打斷我，這樣我們沒辦法溝通。如果你想要再談的話，你就不要再打斷我。如果你不能夠做到這點的話，那麼我們就明天再談。」這是暫時停止不適當的溝通之道。

4. 不要在激動的時候爭吵：盛怒之下無好話，當兩個人情緒激動的時候，脫口而出的話很容易刺傷對方。此時不適合溝通，吵架只是發洩憤怒而已。所以，聰明的人應該要避開，閉緊雙唇，或一方選擇離開現場，待心平氣和再談。
5. 在下列的情況下不宜吵架：開車時、凌晨 12 點以後、喝酒之後及身體不舒服或疲憊時；因為生理上的需求性，不宜吵架。

人的生理處在激動的狀態，像汽油一樣易燃；一旦吵架，可能一發不可收拾。因此吵架要看時間、場合及吵架內容是否有建設性而定。當衝突產生時，如果能以清晰訊息進行溝通，而無須攻擊他人，有益於幫助別人瞭解你的立場，並進一步建立關係。一個完整肯定的訊息包含五個部分，針對行為客觀的描述，說出感覺及自己的意圖，把解釋連結到行為歷程，因為解釋是主觀的，而一個結果，陳述說明了溝通發生什麼結果。如「我對你昨天又在同學面前說我身材走樣（行為）而感到很生氣（感覺），這對我來說，是很羞辱的（解釋），我已經跟你反應很多次了，但你依然這麼做，很傷我的自尊（結果），我想要你瞭解，我不再忍受你公開批評我的身材這件事（意圖）」。

伍 情緒管理

俗話說：「人生不如意，十常八九」，代表人生的旅途中，遇到低潮、困境難免。而要做好情緒管理，首先就要從認知負面情緒著手，並學習情緒轉換的方法，最後才有機會做自己情緒的主人。

一、認知負面情緒

情緒是反映出內在感受，無好壞之分。每種情緒都有他獨特的價值，少了某種情緒，我們就無法完整體驗生活（蔡秀玲、楊智馨，1999）。情緒是無所不在的，可以從臉部表情、行為舉止和處事態度看得出來；個人的情緒很容易受到外界刺激或個人身心變化的影響而改變。常見的正面情緒為愉悅、輕鬆、欣慰、高興、雀躍等；常見的負面情緒包括：憤怒、悲傷、焦慮、害怕、厭惡、羞愧、驚慌等。有些人弄不清楚自己的感覺，所以亂發脾氣；不敢直接表達，所以冷漠相對；一味指責對方「你老是惹我生氣……」；或防衛反應「你也不先反省自己哪裡錯」；誇大罪狀「你總是或每次都這樣」；或表面討好其實內心是生氣的說：「都是我不對！」也會讓人有拒人千里之外的感覺說：「沒事，你不會瞭解我的，我會自己處理。」

因篇幅有限，以下僅就負面情緒中的憤怒和害怕做探討（蔡秀玲、楊智馨，1999）。

㈠憤怒

當我們處於憤怒時，生理上會有：頭部發脹、面紅耳赤、口乾舌燥、心跳加快、拳頭緊握等症狀，透過覺察可以加以辨識。表現憤怒的人，內心所承受的壓力是很大的，而有些人常會否認憤怒，排拒真正的感覺。而憤怒恰似一種具大的能量，能量不會憑空消失，若無法辨識故意壓抑或忽略，則這股憤怒的能量可能恣意而為，而無法控制。

1. 找出憤怒的原因：當我們覺得權益受損、被不公平對待或損及自尊；因為受到挫折或傷害或被忽略時，為了想要維護自主權，甚至想要影響他人的情緒與行為而憤怒不已。以上這些原因不一定單一出現，如被冤枉時，會生氣。可能是人格受損覺得委屈受傷，也可能是急於維護自己權益，要爭取應受到的公平待遇而勃然大怒。因此生氣時可問自己「我為什麼生氣？」透過自省和覺察，找到自己最在意的是什麼，才有機會檢討改進，說清楚而不是只會生氣。

2. 無法表達憤怒之因：小時候被教導的經驗和家庭教條規則，會讓我們誤以為憤怒是不好的，是會傷害其他人，也擔心被誤解；怕因承認脆弱而導致被拋棄，更擔心因為生氣而失去控制。如男女朋友因意見不合吵架，女方總是順從男朋友意見，即使男朋友的言行舉止令她很生氣，她還是忍著。因為只要兩人意見不同，她會有不安的感覺，擔心男朋友不喜歡她，擔心她一生氣會影響並破壞自己形象。

㈡害怕

害怕是面對真實存在的危險，所產生的一種自然、適應性的反應。如夜深人靜你獨步而行穿越窄巷，聽到背後的腳步聲，會讓你感到害怕而加快腳步。很多時候，人們不允許自己有害怕的情緒，因此害怕常以其他形容詞從我們嘴中說出，如焦慮、緊張、擔心、沮喪、困擾、猶豫不決的、不安全、無聊的等等。有些常出現的害怕，會干擾我們與他人互動及建立關係，進而影響我們的生活，包括害怕親密、害怕被拒絕及害怕失敗。

害怕親密的人很難和別人建立穩固而長久的關係；對親密過度害怕的人，常有三種反應型態：⑴在心理上築一道牆，堅守「保持距離，以策安全」的原則；⑵製造假性衝突以避免親密；⑶發展出反恐懼的（counterphobic）反應。害怕被拒絕的人常會：⑴假裝不在乎別人是否接受自己，以免遭受別人拒絕時會受到傷害；⑵與較不可能拒絕自己的事物建立關係；⑶只會讓對方知道表面訊息；⑷採取特定做法以排除掉被拒絕的可能；如變得脆弱無助以引發別人同情；變得獨立堅強，使自己不需要別人。害怕失敗的人常會：⑴秉持「少嘗試，少失敗」的原則，幾乎從不做任何冒險；⑵過度準備，用盡全力，想盡辦法，一定要確保自己成功。

不論是害怕什麼，如果不能知道害怕的對象是什麼，就會引起焦慮。而害怕最常出現的偽裝形式就是「憤怒」。因為人們在害怕時，最常有的反應不是反擊，就是逃離。如果我們採取反擊，則常會伴隨生氣的情緒，而使我們誤以為自己正處於生氣憤怒中，而難以覺察背後的恐懼、挫敗和傷痛。

其實，所有情緒都有正面的意義，只是看個人是否真正體驗、感受，將情緒蘊含的能量，轉換為具有提升自我成長與自我價值感的形式表現。當你對自己的負面情緒有更多認識並覺察，透過與自己的情緒真正接觸，加以辨識並接納自己的負向情緒，才是解決情緒問題的根本之道。

二、轉換情緒的方法

【案例一】

威德此次期中考試，考砸了。很挫折，擔心自己考試會被當，責怪自己不認真，考前又活動太多，覺得自己不是讀書的料，而灰心沮喪，想躲起來遠離人群。

【案例二】

小美因參加同學生日餐會晚歸，被媽媽數落一頓，覺得好委屈，因為同學都可以在晚上 12 點前回家，而她是獨生女，被規定 10 點前一定要回家，但她又不想掃同學的興，以至於被罵了。

她一肚子氣的上床，覺得不被瞭解。

㈠覺察自己真正的情緒

上面兩個案例，如果可以養成每天記錄自己情緒（如表6-2）並找出原因，更有助於覺察和管理自己的情緒。想要有效因應情緒，第一是要先覺察自己當下有什麼情緒，特別是處在負向情緒中更需要暫停、中斷目前的情緒，跳脫出來，讓自己冷靜一下；再把注意力從外界拉回到此時此刻的情緒，去感覺、體會、觀照一下內心真正的感受是什麼？

表6-2　情緒記錄表

5月	天氣	清晨		睡前		重要事件	
		情緒	原因	情緒	原因	事件記要	情緒
1	陰	沮喪	月考考砸了	挫敗	連日熬夜，記憶力衰退	考試擔心被當	擔心、害怕
2							
3							
4							
5							
6							
7							

(二)瞭解引發情緒的原因和信念

造成我們有某種情緒的原因，是因為我們對於事情的看法和想法；如能洞悉有哪些想法影響情緒時，就比較能駁斥負向想法，而產生不同的結果和情緒感受。理性心理學家艾里斯（Ellis）以「A-B-C 理論」來說明「認知—行為—情緒」的關係（武自珍譯，1997）。如【案例一】可進一步擴展成「A-B-C-D-E」模式。因為引起他有沮喪情緒結果（emotional consequence; C）的並非事件的本身（activating event; A），而是個體對此事件的想法（belief system; B）。當他碰到不愉快的事件——考試考差了（A）時，自然的反應是擔心被當，思想很快的凝聚成信念（B）而否定自己；信念變成習慣，使自己不自覺我們會這樣想，而引發想逃避、想躲起來的後果（consequence）；我們的所作所為就是這些信念所造成的後果。如果可以駁斥（disputation; D）自己非理性的信念，告訴自己這次我雖然努力不夠，但我要記取教訓，養成課前預習，上課認真勤作筆記，下課常複習，相信下次提早準備，一定可以考出好成績。這就可以引出更理性、更建設性的駁斥效果（the effect of disputing; E）（如圖 6-3）。

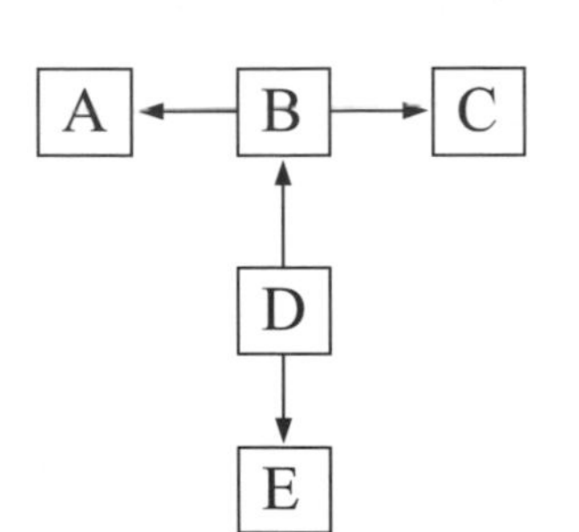

A：所引發的事件，考試考砸了。
B：信念，對 A 內在的想法。
C：B 所引發的情緒和行為的結果，否定自己、灰心、沮喪並自責。
D：駁斥想法，即對 B 的質問。
E：駁斥效果，即對 A 有新的想法，承認是自己努力不夠，願意修正學習的態度。

圖 6-3 A-B-C-D-E 模式

資料來源：修正自蔡秀玲、楊智馨（1999：209）。

三、做自己情緒的主人

每個人都可做自己情緒的主人，建立良好的人際關係，必須善加覺察與管理情緒。情緒如洪水，可以載舟亦可覆舟。隨時體察自己的「情緒季節」，加以管理才能不使情緒水庫決堤。

㈠學習抒解情緒的方法：每個人對自己的情緒狀態，在生理上的反應有更多覺察時，也能增加對他人情緒的覺察，並給予自己表達的空間。學習抒解情緒的方法：包括學習身心鬆弛法，常做深呼吸；養成固定運動的好習慣，以抒發負向情緒；培養熟練和多樣化的興趣，避免鑽牛角尖；真正生氣時，聽音樂、打電動、畫畫等，都可以轉移注意力；懂得找人傾訴，建立個人情緒支持網絡。最重要還是透過認知的分析與調整，勇於面對問題，學習解決策略；當看問題的角度不同，培養自信、樂觀、彈性的特質，解決方式也會不同。

㈡保持良好情緒特性的做法：我們對於情緒的態度應允許它存在、接納它。允許自己去經驗負向情緒，就釋放了一部分情緒；並學習勇於承擔，對自己的情緒負責。遇事不激動、常保寧靜祥和心情，能自我接納；有效因應負面的情緒；就事論事；不因為小差錯而全盤否定自己；當遭受別人反對、拒絕或面對失敗時，不要太在意他人看法；寬以待人，也不苛求自己；不沉湎於過去的傷痛陰影，也不對未來做無謂的憂慮，因為快樂、悲傷、痛苦都是自己的選擇。

做自己情緒的主人，改變想法就可改變心情。分辨理性和非理性的信念，更多的覺察自己，培養更理性、建設性的思考習慣，更多接觸到自己真實的情緒感受，才能成為自己情緒的真正主人。

陸 結語：樂在溝通、創造雙贏人際關係

人際關係是需要透過有效溝通創造雙贏，沒有適用於全天下的溝通之道。有些成功的溝通者很幽默、也有些很嚴肅，有些外向、活潑，有些沉默、文靜，有些直言、坦率，也有些人喜歡拐彎抹角。溝通如果能尊重自己和他人，以平等的立場、正確的態度，有協商的誠意，才能取得共識。溝通對於建立人際關係，就好像呼吸對於維持生命一般重要，它能增進彼此的瞭解，可透過學習而精進溝通能力。

林肯（Abraham Lincoin）說：「溝通是花 70% 的時間聽他人說，花 30% 的時間自己做說明。」可見，多傾聽比說什麼重要，如何說又比說什麼更重要。學習如何運用各種肢體、非肢體語言，透過真誠的態度有效傳遞所要傳達的訊息，以提升訊息的準確度。微笑是全世界共通的語言，在人際關係與溝通這個領域裡，微笑和真誠，加上人際溝通技巧、衝突處理及情緒管理，可以幫助您經營更美滿圓融的人際網絡。

問題與討論

一、各種情緒探索與處理

1. 什麼時候你有憤怒的情緒？如何處理？舉例加以說明。
2. 什麼時候你有難過悲傷的情緒？你如何度過？舉例加以說明。
3. 什麼時候你會感到焦慮和害怕呢？如何處理？舉例加以說明。
4. 什麼時候你會產生罪惡感呢？如何減輕這種感覺？你如何面對這種情緒？舉例加以說明。

二、描述感覺

1. 請具體寫下描述情緒的形容詞。

⑴和悲傷有關（如鬱悶的、沮喪的）：

⑵和生氣有關：

⑶和難為情有關：

⑷和害怕有關：

2. 寫下周哈里窗的三個我。

1. 公開我	
2. 隱藏我	
3. 盲目我	

三、自我敘寫——書寫自己的故事作業單

我——以第一人稱敘寫，分析自己在氣什麼。

你——客觀分析什麼因素造成這樣，可能是評價的、欣賞的、充滿情緒的（憤怒、委屈、遺憾），以第二人稱去看那個「我」。

他——以第三人稱觀照，放更遠去看那個「我」，給他一個出路、給未來的指引、方向和建議，並探索自己的防衛機制和生存應對模式。

我	
你	
他	

參考文獻

林沈明瑩、陳登義、楊蓓等譯（1998）。維琴尼亞·薩提爾（Virginia Satir）、約翰·貝曼（John Banmen）、珍·歌柏（Jane Gerber）與瑪麗雅·葛茉莉（Maria Gomori）著。**薩提爾的家族治療模式**。台北市：張老師。

武自珍譯（1997）。W. Dryden 著。**理性心理學入門**。台北市：心理。

曾端真、曾玲珉譯（1996）。Kathleen S. Vcrderber 與 Rudolph F. Verderber 著。**人際關係與溝通**。台北市：心理。

黃惠惠（1996）。**自我與人際溝通**。台北市：張老師。

黃鈴媚、江中信、葉蓉慧譯（2007）。Cynthia Berryman-Fink、Kathleen S.Verderber 與 Rudolph F. Verderber 著。**人際關係與溝通**。台北縣：前程。

蔡秀玲、楊智馨（1999）。**情緒管理**。台北市：揚智。

家庭教育與生活

7

CHAPTER

壹 家庭教育的重要

2009 年 5 月 3 日民視新聞網報導：凌晨3點，北市保安大隊在執行巡邏勤務時，發現有可疑人士疑似販毒，還在他們車上起出棍棒、刀械等攻擊性武器。誇張的是，其中一名青少年父母趕到現場時，為了袒護小孩，還在現場和員警大聲嗆聲。嗆聲的父母任職於公務機關，面對自己的小孩犯錯，卻與執行公務的員警大聲理論，這樣的身教，真是令人搖頭。（民視新聞網，2009）

而在 2009 年 4 月 28 日聯合新聞網報導：彰化縣和美鎮黃姓女嬰被生父丟入麵鍋燙死案，檢察官昨天依殺人罪嫌起訴生父黃○○，求處無期徒刑，褫奪公權終身。檢方表示，黃父平日疼愛小孩，犯後深具悔意，考量他將終身受到此事煎熬，才未求死刑。起訴書指出，黃○○案發當日送貨後，至鹿港訪友喝酒，同居人林○○見他許久不歸，打電話請朋友代為找人要他返家。黃○○10 時許帶著酒意回家，與在騎樓煮麵的林○○口角。黃○○在檢警調查時坦承犯案，指稱一時嘔氣加上喝酒，神智不清才鑄下大錯，將女嬰丟在滾燙熱鍋中。但檢方調查，他酒後仍能騎車自鹿港返回和美，到案時舉止對談正常，酒測值為0.43毫克，研判未達神智不清程度。（聯合新聞網，2009）

以上兩個案例顯示，社會的亂象層出不窮，諸如離婚率增高、亂倫、性侵、家暴兒虐、強姦殺人、外遇、劈腿事件，可見在維繫婚姻與家庭關係上出了問題；而青少年犯罪、兒少保護案件、吸毒犯罪年齡層降低，更看出家庭失功能的危機。為人父母者，如果缺乏正確的教養知能和保護子女成長的能力，多少無辜的小生命被犧牲，多少迷失的青少年造成社會問題，社會須付出代價。因此本章將從家庭教育的內涵、功能及父母職能角色做介紹，探討目前社會最需面對單親議題，透過對界線的認識，學習如何從戀愛走入婚姻，並瞭解經營美滿婚姻關係打造幸福家庭的具體做法，以幫助年輕人具備如何走入婚姻與另一半合作，當個稱職的父母。

貳 家庭教育的內涵與功能

家是社會與國家的基礎，《禮記．大學》：「齊家、治國、平天下」，說明家庭的重要，如果家庭無法發揮生存與保護及教養的功能，整個社會將須付出沉重的代價。由於社會型態改變，家庭功能不彰，政府遂提出「家庭教育法」，經立法院三讀通過，於2003年2月6日公布實施。「家庭教育法」規定，高中以下各級學校在學學生，每學年應實施四小時以上家庭教育課程，並會同家長進行親職教育。在大專院校部分，除應開設「生涯規畫」、「情緒管理」、「人際交往」及「性別平等」等課程外，各師範院校則應將該課程列為必修課程或通識教育課程，培養家庭教育課程師資。此外，未來適婚男女在結婚之前，須接受四小時的家庭教育課程，以培養正確婚姻觀念，其內容包括：親職、性別、婚姻、家庭資源與管理等項目，希望即將走入婚姻與家庭的年輕人，能透過教育明白家庭的重要（魏渭堂編著，2005）。

一、家庭教育的內涵

家庭教育，係指具有增進家人關係與家庭功能之各種教育活動，包含如下。

㈠親職教育：增進父母職能之教育活動，包括父母（含單親）角色與職責、態度與責任、親子溝通與調適子女教育等。天底下的父母，都是透過「學習」放慢腳步，放下身段，貼近孩子內心，才能認真學習當個稱職的父母。

㈡子職教育：以增進子女本分之教育活動，指子女或晚輩對於父母或其他長輩應有的態度，在成長過程中，教養孩子成為一個「理性」與「感性」兼備、「權利」與「義務」並重的現代人。

㈢性別教育：男女在生理和心理的發展大不同，且有其限制，瞭解同性、認識異性，增進性別知能之教育活動，包括兩性生理、心理、情緒、社會及倫理等層面之知識，如生理發育、性別角色、異性相處、兩性間親密人際關係相處之道等課題，共創兩性和諧的關係是兩性教育重點。

㈣婚姻教育：婚姻是兩人的世界，是「親密」、「激情」、「承諾」的共融結果，如何決定走入婚姻共創家庭，學習相互瞭解、彼此包容、互愛、互信，以增進夫妻關係之教育活動，包括婚前教育、新婚調適與家庭計畫、夫妻溝通、婚姻衝突與危

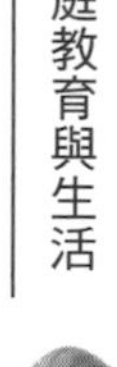

機處理等之態度及責任、性教育、優生保健教育。

㈤倫理教育：增進家族成員相互尊重與關懷之教育活動，包括孝親事長、愛子慈幼、兄友弟恭、姻親關係的經營。

㈥家庭資源與管理教育：係指增進家庭各類資源運用與管理之教育活動，家庭各類資源及管理，如家庭財務計畫之擬定、時間管理、福利資源運用等，以尋求各種家庭資源，為家人關係添加色彩，並度過難關。

二、家庭的功能

一般家庭的功能有以下幾方面。

㈠生育功能：家庭提供合法化的性生活，具有生兒育女與繁衍下一代的功能，在中國傳統農業社會中，傳宗接代、延續香火觀念濃厚，人口數的增加代表生產力能夠提升，但隨著社會變遷，「不孝有三，無後為大」的觀念已漸式微，但家庭功能中的生育功能仍然存在。

㈡情感功能：人有親密性的需求，家庭中成員的關係立基於血緣、婚姻與收養，尤其是血緣關係，是無法改變的，成員間彼此的情感是與非家人的關係不同的，可以提供彼此情感的慰藉。家庭是合法的婚姻制度，男女兩性間的性生活，是合法允許的，家庭有其提供規範約束之重要性。

㈢社會化與教育功能：家庭提供社會成員社會化的功能，社會化是一種經由不自覺的模仿過程，吸收父母行為模式，學習社會中的規範、信仰、態度和社會價值，使個人由自然人成為社會人的過程。因為人一出生便處於家庭之中，家庭是個人最早可獲得社會化的場所，家庭中由父母親提供教育功能，使個人人格獲得發展，並學得基本生活知識與技能，透過社會化，使其能與他人互動和溝通。

⑷經濟功能：家庭是最基本的經濟單位，家庭成員間的經濟資源共享，供給家庭不同成員間的需要。

⑸保護與照顧功能：家庭具有保護和照顧家庭成員的功能，如照顧幼小的成員和年長的成員，便是家庭所具有的重要功能，使家庭成員具有安全感。

參 父母職能角色探討

家庭是性格養成的第一步。當壓力、問題面臨到個人的時候，最能顯現出他的個性及原生家庭對他的影響。如長期受到家庭暴力的兒童，處在被忽略及得不到關心的情況下，逐漸產生自卑感及學習用暴力的行為來吸引大人的注意；目睹暴力兒童，有更多心理及情緒上的問題，無法學習正向的人際及兩性互動關係，造成社交功能低落及不良的人際關係，且易學習以暴力的方式來解決問題及處理壓力。因此，幫助每個人認知家庭教養困境與父母角色職能教育，培養扮演父母者須具備的認知與專業知能，有助於將來能扮演稱職的父母。

一、現代家庭面臨的教養困境

吳淑芳（2006b）指出，沒有界線的管教是一種放縱，管教上的嚴格也可能是一種慈悲。一般父母在教養上常有挫折感、孤獨感與罪疚感；最常犯的行為包括：⑴過度照顧；⑵過度安排；⑶說教太多、身教太少；⑷只關心學業，忽視其他生活能力的培養；⑸用「買」來滿足孩子；⑹完美主義；⑺害怕輸在起跑點；⑻負面的言語太多；⑼想要透過孩子，活出自己；⑽忘記享受做父母的樂趣（何琦瑜主編，2006：161-166）。所以常面臨以下的教養困境。

㈠重視課業，忽略生活能力及習慣養成

「直升機父母」（是隨時守候在孩子身旁的父母），因為對未來世界的恐懼、對台灣教改沒信心，父母總認為花更多時間學習，孩子一定會更有競爭力。常看到國小和國中的孩子，放學後卻又趕著投入安親班或補習班，每天過著超過十六小時單調的學習。孩子上完一天八小時的課程，又必須重複練習機械式的考卷或寫功課，缺乏思考與創造力的訓練，這樣教養出來的孩子是「知識超挖，缺乏生活能力」。曾聽國小低年級老師描述，班上學生看到午餐的水果是「龍眼」時，有人竟然著急的哭起來，因為不知道如何吃，更不會自己剝皮。早上上學的途中，常看到父母幫子女背書包，理由是書包太重；也有捨不得孩子獨自走路上學的，會開車或騎機車接送，但常看到騎著機車卻又貪圖方便，孩子沒有戴安全帽的狀況。由於大人錯誤的示範，以至於孩子學不到如何遵守交通規則！凡此種種，都提醒父母應該釐清，是愛？或是剝奪孩子學習自我照顧的機會？

㈡缺乏健康觀念，忽略孩子的身心健康

最新一期《康健》雜誌針對國小四到六年級學童進行身心健康調查，結果發現有四成六的學童沒有正常排便的習慣，其中有五成三以上的學童晚上 10 點後才就寢；孩童明顯缺乏良好的生活習慣。而習慣夜貓族的家長，由於本身健康觀念的薄弱，縱容孩子和父母一起熬到午夜，一起吃東西、看電視、上網聊天；隔天必須在早上 7 點起床上學的孩子，在父母無法為他準備早餐、睡眠不足加上空腹上學，徹底影響孩子為未來的人生儲備體力。學校進行視力檢查時，發現許多學生兩眼視力差距過大，或視力不良兒童，都是因為閱讀及書寫時的姿勢不良所致，這些重視自

己健康及視力保健觀念，除了學校老師的提醒，更需要父母的耳提面命。

㈢忽視管教界線，造成「教養的空窗」

現代父母大部分是雙薪家庭，面臨整個大環境的經濟壓力，工作時間過長，較易以物質滿足對孩子的愧疚感。因此，在學習上，父母花錢請補習機構代替父母監督；但生活上，忙碌的父母為了表達愛，管教上無法堅持到底，又缺乏管教界線（Boundary）的相關知識，易造成「教養的空窗」。吳淑芳（2006a）認為，父母需要瞭解，當孩子能力愈來愈強，自主性愈高時，便會為自己的權益辯論，父母說東，他偏要唱反調。其實孩子的愛作對，正是學習對自己生活上的掌控權，絕不能束手無策，而是幫助他學習對自己行為擁有選擇權、作決定及負責任。

目前國小各校一年級的新生，班上有過動傾向的約有七、八人，老師們常覺得孩子生活常規不易要求，上課無法專心，易衝動或過動。親師溝通後發現，大部分是因為孩子從小未被要求應有的生活規矩，包括最簡單的生活應對的禮節、動靜的時機等等。可見，父母常被困在一種愛的陷阱裡，誤以為愛孩子，就要為孩子掃除一切人生的障礙，順著孩子、幫助孩子成功。其實，愛的價值是堅信孩子都是獨立的個體，幫助孩子找到自我感，能清楚的告知什麼是被允許的行為，什麼是需要改進的壞習慣。

二、協助父母認知角色職能

父母在教養子女上兼負以下三重角色。

㈠為「監護」的責任：基於孩子安全的學習環境考量，須受到法律上保護，要求父母須做到基本的生活照顧，教導、幫助孩子從中得到智慧。給予太少的自由，孩子缺乏從嘗試錯誤中成長

的機會，但若放縱以至於太多自由，卻又恐造成傷害。因此，父母須對孩子有適當的限制，保護孩子讓他可以安全的成長。

㈡為「管理」的角色：孩子在不同發展階段，須透過父母的管教，幫助他發展他律到自律的學習，以養成良好生活習慣和品格。

㈢是「資源的提供者」：教養子女考驗父母的耐性和智慧，當家中資源有限時，求助並不可恥，很多父母在學校擔任志工，參與品格、故事媽媽志工培訓，也能自組家長讀書會，透過閱讀教養書籍或上網搜尋相關資訊彼此分享，都是懂得尋求資源，並隨時檢核與建立支持系統的具體做法；如此，才能成為孩子資源的提供者，也讓自己有機會成為別人的資源。

基於上述教養困境與角色職能，理想的父母應該如下。

㈠澄清教養觀，別當直升機父母

報紙曾報導孩子上了一流大學，自己卻不會選課表，因為從小到大，時間都是父母為他安排的，而這些父母像直升機隨時守候在孩子身旁。因此，父母要教出成功自信的小孩，在教養觀上需要澄清：孩子是上天賜給父母的產業，但孩子是個獨立的個體，不屬於父母；父母常用柔和的方式，想要導入自己的期待，而忽略孩子的能力、特質和興趣；因此，要支持孩子人生該走的路。孩子可能被父母要求，完成父母的夢想，故要覺察到底是誰的夢想（吳淑芳，2009）。

㈡掌握世界各國新學力觀，培養能力與好習慣

國際教科文組織指出，要適應成為二十一世紀的公民，須具備的能力為：⑴學習如何知（Learn to know）；⑵學習如何做（Learn to do）；⑶學習如何與人合作（Learn to live together）；

⑷學習如何發展（Learn to be）。莊淇銘（2005）在《未來學能教你的事》一書指出，世界各國的新學力觀，如日本：重視獨立思考、判斷、創新及道德倫理觀；紐西蘭：注重個人特質，教育理念強調：⑴廣博、均衡並注重常識；⑵每個學生都有參與學習的機會；⑶培養獨立及終身學習的能力；⑷團隊合作的訓練。澳洲：希望國民「有創造力、能獨立解決問題、建立終身學習的觀念、不斷自我成長與人和諧共事、有良好團隊精神」。

多專業時代的來臨，孩子需要具備「準備好未來」的八大能力為：⑴效率學習：高速學習法及團隊學習；⑵創意素養：創意管理、思考、創意商機；⑶文化素養：如客家桐花季，開創10億商機；⑷語言能力：須具備國際觀以迎向全球化；⑸口才與溝通能力；⑹善用潛能：一般人腦力開發不到10%，應多運用全腦學習；⑺生涯規畫：配合生涯發展，讓孩子注重養生保健、規畫終身收入，並學習如何關懷老人；⑻運用知識：知識是力量，須學習搜尋、整理、運用與創造知識的能力（莊淇銘，2005）。分數不等於成功。很多高學歷的人，可能在人際互動及團隊合作上是不及格的；社會上成功的人具備的條件，除了專業的知能外，進入職場後，自己面對人生與工作上的態度占85%，是影響他成功的因素。

因此，父母須幫助孩子以正向眼光看待自己，瞭解自己的能力和限制；欣賞自己的長處充分展現；嘗試多學習開發不同潛能。培養有助於學習的習慣和能力，培養思考的習慣、多元的興趣及提升自我管理的能力（參見本書第四章），包括生活自理能力、處理時間、金錢、情緒的能力；面對挫折或壓力；最後學習獨處或自得其樂。

㈢培養成功自信小孩，父母的具體作為（吳淑芳，2009）

1. 瞭解孩子學習風格的優勢：田耐青（2006）指出，結合迦納的多元智能理論（theory of Multiple Intelligence, MI）及榮格（Carl G. Jung）的學習風格模式（model of Learning Styles），可幫助孩子更有效學習。所謂「結合」，就是在語文、邏輯數學、空間、肢體動覺、音樂、人際、內省、自然觀察等八種智能之下，又各分成四種學習風格（感官—感受型、感官—思考型、直覺—感受型、直覺—思考型）；所以不再是原來的八種智能或是四種學習風格，而是「8 種智能× 4 種學習風格＝ 32 種智能」。如不再只是說「某人的強勢智能在語文」或「某人的強勢學習風格是感官—感受型」，而是說「某人是感官—感受型的強勢語文智能者」。這樣的結合，使我們所熟悉的多元智能理論更加精細。父母可觀察孩子在課餘時間如何度過，如疊積木、打球、彈琴、閱讀寫作、找朋友玩……，而發現他的優勢智能，激發潛能。
2. 請給孩子製造表現的機會：孩子潛力無窮，需要協助開發，耐心等待、給予鼓勵，製造表現機會並使他學會獨立自主。
3. 以正向眼光看待孩子，賦予他年齡內選擇的自由度：優缺點是一體兩面，看見孩子所擁有的特質，而非看他沒有的。瞭解管教的界線，按照孩子的生心理發展去磨練他，如透過感統訓練，使他對自己肌肉擁有控制力，並讓他學會為自己的選擇負責。
4. 和孩子討論追尋人生的目標：史丹佛大學一項研究發現，大約只有 20% 的青少年清楚自己的人生目標，超過 1/4 的孩子，因為缺乏努力目標而容易迷失自己，處於隨波逐流的狀態。因此，可從小透過閱讀名人傳記，見賢思齊啟動孩子的未來夢想。讓孩子學習設定目標，目標有短期和長期，不同的學期設定自己要努力的方向，如每天要閱讀課外書一小時或背誦英語單字五個字，持續做，一定會有不同的成就。也可針對孩子的性向，瞭解孩子擅長做什麼？興趣在哪裡？逐步建立自己的價值觀，更可引導他理解外在世界的需求是什麼？從小幫助孩子尋找他內在的聲音，點燃對人生和服務社會的熱情，讓愛的種子從小扎根。

㈣建立正確教養態度，決定孩子的美好未來

《三字經》：「養不教，父之過；教不嚴，師之惰。」可見正確教養態度的重要。每個孩子都是獨特的個體，教養孩子的問題，需要量身訂做，孩子出現管教上的問題，其實是對大人提出的求救訊號。如孩子脾氣暴躁、不遵守規則、學習困難、和同儕關係不好、反抗父母管教……，都提醒父母須再次充電，與時俱進學習正確的教養方法和策略，並懂得尋求外界的資源與協助。國內外相關學者所提出的教養觀，可幫助父母建立正確的教養態度。

1. 好家教，決定未來領袖：佩妮．帕爾嫚（Penny Palmano）（游綉雯譯，2006）是英國一個平凡的媽媽，以養育三個孩子的親身經驗，用幽默風趣的口吻告訴現代的家長如何讓家中的孩子不在公共場所無理取鬧，而能成為令人稱羨的小紳士和小淑女。她覺得好家教是孩子未來成功的關鍵，因為擁有好家教的孩子才會有好人緣、有高EQ、在團隊中能發揮合作精神……，而這些個性是未來領袖的主要人格特質。
2. 做個走進小孩內心世界的父母：日本的教養專家河合隼雄（2005），以日本社會、家庭、父母所關心的議題為主，整理四十八道題，以問答方式剖析為人父母面對孩子衍生的教養問

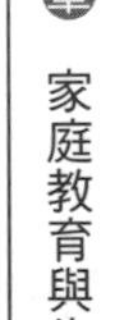

題，解開父母的心結與困頓。他邀請所有父母，要以「從容和用心」的態度，真正瞭解孩子的行為動機；傾聽他們內心需求，用孩子最希望的話進行親子溝通；並且珍惜親子相處時光。因為教養是不能怕麻煩的，用心花時間陪伴孩子，才能使親子互動時能解讀孩子的心靈密碼，並能發揮管教與身教的示範功效（蕭照芳譯，2005）。

3. 優秀是教出來的：全美最佳教師獎得主隆．克拉克（Ron Clark）（謀攸文、侯秀琴譯，2004），分享超基本的五十五條班規，他在教室中，幫助孩子學習「自愛、愛別人、自重、也懂得尊重別人」。更精確的提出孩子「守規矩、愛讀書還不夠，還要為自己負責、為別人著想，才是真優秀」，這些教條更須奠基於家中的培養。
4. 管教子女須重視界線問題：吳淑芳（2006b）呼籲家長，身為父母要對界線有所認識，瞭解孩子在界線上的需要，清楚自己管教子女的界線。便知道何時說「可以」，何時說「不可以」。管教是一種外在的界線，用以發展孩子內在的界線（吳蘇心美譯，2005）。幫助孩子的界線發展，就是教導他們學習有責任感，讓他們為自己所選擇的行為表現負起責任。一個有責任的孩子，相對能學習擁有自主權，這是幫助他儲備能力，以面對往後多變與挑戰的人生。
5. 重視孩子個別差異，不要拿他與另一個孩子比較：經常被比較且不如人的孩子常會表現：失信心、退化或幻想、仇視或敵意、害怕被遺棄、攻擊別人的缺點。經常被比較為比人強的孩子會表現：怕退步的焦慮、擔心失去手足朋友的情誼、凡事求完美而造成壓力、驕傲自大或不合群等行為。因此積極的做法是：發現與肯定孩子的優點、鼓勵孩子欣賞別人的優點，但不可藉別人的優點批評他、鼓勵孩子自己跟自己比，有進步就可以了，讓孩子體會父母真心愛他。孩子都有優點和特有的能力，父母要多發現他的優點，鼓勵他成長和學習，而非一味地與人比較，協助他走出亮麗的人生。

6. 學習溝通技巧，營造良好親子互動：父母若能用關愛的眼神注視孩子，專注傾聽並面帶微笑，透過點頭示意，表示你接納孩子。凡事不問為什麼，而是熟悉溝通的技巧，增進親子溝通。溝通的技巧如：表達意見時，對事不對人；只描述具體可見的行為，不評價論斷；說出自己的感受，而不是指責孩子；把握適當時機做機會教育，但在疲憊或飢餓時不適合說教；與孩子一同討論，尋找合適的解決之道（吳淑芳，2006a）。
7. 採取彈性的教養方式：教養方式的成功與否，依所處環境須做調整。教養方式分成兩向度，一為接受度／反應性：顯示父母在孩子身上的反應性及關愛程度；二為要求／控制：顯示父母嚴厲及管制的程度。當孩子到青少年時期，因為青少年尋求自主，親子關係重新協調；此時其家庭衝突會逐步升高，然而如果父母親願意授予更多自由，對他們所定下的規則和限制做清楚的溝通說明，並持續給予關愛和支持的指導，青少年們往往就能表現出適度的自主能力。
8. 「易子而教」的教育方式：李雪莉（2009）在《天下雜誌》419期提出，父母不是最好的老師概念，因為單親和隔代教養增加，導致父母鮮少與孩子相處，在每個家庭像座孤島的狀況下，現代父母該如何向外找資源，為孩子的教養找到出路，跨國交換家庭及同村共養潮流，建立家庭聯盟、易子而教，建立多元學習典範，透過志工活動、生活的經營，規畫大自然與孩子對話的機會，讓「家」是有情感、有美好共同記憶的「家」，透過不同的家庭、社群、社會、自然的互動，體認生命更豐富的可能。

總之，沒有人天生就會當個好父母，透過閱讀相關書籍及聽取別人豐富寶貴的經驗，只要願意改變，便能站在巨人的肩膀上，建立正確的教養態度，而深化自己教養上的高度與深度。父母職能角色，最重要是要提供一個信任和穩固的家，幫助孩子展翅上騰。比馬龍效應（Pygmalion effect）說：「當你相信孩子有能力，每個孩子都能成功。」身為父母，讓孩子清楚他自己所要追尋的夢想和想要走的路；又能加上父母的支持與陪伴，提供穩固充滿愛的家，一起經歷並面對生活中的困難與挫折，便能幫助他愈挫愈勇，邁向成功。

肆 家庭與婚姻

婚姻教育的範疇涵括：婚前交友、結婚準備、新婚調適、家庭計畫、夫妻溝通、衝突與危機處理……有婚前的預備、有婚後的經營，認識它、瞭解它，使你不論在步入婚姻或單飛翱翔的人生旅程裡，都更有準備、更有計畫。婚姻型態與婚姻關係的改變，對家庭的意義與類型變化，都會對家庭帶來重大衝擊與影響，瞭解婚姻關係中的界線問題，有助於經營美好婚姻。

一、家庭的類型與多元性

魏渭堂（2005）認為「家」涉及三個概念，一是指「住屋」（house），一是指「家庭」（family），一是指「家」（home）。就三者的關係而言，「住屋」是一個物理空間，必須經由持續個人化經營與感情的投入，才有可能成為家；「家庭」指的是兩個或兩個以上的人，因婚姻、血統或收養關係而構成的團體；「家」則包含了我們賦予的心理社會與文化意義。目前離婚的觀念在現代社會中，較能被接受，導致於離婚率攀升，使家庭的類型多元且複雜，如單親家庭、繼親家庭、隔代家庭、同居家庭（張鐸嚴、何慧敏、陳富美、連心瑜，2004）。單親家庭數目增加，複合式家庭也不少，這都增加家庭經營的困難和挑戰。

可見台灣近三十多年來，在人口結構（如新住民增多）、父母角色、家庭功能、家庭型態、生活型態與休閒等方面，都產生很多變化。因此，面對家人而言是種挑戰，家人如何學習互動、調適、共同生活都需要再學習。

二、單親家庭（single parent family）的探討

家庭，是每個人在出生後所接觸到的第一個具有教育功能的場所，凡言行舉止與生活習慣都與之息息相關，家庭教育的成效影響人格養成。然而在現今離婚率攀升的社會中，單親家庭對於子女的影響，漸漸成為師長及社會大眾極須面對的問題。茱蒂絲・沃勒斯坦（Judith S. Wallerstein）自 1971 年開始研究離婚對孩子的影響。她指出 1/3 離婚怨偶十年後，吵起架來仍是很凶悍，是因為嫉妒對方有更年輕的新歡，或抱怨孩子的教養費太高或太低，不願承擔甚至走上訴訟。父母離婚後有關孩子監護權，孩子是沒被徵詢和賦予選擇權的，而可能被迫離開自己的朋友，或學校喜歡的活動或社團，而會有害怕、失落、孤單與憤怒的情緒產生（張美惠譯，2002）。以下就父母角色缺位（role unoccupied）問題、親子之間的心理及情緒困擾及單親父母的迷思簡要說明（張鐸嚴等，2004）。

㈠父母角色缺位問題

離婚對大人來說，是一個終點；然而對小孩來說，卻是一個不確定的開始。據一份調查報告顯示，有六成一的少年不接受離婚行為，八成六的少年認為家庭比任何事都重要，離婚造成許多

人心中的痛，也往往宣告童年的結束（張美惠譯，2002）。單親父母因角色缺位，可能產生在教養上的問題如下：

1. 身心俱疲，無法表現適當的親職行為：給孩子最好的照顧和陪伴是父母的心願，但許多單親家長為了家庭生計，常超時工作或過多的兼差，以致體力負荷過重，沒時間和子女相處，而導致情緒緊張和壓力過大，以至於疏於對子女照顧，或對子女有過高的不合理期待，雖有心於子女的教養，但心有餘而力不足。
2. 影響子女性別角色的認知與學習：比起雙親家庭，單親子女在性別角色的楷模學習與互動上，處於相對不利的地位。單親子女如果長期缺乏兩性性別角色的學習或疏於輔導，常會出現性別角色認知或行為上的問題。如兩極化的性別角色期待，包括對異性的過度仇視或渴望，甚至會有兩極化的婚姻評價，如過度恐懼婚姻而不結婚，或因為希望脫離家庭而早婚。這樣的傷害，會造成人格發展過於早熟、世故或憤世嫉俗。
3. 單親父母異性關係的處理：社會案件常聽聞同居人子女，遭受虐待或殘害等事實。子女面對單親父母的新異性關係，因其年齡、個性以及與單親家長的感情、互動等因素，而有被拋棄、父母背棄原感情和抗拒新「叔叔」、「阿姨」的感受。每開展一次新的異性關係，單親父母都希望能夠兩全其美，期待子女能夠和新的異性融洽相處。但未能如願者多有所聞，常衝擊與子女之間的互動關係和家庭氛圍。有些子女更會以破壞、冷默、威脅，甚至逃家，來回應新異性關係。

㈡親子之間的心理及情緒困擾

父母離婚後常自陷在情緒中，而無法擔負起照顧和教養的責任，而使家中的長子女要承擔主要照顧者的角色，認為自己是拯救父母，也誤以為自己須對父母的情緒負責，提早扮演小大人。

因為親子顛倒依賴（指父母變小，孩子被迫長大），孩子便犧牲享受生命、交朋友，及與家人培養共同興趣的機會。孩子內心掙扎面對失去、背叛、遺棄的恐懼，即使到長大成人，仍無法擺脫童年自我犧牲的照顧者角色（張美惠譯，2002），因此親子之間的心理及情緒困擾影響深遠。

一般來說單親家庭的發展過程分為：

1. 災難期：成為單親家庭後，單親父母首先會面對自己角色、生活上的轉變，單親家長必須歷經一段調適過程，而整個事件轉變當中，不只是單親父母須面對不同的適應課題，單親子女亦同。
2. 調整期：單親父母除了自己須做身心、生活方面的調整外，與子女互動的方式上亦會有些改變。此時單親家長可先多關心、瞭解子女對父母一方離開事件的感受與想法，而父母也可向子女告知簡略的實情，但不須過於細節或是加入批判評論，且要讓孩子知道父母一方的離開非孩子的錯，以避免孩子產生自責心理。
3. 穩定期：經由和子女一同討論，亦可讓單親父母和子女間，有更多心靈上的交流，及讓單親子女擁有安全感。

在上面三個時期，都會產生不同的情緒反應，只有部分的家庭能走完全程。因為單親事件造成生活、經濟、感情依託上的大改變，親子都需要調適；甚至常因為離婚爭取孩子監護權、探視權及教養費，缺乏共識而走上訴訟之途，更令大人和小孩都身心俱疲。

㈢單親父母的迷思

單親父母因配偶死亡、離婚或遭惡意遺棄，必須獨自面對許多未知的將來，而有許多情緒及心理上的壓力。如果不能獲得適

當的抒解或協助，會在觀念、態度上有一些迷思（張鐸嚴等，2004）。

1. 以受害者自居：離婚的單親家長常自怨自艾，自覺受害於配偶而淪為單親，深陷過去的遺憾、痛苦，而無法一掃滿腔怨恨的陰霾。常以「失敗」、「被遺棄」、「被犧牲」或「無用」的受害者自居。憤怒、壓抑或怨恨的情緒，常會遷怒，並在情緒失控下，對子女嘲諷、忽略、指責或暴力相向，使子女成為代罪羔羊。單親家長常有自卑與自我封閉的心態，嚴重影響重建新生活的步伐，以及獲得社會支持的人際關係，對於親子關係和子女的發展有不利的結果。
2. 敵意的生活劇本：「受害者文化」是自我攻擊的迷思，「敵意的生活劇本」則是對他人攻擊的迷思，尤其是單親事件中的配偶，最常見的交鋒戰場是子女的監護或探視權之爭。子女在敵意的生活劇本下，常成為單親父母爭戰的導火線。為了爭取監護或探視的權利，常被當作「報復」、「為難」、「交換」或「談條件」的手段，甚至會在子女面前故意「抹黑」、「造謠」或「詆毀」離婚配偶，以爭取子女的認同歸屬。對於單親家長而言，不管是誰輸誰贏，輸的恐怕都是子女。
3. 羞怯於請求協助：單親家長會自認為離婚、配偶入獄、家暴、受虐、遭受遺棄，並不是一件光彩的「自家事」，甚至羞於訴說。當有需要協助之時，亦以自己父母、同事、親戚和朋友為主要的對象，較少尋求政府組織或專業機構的協助。由於缺乏外部資源的協助和介入，常使面對心理、生活或子女教養壓力，無法獲得適當即時的解決，導致問題惡化，影響家庭功能和親子關係的發展。
4. 害怕在感情上再度受傷：多數單親父母因為不愉快的婚姻經驗，在感情生活上採取謹慎、保守態度，甚至退縮、拒絕，以避免再度受到傷害。

可見離婚意味著失敗，孩子也失去兩性學習的典範，更對孩子一生的成長造成很大的缺憾，甚至影響孩子長大成人後的擇偶和婚姻觀，因此大人對婚姻與承諾需更謹慎面對。其實在單親家庭中成長的孩子，只要能夠把自己心態調適好，在一般情況下，外人也不易察覺。更值得注意的是，在單親家庭中成長的人，往往比較早熟、懂事、貼心、獨立，當然也有可能在缺乏家庭溫暖的情況下，容易出現偏差行為，或者在精神上比起一般人更脆弱，因此需要外界給予支持、同理與接納，而不以刻板印象和奇異眼光看他們，才能讓他們更勇敢踏上成熟之路。

三、如何經營美滿婚姻關係

當相愛的兩人決定走入婚姻，並非從此王子和公主過著幸福快樂的生活，畢竟生活中的柴米油鹽及生兒育女，都是很現實也易產生衝突，須正確認知美滿婚姻是需要兩人共同經營，才不至於一觸礁便以離婚收場。

㈠為約會立界線，從戀愛步入婚姻

亨利．克勞德（Henny Cloud）與約翰．湯森德（John Townsend）（劉如菁譯，2004）認為約會是人生一段美好時光，每個人都可以學習如何避免自己受到傷害，在約會過程中感到希望破滅，使自己透過學習為約會立界線，幫助自己從戀愛步入婚姻，一路順利開花結果。因為如果在戀愛中，無法讓彼此邁向成熟，那你可能會把不成熟帶入婚姻中；故不可不慎。約會碰到問題不是用不約會來解決，培養「自制力」尊重彼此的界線，可使約會更順利。界線是一種在個體的「你、我」之間做出區隔，兼顧了你的成長和我的長進空間，也同時顧及仁愛與公義的法則，並為每個個體的「權利」和「義務」定下界線。

唯有讓自己學習安全的約會，把你的約會伴侶帶進你的朋友圈，讓你們兩人除了單獨相處外，也能跟其他伴侶和群體在一起，並聽取其他朋友的意見。有時出於心靈的空虛而跟別人約會是很危險的，因為每個人即使已有固定的約會對象，都仍需要保有屬於自己的時間。兩人固定約會時，讓對方知道你的想法和感受，誠實告訴對方你的愛好，不要擔心起衝突，而隱藏自己的感受；因為你所做的每個決定，都在幫助對方更進一步瞭解你，唯有透過在戀愛時彼此熟悉，才不至於走入婚姻時才醒悟——結婚是戀愛的墳墓。

㈡婚姻關係中的界線探討

亨利．克勞德和約翰．湯森德（董文芳譯，2004）認為婚姻關係光有愛還不夠，需有「自由與責任」兩個元素使其成長茁壯。在婚姻中的一方，若堅持享有自由使用金錢的權利，他就必須同時負起財務管理的責任。隨便刷卡以滿足自己的虛榮，以致債台高築，卻強求配偶每次扮演救星的角色，出面解決財務危機，是一種不成熟的表現。立下界線控制自己的金錢使用額度，並承擔起一切後果，才是正確的邁向成熟之路。處理類似問題時，配偶中的另一方需要高度耐心及智慧，在愛與原則之間取得適當的平衡點。唯有當兩人能自由表達不同意見時，便能自由的去愛。

婚姻中界線的十律包括：第一律：因果律，我們的行動都會產生後果。第二律：責任律，我們是對彼此負責。第三律：能力律，我們對事物有主導能力，對人沒有，所以不能改變對方。第四律：尊重律，希望別人尊重我們的界線，我們也要尊重別人。第五律：動機律，我們能全心說好之前，必須要能自由的說不。

第六律：評估律，要學習評估我們的界線造成別人多少痛苦。第七律：積極律，根據自己需求與價值觀，採取行動解決。第八律：嫉妒律，在我們界線之外定睛於別人所有，將永遠得不到我們想要的。第九律：活動律，必須採取主動解決問題，不能消極怠忽。第十律：顯露律，彼此需要向對方溝通自身的界線（董文芳譯，2004）。

其實建立「界線」是兩人親密關係中不可少的規範，了解自己與尊重他人界線，並熟知婚姻界線中的十律，才能兼顧婚姻生活中的「自由與責任」。

㈢營造幸福家庭的具體做法

史蒂芬・柯維（Stephen R. Covey）（汪芸譯，1998）認為，每個家庭的處境都是獨一無二的，但是從許多層面來看，每個家庭也有相似之處。每個家庭都在掙扎著面對許多相同的問題，日復一日因應生活的挑戰。柯維深信，家庭是社會的基石，是個人內心充實的最大源頭。唯有家庭的圓融美滿，人們才能享有真正平實的快樂。因此提出七個習慣的驚人力量，包括：⑴主動積極，成為家中推動變遷的舵手；⑵引領家人發揮稟賦，建立個人與家庭的使命宣言；⑶凡事以家庭作為優先考量；⑷鼓勵家人考慮彼此的利益，採取雙贏思維；⑸學習以同理心傾聽對方，以有效的方法向對方傳達真正的想法；⑹尊重家人彼此的歧異，使全家的力量大於個人力量的總和；⑺個人與家庭應該力求不斷更新，以增強家庭的效能。

家庭是一個系統，家庭中的每個人除了須重視身心健康外，共同維持家庭經濟的穩定，建立共同休閒娛樂及家庭努力的目標，且有家庭共同的社交群和親朋好友彼此扶持都很重要。當衝突產生時，掌握《聖經》上所說：「不可含怒到日落」，吵完仍

是一家人。要經營一個「高效能」的家庭，就是要營造美好的家庭文化。「文化」是指家裡的感受、反應、細微的變化和氣氛；是家人關係的深度、品質和成熟度。上面所提七個習慣是基本的原則架構，如果每週能安排「家庭時間」彼此談心，家人深刻、誠摯、真心的共享相處時光，共享信念和價值觀，便能從「我」為核心，轉為以「我們」為核心的文化。那是一種相互依存的生命共同體，可以一起經歷暴風雨也可共享歡樂。當家庭是一種「我們」的經驗，當家人願意一起努力學習，不強迫對方接受自己想法，便能在這渾沌不安的現實世界中，創造出屬於您的美好家庭文化。

伍 給孩子愛與幸福的家庭，他就會給世界陽光和能量

擁有美滿幸福的家庭，提供孩子和自己工作疲憊時的避風港，是每個人內心最深的渴望。盧蘇偉認為「孩子是上帝賜給我們的獎賞」，因此他給孩子的 12 歲畢業禮物是，陪他騎單車環島一周。他認為「孩子的成長不論發生什麼事，都是上帝最好的安排；給孩子掌聲，夢想就會成真；陪孩子走一段人生的路，將保有一份愛的存款與成功經驗」（盧蘇士、盧蘇偉，2005）。

其實每個人的生活都離不開家庭，家庭關係與婚姻是需要努力經營和共同創造。當家庭遇到衝突與考驗時，是否有意願共同維持家的完整性，回到起初的愛與選擇，並為選擇而努力去共同度過風浪就很重要。有一個溫暖的家，不僅能發揮家庭教養與保護功能，在孩子需要我們時，給孩子期待的幸福，肯定、支持、賞賜孩子；為減少社會的青少年問題，盡一份心力與責任。因為我們給孩子時間和空間，他就會給世界陽光和能量。在陪孩子成

長中，也在幫助我們自己成長；期盼讓愛人與被愛的學習，豐富我們的生命內涵。

問題與討論

1. 如何扮演一個稱職的爸爸／媽媽？如何建立融洽的親子關係？
2. 生活中如何兼顧工作壓力、自我的成長，還能陪伴孩子學習、與他們一起成長？
3. 你認為爸媽的角色與職責到底為何？應該抱持怎樣的態度、擔負起什麼責任？
4. 你認為美滿婚姻應如何經營？

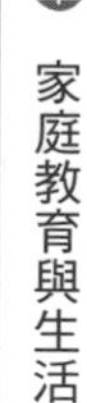

參考文獻

民視新聞網（2009，5月30日）。**這是什麼父母啊！**。2009年6月25日取自 http://news.ftv.com.tw

田耐青（2006）。**知道你是誰——善用多元智能與學習風格**。台北市：日月文化（大好書屋）。

何琦瑜主編（2006）。**家庭教育：贏的起點**（頁161-166）。台北市：天下文化。

吳淑芳（2006a）。心聲愛意傳千里——談親子溝通。**北縣教育——家庭教育，55**（8），74-78。台北縣政府編印。

吳淑芳（2006b）。從界線談管教子女有妙方。**北縣成教——家庭教育，28**，20-26。台北縣政府編印。

吳淑芳（2009）。如何教育出成功自信的小孩。**頂溪國小春雨電子報，17**。取自 http://www.thps.tpc.edu.tw

吳蘇心美譯（2005）。亨利．克勞德（Henry Cloud）與約翰．湯森德（John Townsend）著。**為孩子立界線**。台北市：台福傳播。

李雪莉（2009）。中產都會家庭的教養困境——父母不是最好的老師。**天下雜誌雙週刊，419**，131-193。

汪芸譯（1998）。史蒂芬．柯維（Stephen R. Covey）著。**與幸福有約：美滿家庭七習慣**。台北市：天下文化。

張美惠譯（2002）。茱蒂絲．沃勒斯坦（Judith S. Wallerstein）、茱麗亞．路易士（Julia M. Lewis）與珊卓．布來克斯列（Sandra Blakeslee）著。**父母離婚後——孩子走過的內心路**。台北市：張老師。

張鐸嚴、何慧敏、陳富美、連心瑜（2004）。**親職教育**。台北縣：空大。

莊淇銘（2005）。**未來學能教你的事**。台北市：天下文化。

游綉雯譯（2006）。佩妮．帕爾嫚（Penny Palmano）著。**好家教，決定未來領袖II——紳士淑女是教出來的**。台北市：新手父母。

董文芳譯（2004）。亨利．克勞德（Henry Cloud）與約翰．湯森德（John Townsend）著。**為婚姻立界線**。台北市：台福傳播。

劉如菁譯（2004）。亨利．克勞德（Henry Cloud）與約翰．湯森德（John Townsend）著。**為約會立界線**。台北市：台福傳播。

盧蘇士、盧蘇偉（2005）。**陪你去環島——一個父親送給兒子的畢業禮物**。台北市：寶瓶文化。

蕭照芳譯（2005）。河合隼雄著。**走進小孩的內心世界：教養專家河合隼雄解讀孩子的心靈密碼**。台北市：天下文化。

諶攸文、侯秀琴譯（2004）。隆．克拉克（Ron Clark）著。**優秀是教出來的**。台北市：雅言文化。

聯合新聞網（2009，4月28日）燙嬰狠父檢求處無期徒刑。2009年6月25日取自 http://news.sina.com

魏渭堂編著（2005）。**親職教育**。台北縣：新文京。

第三篇
審美生活

藝術與生活

8
CHAPTER

壹 前言：藝術生活即美的學習

要說明藝術是什麼，必先說明美是什麼？天地宇宙萬事萬物皆有美，但對美的感受因人的主觀而有所不同。藝術生活的學習是一種美感教育的學習，在景氣低迷，面對明天的不確定時，仍要談藝術生活是否奢華而不務實？其實「美」並非風花雪月、不食人間煙火，而是生活中自然的感動；透過美感經驗能讓人從緊張與壓力中釋放出來。趨勢大師約翰・奈思比（John Naisbitt），接受《天下雜誌》專訪時曾說：「二十一世紀最重要的問題，是要去思考人之所以為人是什麼意思？」作為一個人，不管大環境如何惡劣，能思考、會欣賞、有感覺、愛創造，透過藝術生活——美的學習，「美」讓人享受作為人的美好，而懂得珍惜（周慧菁，2001）。

聯合國教科文組織在 1999 年 11 月，第三十屆年會中，理事長梅爾（Federico Mayor）首度提出藝術教育宣言，極力倡導藝術教育對每個人的重要性。宣言一開頭引用知名小提琴家曼紐因（Hephzibah Menuhin）的一段話：「我們的環境缺乏協調與創意，藝術在生活中付之闕如，暴力卻因而趁隙而入。」（洪懿妍，2001）可見，美育是一切教育的核心，透過美育可豐富心靈的內涵，提升生活的素質與品味，並具有化暴力為祥和的功效。曾志朗說：「人對美的欣賞與表現，是一種自我看外在世界時的協調程度，是自己與外在世界達到調和。」人性本善，善本身就是一種美；生活中對美有感覺，是因你能掌握到生活中的調和感。因此，如何培養每個人掌握對美的學習影響深遠，美感教育不能透過藝術教育去完成，應在日常生活中培養對美的選擇與品味（漢寶德，2004）。

蔣勳說：「美應該是一種生命的從容，美應該是生命中的一種悠閒，美應該是生命中的一種豁達。」多麼好的一句話，這說明了體會美感一定是令人舒服的、快樂的，而不是令人緊張憂慮的；當然更有體悟人生的哲學蘊含其中，讓美無所不包，更無所不在。培根（Francis Bacon）說：「藝術是人與自然相乘」，藝術以多元的形式存在於生活中，就等待我們用心去發現而已。因此本章將介紹藝術的內涵為何？我們該如何欣賞藝術？從生活中瞭解與藝術的相關。因為大自然中蘊含美感與生命力，如何透過掌握藝術的基本要素與藝術所呈現的形式原理，讓我們透過藝術教育扎根，先從自己感興趣的部分來欣賞，一段時間接觸後，自然能發現到藝術與大自然、大環境的美，讓欣賞美成為一種習慣，使藝術與美感成為生活中的一部分。

貳 藝術的內涵

美是一種主觀感受，當來自世界各地的人群搭乘飛機聚集在吳哥窟所看到的夕陽，和你走到住家附近公園，閒坐在涼椅上遠看的夕陽是一樣的美麗動人，重要是在欣賞時當下的心情感受。所以只要用心感受，生活中處處皆美。

一、藝術的起源

藝術在人類中是怎麼發生的？歷代美學家的研究範圍涵蓋二大類，說明如下。

㈠人類潛意識心靈本能的反映，有模仿說、遊戲說與表現說

1. 模仿說：這是古代希臘哲學家柏拉圖、亞里斯多德所主張的。認為人從孩提時代就有模仿的本能，模仿出於我們的天性，模仿他種生物的行為和狀態，一方面成為學習生存的手段，另一方面又是精神寄託的方法；在此過程中，可獲得情感的愉悅與滿足，如現代年輕人模仿偶像明星的穿著打扮、追逐流行文化。
2. 遊戲說：這是德國哲學家康德和席勒（Johann Friedrich von Schiller）所主張的。康德認為原始人類的藝術活動，是「非功利目的」的自由活動使然；藝術是由遊戲發生，是人類一種強大的本能；創作藝術時，心地純潔，不是為達到某種目的，乃為藝術而藝術。
3. 表現說：這是近世德國藝術學者希倫（Hirn）所主張的。此人曾著《藝術的起源》一書，為近世名著。藝術是美的感情的發現，起源於表現的本能。托爾斯泰認為個人為了將自己體驗過的情感傳達給別人，於是在自己心裡喚起這種感情，並用外在的標誌，如線條、色彩及言詞把它表達出來，此即藝術的起源。如聲音表現即為音樂的起源；透過言語表現，即為文學的起源；由身體表現即為舞蹈演劇的起源。

豐子愷（1987）認為，藝術的共通點是「美的感情發現」，把這感情發現當作一種衝動便可稱之為「藝術衝動」；從人類的

欲望說，這就是「美欲」。而藝術的衝動，不是單純的衝動，可說是藉由模仿、遊戲、表現、創作四種衝動綜合而成。

㈡傳達生活需求信仰和精神上欲望，有裝飾說、勞動說與宗教說

1. 裝飾說：這是德國格羅塞（E. Grosse）所主張的。裝飾是人的本能，在原始時代先有身體的裝飾，次有住居的裝飾、用具的裝飾；裝飾發達即成為藝術。
2. 勞動說：在原始時代，人們喜歡以描繪方式記錄與勞動有關的生活題材，如狩獵。所謂勞動說，是人類為求生存必須從事勞動生產的行為。在勤奮工作中為消除疲勞或抒解壓力，所共同發出的生命之聲，如早期的採茶山歌；或在狩獵爭戰前的祭典儀式所產生的歌舞形式，如原住民的豐年祭；或從記錄勞動成果而成的繪畫雕刻等造形藝術，都是人類從勞動時所發展出的各類型藝術表現（蔡昌吉、阮福信、彭立勛，2002）。
3. 宗教說：原始時代人類在宗教上就有圖騰符號的崇拜，如巫術、神論、占卜、牲祭和人祭等，種種神話的傳說、圖案的表現和大量的使用比喻。以動植物、礦物、日月、星辰或人體象徵，用來成為崇拜或讚美神的對象。黑格爾說：「從客觀和對象來看，藝術的起源和宗教最為密切，最早的藝術都是屬於神話的一類。」（邢益玲編著，2008；彭吉象，1994；蔣勳，1995；豐子愷，1987）。

二、藝術是什麼？

世間的藝術論者，曾將藝術定義如下：「藝術是假象的，非功利的，帶客觀性，而又帶個性，含獨創分子，能表現國民性及時代性的一種美的情感的發現。」（豐子愷，1987）在講求生活

水準的現在，藝術作品並非是菁英或上流社會人士才能玩味鑑賞的東西。「藝術」按字面上解釋，「藝」是指才能、技術或手藝；「術」是指技能或方法。兩個字合起來解釋則有：廣義的藝術，是指含有技巧與思慮的活動及其製作。狹義的藝術，則是指含有美的價值活動，或因這種活動而產生的產物。兩者都有精益求精的企圖（邢益玲編著，2008）。

「藝術」這名詞早期人類用來稱呼工匠技藝，到現代強調人類心靈的外現，是經過漫長的轉變過程與認定。至於「藝術」是什麼呢？藝術是審美活動的一種過程。藝術是將心靈中的物象表現於外，並呈現其獨特的思維與技巧。藉由外在的形式、材料、內容來表達，所觸動人內在情感理性或非理性價值的活動，即為「藝術」。因此，藝術品是經由創作、設計、巧思完成具有美感的作品，而這中間使用的方法、技巧稱為藝術；所以「藝術」是人類情感活動的產物。藝術的種類可以是千變萬化的，舉凡繪畫、雕塑、建築、文學、音樂、舞蹈、戲劇、電影這八大項；還有很多是不分類別的，皆是情感的產物。

藝術的體現是審美過程的重要手段，而美感是溝通現象（物質）世界和實體（心靈）世界的橋樑，進而展現出世界觀。藝術是以現實生活為起源，是藝術家主觀的思維對現實生活的反映，透過藝術的方式表達對生活的認知和理解。

三、藝術美的特點為何？

當你漫步於藝術長廊或到台北小巨蛋欣賞難得一見的「獅子王」歌劇演出，或到歷史博物館欣賞絲路傳奇——新疆文物大展，看著三千五百多年前的「樓蘭美女」時，一定會被那優美動聽的音樂、清新悅目的繪畫及感人的故事傳說，引發情緒上的激動，而使你駐足沉思，啟迪對生活真理的認識，並給予智慧、力量和勇氣，塑造美的靈魂。

戚廷貴（1987）認為藝術美可分為：⑴自然美：以自然物為對象，如遼闊的大海、茫茫的草原、桂林的山水、貴州的黃果樹瀑布等。自然美是人類社會生活美的一種暗示和象徵；⑵社會美：是指包含社會發展本質規律、體現人們理想願望，並能給人以精神愉悅的社會生活現象。社會美分為社會事物和人的美。社會美體現在工作勞動美之中，社會美的內容往往勝於形式美，特別是「善」的內容；社會美以人的美為中心，美的行為、美的品德、美的情操、美的理想、美的環境與美的生活，人的美包括內在美與外在美；⑶藝術美：是對社會生活的反映，但只能反映社會生活的片段和局部，因只有包羅萬象的生活，沒有包羅萬象的藝術。藝術永遠趕不上生活。藝術美是指藝術作品的美，藝術家「按照美的規律」，運用先進的審美觀點與審美理想，創造出來蘊含社會生活本質規律、人們理想願望，並能給人以美的享受的藝術形象。漢寶德（2004）認為美的三大向度是：⑴視覺美的向度，可用幾何學來分析；⑵是功能美的向度，與生活便利及人體工學有關；⑶是記憶的向度，是傳統與習慣的面向，與文化背景相關。

戚廷貴（1987）認為藝術美的特點為：⑴具有鮮明的形象性、典型性；⑵能打動人的情感，具有強烈的愉悅性和教育性。如《詩經》是我國最早一部詩歌總集。《詩經》開篇〈關雎〉的詩如下：

關關雎鳩，在河之洲。窈窕淑女，君子好逑。
參差荇菜，左右流之。窈窕淑女，寤寐求之。
求之不得，寤寐思服。悠哉悠哉。輾轉反側。
參差荇菜，左右采之。窈窕淑女，琴瑟友之。

參差荇菜，左右毛之。窈窕淑女。鐘鼓樂之。

此詩描寫一個青年男子愛慕一個美麗年輕的女子，全詩流露出作者飽滿的情感經驗，當我們欣賞時，會直接訴諸以審美情感，打動人的心弦，激起審美活動的浪花；⑶具有獨創性和多樣性；⑷具有差別性和共同性。

藝術美因著不同的時代、民族、歷史、團體而展現出差別性，而在共同性方面；首先，任何藝術美總要反映一定社會生活的某些本質，包含一定的客觀真理；其次，藝術是按照藝術美的創造規律來造形的，在具體個別的藝術中往往包含多方面的社會意義，具有某些共同美的因素；最後，形式美的共同屬性，也是構成藝術美的共同屬性的重要條件。如音樂美離不開聲調，繪畫美離不開色彩，文學美離不開語言。

四、藝術的基本要素與形式

面對眾多作品，我們會產生疑問，為何此件作品吸引人？藝術家為何要如此表現？創作意圖為何？所選用的材質、色調、圖案……為何？當我們能掌握藝術的基本要素，便能在欣賞時更具慧眼。俗話說外行人看熱鬧，內行人看門道。漢寶德（2004）認為理想的完美作品並非人人有能力欣賞，可從小處著手，培養自平凡中看見豐美的素養。如果我們能瞭解藝術的基本要素與形式，便能更懂得欣賞生活中的藝術美。藝術的基本要素包括：點、線條、空間、時間與動作、光線與調子（明暗）、色彩、材料與肌理（材質）等。

藝術形式的學習，是藝術創作和欣賞中非常重要的一環。形式不是個人思維的結果，其完美常是在漫長的時間被大眾共同創作、摸索、試驗、修正的最後結局。形式更非一成不變，藝術形式的法則，重要者有下列六種：⑴反覆與漸層；⑵對稱與均衡；⑶調和與對比；⑷比例與節奏；⑸統調與單調；⑹多樣統一。其內容說明如下（邢益玲編著，2008；豐子愷，1987）。

㈠反覆與漸層

反覆是指同樣的形式反覆出現，又稱「重複」、「再現」或「連續」。因為是同一性，令人一目了然，有秩序且規律，二十世紀美國的普普藝術就是最能以反覆的形式來呈現藝術風格。2009 年 1 月 1 日至 3 月 29 日在台北中正紀念堂中正藝廊展出的「普普教父——安迪沃荷（Andy Warhol）世界巡迴展」，可看出沃荷的創作取材生活圖像，創作主題大眾化。他以一系列名人肖像、消費商品的絹印版畫快速走紅，消弭商業與藝術之間的界線；因此，不論是什麼階層的觀眾，都對他的主題一目了然，包括名人、生活用品等。他將這些圖像重複排列成九宮格狀，以不同的配色來表現，就像時下青少年的「大頭貼」文化，由相機拍下影像之後，輸出好幾格的相同畫面。不過，沃荷當時之創作理念，一方面是歌頌美國消費與大眾媒體文化，另一方面又想呈現在商業社會之下，人際之間冷漠又疏離的感受。沃荷曾表示：「我真希望自己能發明像牛仔褲這樣的東西，某種令人牢記懷念的東西，某種大量生產的東西。」透過藝術創作，他的理想能達成。漸層是指在同一質量、大小、形體、色彩、空間漸次的改變其原貌，是循序漸進的變化。如音樂中的高低音階、自然界中枝葉的生長、花瓣的放射盛開。

㈡對稱與均衡

對稱是指左右相同，人生下來就喜歡對稱。生活中隨處可見對稱的事物，如人體五官、昆蟲、花卉、門柱上對聯、門窗……，燭台必成雙、花瓶必成對、詩文中平仄相對尤為慣例。對稱表現因其差異較小，容易使人產生井然有序、平和肅穆、莊重平穩、明確統一的安定感。均衡就是平衡，在形式原理中對稱是屬於均衡的一種方式，但均衡不一定對稱。均衡的第一要素是重度、第二是色彩、第三是運動方向。均衡又可分對稱的均衡和不對稱的均衡。

㈢調和與對比

調和就是相類似，有「融合」、「和諧」之意，在最小的變化中，產生部分與部分之間有秩序，且成融合的整體之感。將兩種或兩種以上大小、形體、線條、色彩、聲音，同一性質相似的事物放置在一起，其間差異性很小，即稱為「調和」；反之，兩種形式性質相反，就是對比或對照，如萬綠叢中一點紅，就是綠色對比紅色最好的寫照。

㈣比例與節奏

比例是指某一事物部分對部分，以及事物對整體的關係。黃金律是美學上的定律，即「大邊比小邊等於大小兩邊之和比大邊」，如明信片、書冊等兩邊的比例；建築中如門、窗等兩邊比例都近於黃金律。節奏是用來形容音樂的節拍，如呼吸、脈搏、身體的動作都有一定的節奏。

㈤統調與單調

一件藝術作品中，某種顏色遍滿全體，便是由這色彩統調，統調可使藝術品增加統一之感。統調中的主調特別發展起來，成了獨占的狀態，便稱為單調。

㈥多樣統一

前面所說的都包含在裡頭就是多樣統一。多樣就是有變化，統一就是有規則，有變化又有規則就是多樣統一。

五、藝術的欣賞

人類對生存世界的理解與認識，可經由哲學的、政治的、經濟的、科學的方式。哲學引人深思生存世界深層抽象的蘊含，深奧而富於思辨；政治讓人們知道自己及其所屬集團的地位與利益，機智而富於實用性；經濟則擴張了人們對財富的欲望，平凡而現實；科學有條不紊地將世上的一切可見與一些不可見物加以分析與暴露，讓人瞭解其本來面目；而藝術則有選擇的匯集上述幾種方式中具有特色的部分，展示有如一幅巨大的生存畫卷，令人深思且驚嘆折服。

蔣勳（2005）認為藝術欣賞的態度是一種專注，如專注聆聽貝多芬（Lundwig Van Beethoven）的第五號命運交響曲，可感受到敲擊命運之門的震撼；也是一種對生命的寬容，如欣賞文學藝術，透過一本小說可瞭解人生百態，便會以寬容之心，欣賞自己和他人的生命；所以藝術使我們懂得「欣賞」真實的人生。藝術與人生本就一體兩面，欣賞人生使人生變成藝術，欣賞藝術使我們更懂得寬容人生。生命的現實面苦樂參半，也不乏污穢、殘酷、不幸；如能藉著看畫、聽音樂、看戲劇或電影、讀詩、小說，在苦悶中看到舒暢，在污穢中看到純潔，在殘酷中看到溫暖仁慈，在不幸中期待一切圓滿，因此懂得欣賞藝術，懂得向美致敬，就懂得悲憫和贖罪。

戚廷貴（1987）則認為欣賞藝術美須掌握以下原則：⑴掌握藝術欣賞規律，按照規律欣賞藝術；⑵注意作品產生的時代背景，瞭解藝術家的思想傾向和創作意圖。如美國懷鄉寫實畫家魏斯（Andrew Wyeth）的作品，都以出生地賓州費城郊外小村莊查茲佛德及每年夏天度假的緬因州庫辛村為主，透過鄉村平凡小屋、山野草木鳥獸、季節變化和樸實的小人物，表現存在人類內心的孤寂感。在極端寫實優美自然景象和洋溢詩情作品中，有一股淡淡哀愁與懷鄉的感傷（何政廣編譯，1974）；(3)透過完整的藝術形象，把握藝術作品的審美特性；(4)具備一定的藝術修養，以藝術的眼光欣賞藝術。

藝術的欣賞包含對美術、音樂、戲劇、電影、文學的欣賞。

(一)美術欣賞

視覺藝術的美術作品，主要是繪畫及雕塑作品，能給人帶來視覺上的刺激，造成視覺上的驚異與新奇。如印象派、野獸派、立體派、達達派、超現實派……，由於你對各畫派的認識與瞭解，而決定你的喜歡和欣賞程度。或許你很喜歡某個畫派的畫風，或許你也會納悶為什麼有這些畫派？美術的鑑賞不但需要培養興趣，更需要具備「看得懂」的知能，把依賴天生感性的欣賞層次，提升到知性和感性交融的鑑賞境界。因為鑑賞能力可以藉後天的學習來增強。若能多接觸作品，用心吸收美術創作的內容和基本形式，及美術的發展史，必能愈來愈有斬獲。當我們觀賞畢卡索（Picasso）、達利（Salvador Dali）、波洛克（Jackson Pollock）等現代主義繪畫大師的作品時，感覺會異常強烈，在這些作品中，再也找不到現實生活的真實寫照，而是變形、誇張與抽象的東西，這能給我們帶來特殊的審美感受與體驗。因此，欣賞一幅名畫、觀看一次戲劇的成功表演，都能使我們獲得豐碩的精神體驗。

㈡音樂欣賞

音樂作品呈現的是聽覺意義上的審美享受。音樂以其特有的方式應和著人的內在的生理與心理節奏，給人的生命律動以特殊的刺激。即便不會跳舞的人，當他聽到迪斯可音樂時，不管舞步是否正確，也會有種躍躍欲試想動的感覺。音樂抓住了人們離不開聲音、離不開對悅耳旋律的心理需求，以不同層次的作品滿足人們的不同層次心理需要。至於如何欣賞音樂呢？有些人排斥古典音樂，認為曲高和寡不易瞭解。但如果您想一探古典音樂之美，那麼勤於「用心聆聽」，仍是不二法門。什麼是「用心聆聽」呢？

美國作曲家柯普蘭（Aaron Copland）在他的名著《怎樣欣賞音樂》一書中提到，一般人聽音樂的方式，可以從他投入的深度分成三個層次：

1. 從音樂的感覺面來聽：聽音樂的人，單純從聽到聲音本身而得到樂趣。如你一邊在讀書，順手打開收音機，讓自己沐浴在聲音之中，像這種不用腦筋而身心卻被吸引的情形，就是從音樂的感覺面去聽；聽音樂的目的是為了放鬆心情。
2. 從音樂的情感面來聽：對於初入門的愛樂者，音樂愈能使他們聯想到具體實物或者其他熟悉概念的音樂，愈能表達感情。不管是屬於「絕對音樂」或是「標題音樂」，只要我們能從音樂中，找到情感共鳴並有滿足感，這種音樂的體驗彌足珍貴。古典音樂中有許多作品是屬於「絕對音樂」，絕對音樂強調音樂的美是由於樂曲本身自發性的結構，而非依賴文字、繪畫等其他藝術而產生的。像是古典樂派時期的器樂曲著重樂曲形式上的美，作曲家並不以樂曲來描述事物，這種音樂就是屬於絕對音樂。另一種音樂為「標題音樂」，是描述一種思想、一個文學主題、一個場景，甚至於是描繪一個人形象的音樂，都可稱之為「標題音樂」。這類描繪音樂始於有樂器演奏之時，它們大部分都是對自然界各種聲音的模仿，如聖桑（Camille Saint-Saens）的「動物狂歡曲」。

3. 從音樂的理論面來聽：對於音樂的組成及樂曲的形式，若能有基本認識，將有助於提升音樂欣賞能力。一般樂曲講求旋律、節奏、和聲以及音色運用等各方面的美感，瞭解不同樂派的作曲家創作手法、創作意圖，使你能以知性的方式去欣賞古典音樂。

至於如何從知性的角度來提升自己的音樂欣賞能力？最簡單的方法當然就是多閱讀音樂書籍，以增進對於各種音樂形式有基本認識。如交響曲、協奏曲、室內樂、歌劇、藝術歌曲等各種不同的音樂形式，都有其獨特的表現方式，聆聽這些曲子時，欣賞的重點也各不相同，因此如能對各種音樂形式的特點具有掌握能力，才能以整體性的觀點來瞭解作品的全貌。

另外，多閱讀作曲家的傳記，瞭解作曲家所處的時代、生活、工作的背景和交友狀況，欣賞音樂時便能與傳記中所提及的故事相互印證，有助於掌握音樂創作內涵，對於所欣賞樂曲的深入瞭解很有幫助。如巴哈（J. S. Bach）終其一生都為教會工作，所以他創作了大量的宗教性音樂；孟德爾頌（Felix Mendelssohn）出生於富裕的銀行家家庭，一生不曾有過任何匱乏，所以他的音樂大都流露出明亮、優美的特質；又如莫札特（Wolfgang Amadeus Mozart）因為認識了優秀的單簧管演奏家史達德勒（Anton Stadler），因而創作了他著名的的 A 大調單簧管協奏曲及單簧管五重奏。樂聖貝多芬的一生也很精彩。文學與音樂的交融，是浪漫樂派時期音樂的主要特色之一；如德布西（Achille Claude Debussy）的印象音樂，是受了印象畫派畫家，對於畫作中光影變化

的啟發而創作。所以若能多閱讀浪漫時期的文學作品，或者對於印象畫派的特色有所認識，那麼在欣賞浪漫樂派或印象樂派音樂作品時，就會有更豐富的收穫。

㈢戲劇、戲曲與電影欣賞

戲劇屬於表演藝術中的一環，與文學密不可分。身為大學生，可透過主題資料的蒐集，觀察、分享、討論、模仿、角色扮演、對話等不同的創作方式，對主題有深入的認知，讓自己內心世界與外在社會相連接，增進對戲劇的認識與瞭解並進而懂得欣賞。戲劇的四元素，包括了「演員」、「舞台及表演場地」、「觀眾」、「故事情境」；而在這四元素裡，「演員」是四元素中最重要的，他是角色的代言人，必須具備扮演的能力，戲劇與其他藝術類最大的不同之處便在於扮演，透過演員的扮演，劇本中的角色才得以伸張，如果拋棄了演員的「扮演」，那麼所演出的便不再是戲劇。

文學上的戲劇概念是指為戲劇表演所創作的腳本，即劇本。戲劇的表演形式多種多樣，常見的包括話劇、歌劇、舞劇、音樂劇、木偶戲等。由於文化背景的差別，不同文化所產生的戲劇形式往往擁有獨特的傳統和程式，比如西方戲劇、中國戲曲、印度梵劇、日本能樂、歌舞伎等。中文戲劇一詞的字源來自於「南戲北劇」的合稱，戲指的是戲文，劇指的是雜劇，是在元代以前在中國南方與北方不同的政局與文化環境下，所形成的不同表演藝術，將兩者合稱，則是明代以後才出現的用法。

戲曲演唱形式有下面三種：⑴只說不唱；⑵只唱不說；⑶又說又唱。其中「說」的部分，又可分為「說話」、「誦」、「念」、「吟」等不同造形的語言。客家說唱音樂的形式是多樣化的，不僅在傳承音樂文化中占有重要的地位，即使在現代的大眾音樂方面也經常被使用，畢竟在唱的音樂藝術形式中，有其限制性，而說唱音樂的表現，正好能將唱無法表達的部分，完整的、完全的表達出來。只說不唱，在說的部分，不但能節省唱的時間，也能讓聽眾聽得更清楚。

台灣的傳統戲曲，可分為南管、北管、客家系統及本土的歌仔戲：⑴南管北管：廣義的南管包括南管戲曲及音樂。主要曲調是流行於泉州、廈門一帶的南管音樂。南管戲的觀眾先被「北管戲」搶走，後來「歌仔戲」興起，南管戲更被冷落，現存的南管戲團的活動已日漸減少。南管音樂，曲風典雅、緩慢，較受一般文人喜愛，但北管音樂則較熱鬧，適用於廟會場合；⑵客家系統——採茶戲：是屬於客家音樂系統的大戲，在清代中葉隨客家移民傳到台灣來，流傳在客家語系的桃園、新竹、苗栗一帶。採茶戲以客家山歌為主，承襲唐詩七言絕句的遺風，四句落板，平仄分明；⑶歌仔戲：是由台灣發展而成的戲曲，被視為是「本土的戲曲」。台灣歌仔戲源自宜蘭老歌仔陣。

電影從發明至今已近一個世紀，是綜合性的普及藝術。戲劇與影視的直觀性特點，是贏得最廣泛觀眾的重要原因。從舞台、銀幕與螢光幕上，就可以看到活生生的生活場景，觀看人生另一個情境中的艱難與波瀾壯闊畫面。戲劇與影視，集音樂、美術、文學乃至舞蹈等多元面向，能同時帶來不同層次豐富的審美享受。

㈣文學欣賞

文學從起源至今已經走過了數千個年頭，本世紀以來，曾有無以計數的文學作品被搬上舞台或改編成電影、電視劇，但仍有更多的文學作品無法化作電影或電視劇，若把卡夫卡（Franz kafka）的《蛻變》改編成電影將是無法想像的。又如《哈利波特》

改編的電影，也是大家公認不成功的，因為文學作品為讀者提供了充分的想像餘地，由讀者憑自己的經驗發揮，特別是對一些荒誕性情節的描寫上。另外，有些經驗只有靠非直觀視覺的想像才能完成，如同樣是描寫夢境。例如在閱讀莎士比亞（Shakespeare）、歌德（Goethe）、杜斯妥也夫斯基等一流文學家的作品，我們會感到自己正從一片狹小的空地，步入深遠湛藍的海洋，並進一步探索神祕的世界……。

總之，藝術的欣賞可將文學、音樂、美術、戲劇等串起來，讓自己在藝術欣賞的視野更具有深度和廣度。

參 藝術與生活的相關

每個人心中都有幾幅珍藏的畫面，也許是夕陽的落日餘暉，也許是流星劃過的夜空，也許是一望無際的芒草，更也許是一張燦爛的笑臉……。藝術與生活也就是美與生活。人生有時艱難，甚至瀕臨崩潰，美常在此發生了力量，也許是一首詩、一首樂曲……，美的記憶讓人擁有繼續往前走的勇氣與力量。親身體驗、潛移默化，是最好的美感學習方式（蔣勳，2005）。

藝術與生活若從審美教育談起，是指人們透過藝術欣賞活動，受到真善美的薰陶與感染，思想受到啟迪，在實踐上找到榜樣，知識得以擴充，在潛移默化下引導人們正確理解與認識生活，建立起正確人生觀和世界觀。藝術生活包括食衣住行育樂等面向，瞭解多元的藝術生活，可以豐富我們的生命，提升生活品質與品味。以下將從六大面向簡單述說。

一、食的藝術

民以食為天，在物質缺乏的時代，吃飽是民生大事。但隨著物質條件豐厚，各國在地域差異性下，已漸漸發展出屬於具有民族特色的獨特風味料理和美食。「食」可以是很有文化的。目前所流行的新飲食文化，告訴消費者如何「健康的吃」與如何「吃得健康」。當食物下肚時，應避免吃下有害的物質，如蔬果選擇當季的，以確保品質新鮮，食用前應注意沖洗、浸泡的正確方法，避免吃進過多殘留農藥；又如食物選擇應留意避免含過多的人工化學添加物；在烹調料理的流程上，也儘量避免油炸，注重「低鹽、低油、低熱量、高纖維」的概念。

在吃的時候，你是否曾有「體驗當下」的感覺，在吃飯時靜靜的、充滿愉悅的，用心品嚐食物的美味？當美食在前，除了將食物放入口中細細品嘗之外，觀賞食物的色、香、味及造形之美，並進一步瞭解它背後的故事或文化脈絡，吃起來更是不一樣。年輕人往往喜歡到「吃到飽」的餐廳或速食店飽餐一頓，但這很容易成為三高的一群（高油脂、高膽固醇、高血壓），不可不慎。每天多吃五蔬果，吃得精緻、簡單、營養但不過量，才是真正懂得吃的藝術。

二、衣的藝術

人類早期是穿獸皮，但隨著人類科技的進步，「衣」的意義有二，一為反映社會面貌：一個社會的面貌必然反映在人們生活的各個領域。我們可以從人們穿衣戴帽的形式看到那個時代的風貌。如中國的旗袍、日本的和服以及韓國的傳統服裝等，仔細端詳，各具特色與展現民族美。二為穿出獨特品味：衣服最基本的功能是禦寒，現在的人穿衣服已經不只是為了禦寒，也有人認為在人類文明慢慢發展以後，衣服可能變成與道德或禮貌、禮教有關。服裝雖然是一種風尚，但須思考自己的身分、身材、經濟的負荷，穿出自己獨特的品味才叫美。

三、住的藝術

「空間品質與人的生活相互影響」，人在良好境教中，行為舉止自然有禮。蔣勳認為對城市最重要的觀感，常來自於對居住環境的評論。因為「門面」就是一種建築的印象。住的藝術包括建築空間與室內設計的關係。建築代表一個文化集大成的表現，可從每棟建築物去發現建築師設計的風格與美感。到國外，最吸引我們的常是當地的建築，如走在法國巴黎的香榭大道，可看出當地建築處處展現美感，且有一定的協調性與一致性（漢寶德，2004；蔣勳，2005）。

台灣這幾年努力改善亂無章法的建築、混雜的市容，各縣市積極投入住的品質改善。如台北市努力改造社區公園並重視公共空間藝術規畫，將台北市長官邸改為很有品味的咖啡屋，使閒置空間釋放美感，讓更多人共同使用「閒置空間的再利用價值」。宜蘭的山，圓潤翠綠，水出了名的甘甜，歷經三任縣長，二十多年來對美的堅持，從冬山河整治成功到羅東運動公園及縣府大樓完工，讓縣民體會空間的美。對學校建築也要求加入自然與美感元素，同時要求房子重建時，要蓋和宜蘭自然景觀相稱的「宜蘭厝」，要求民眾認真對待周遭的環境（洪懿妍，2001）。宜蘭能成為《天下雜誌》所做的美感調查中，台灣人心目中最美的城市，僅次於以天然風光取勝的台東、花蓮，再次證明住的品質與品味須有長遠的規畫與堅持。

為了要喚起社會對人及社區的關懷和熱忱，利用重要節日在社區發起聯誼活動，讓社區中的獨居老人一同分享及度過一個難忘的節日。透過活動，讓每個人開始覺得整個社會和社區是他的家，這個時候我們的居住美學才有可能真正地提升、改善。而推動社會道德公約，也可讓台北常遇到的「路霸」狀況改善，不再強占家以外的空間。

身為大學生，我們可先從自己的「住家」及改善「社區及周遭環境」來著手。如何把房屋變成家？又如何讓家成為每個人在疲累或無助時最好的避風港？如何提升社區的生活水平，不再有亂丟的垃圾、遛狗隨意大便，都可盡舉手之勞。住家的美，可以從多種角度觀察出來，好比家的溫暖、整潔、舒適。如果每個人都很用心的經營屬於自己的避風港，即使外觀沒有豪宅、別墅般的氣派，依然具有美。因此，動手整理與布置住家，並盡一己之力，協助整理社區的環境並美化它。

四、行的藝術

現代人生活忙碌講求效率與便捷，騎快車、開快車，或是在網路上追求快速連線。但是在快速便捷的背後，是心靈的空虛；為了短暫的快感，忽視也忘記了緩慢能帶來生活中的美感。人生只有一次，匆匆忙忙什麼也帶不走，何不放慢速度，體會慢活、樂活的情趣。坐船是一種悠閒的移動方式，也是享受藝術生活的體驗；欣賞海上的景色，眺望遠處地平線及模糊層巒迭起的山嶺而身心舒暢。人生旅程，學會隨時踩煞車，避免因一味的橫衝直撞而遍體鱗傷。

在強調速食文化的今天，全球吹起了「慢活」的風潮，認為「慢即是快」，故有時捨去搭乘交通工具的快速感，享受騎自行車環島或上班的樂趣，響應愛地球、節能減碳運動，單單用「走路」認識自己的居家社區。認識上班的不同路徑，駐足欣賞沿途的風光與人生百態，快慢自如，享受生命美好的一切。當您能維持自己身體的速度感，感受到自己呼吸和步伐的一致性，便能體悟到「快感」不等於美感，讓自己活在每個當下，使心靈與所有外在空間的互動是有感覺的。

五、育的藝術

食衣住行育樂中的育，是教育的育。從小在學校所教的藝術課程，如書法、各國藝術家的故事、表演藝術等。

㈠書法的認識與陶冶情操

書法是中國特有的一種傳統藝術，是漢字的書寫藝術。漢字從圖畫、符號到創造、定型，由古文大篆到小篆，由篆而隸、楷、行、草，各種形體逐漸形成。書法的現代性並不是簡單地取決於書法藝術的形式、結構、線條等外在面貌，而是取決於內在精神的現代化。中國文字的點畫、結構和形體與外文不同。透過點畫線條的強弱、濃淡、粗細等豐富變化，以書寫的內容和思想感情的起伏變化，及字形、字距和行間的分布，構成優美的章法布局，有的俊秀俏麗，有的氣勢豪放，因此書寫或欣賞書法可陶冶情操。

㈡表演藝術

表演藝術分四大類，有音樂、舞蹈、戲劇、戲曲。透過表演藝術帶給你的是一種心靈上的衝擊和觸動。當你看到好的戲劇，讓你感動落淚、觸動深藏的記憶，或讓你開懷大笑，絕非金錢所能換得的。

1. 在音樂的藝術方面：音樂的發展受到當時社會、政治發展所影響，每個時期都有不同的音樂風格和特徵。音樂能反映當代流行的風格和時尚，同一時期作品具備某些共通的特質，如和聲運用、作曲手法、配樂等，形成不同時期的風格（style）。從基督教音樂興起到文藝復興之前，西元500至1450年間，稱為中世紀音樂。西元1450至1600年間的150年，稱為文藝復興時期。在此之前，歐洲人的思想與生活方式都是以宗教為中心，此時特點為複音音樂的盛行、樂譜印刷術的發明及器樂曲的興起。西元 1600 至 1750 年稱為巴洛克時期。巴洛克時期，是西洋音樂史上最多彩多姿，也是最混亂、複雜的時期之一。巴洛克時期是西洋音樂史上一個「承先啟後」的時代，巴哈被稱為「音樂之父」，是因為巴哈是巴洛克時期成就最高的一位作曲家。古典樂派時期是西洋音樂史上最短的一個時期，時間是從 1750 至 1820 年。古典樂派的音樂，通常都給聆聽者一種單純、明朗、優美、均衡的印象。從 1820 至 1900 年為「標題音樂」的確立。從 1900 年迄今是「印象樂派」，不論畫作或是音樂都給人完全不一樣的體驗。「印象樂派」主要給人一個驚訝的感覺，在乎直接的感受，並且不拘泥於形式上的安排，強調犀利、色彩、嶄新，打破以往和聲的作曲方式，使用全音方式來創作。印象樂派的感受很強烈，比浪漫樂派更激進，內容前衛，效果也相對的更戲劇化。

2. 在舞蹈藝術方面：根據舞蹈的作用和目的，舞蹈可分為生活舞蹈和藝術舞蹈兩大類。生活舞蹈是人們為自己的生活需要而進行的舞蹈活動；藝術舞蹈則是為了表演給觀眾欣賞的舞蹈。生活舞蹈包括有：習俗舞蹈、宗教祭祀舞蹈、社交舞蹈、自娛舞蹈、體育舞蹈、教育舞蹈等。我們可透過各種舞蹈作品與呈現，來瞭解舞蹈的本質、內涵及其在不同社會文化脈絡下的發展面貌。不同舞蹈形式及動作語彙的探索學習，可包括原住民舞、芭蕾舞、現代舞、民族舞、社交舞等。大學生可透過探索舞蹈的要素，開創並運用可能的肢體語彙，發展組織成舞句、舞蹈的片段或小品，來表達自我的意念和想法。據藝術史學家的考證，人類最早產生的藝術就是舞蹈。在遠古人類尚未產生語言以前，人們就用動作、姿態的表情來傳達各種信息和進行

情感、思想的交流。

六、樂的藝術

人們在日常生活中，總是以各種不同的方式與藝術打交道。如聆聽音樂、觀賞電影或電視、閱讀小說或散文集等，毫無疑問，藝術可以帶給人們無窮的歡樂。那麼究竟什麼是藝術呢？簡單的說，藝術是一種特殊的精神文化產品，它以感性的形式表達藝術家們對生活獨到的認識，以及藝術家們對生活中的美的發現；從而豐富人們對生活的理解，使人們獲得豐富的審美享受。因此舉凡音樂、美術、文學、電影、戲劇欣賞都是樂的部分。

肆 透過教育體現藝術生活

藝術教育在現代生活的重要意義為何呢？廣義的藝術教育強調普及藝術的基本知識和基本原理，透過對優秀藝術作品評價和欣賞，來提高人們的審美修養和藝術鑑賞力。對人們道德的完善和智力開發影響深遠，可豐富想像力、發展感知力、加深理解力、增強人的創造力、培養全面發展的人（彭吉象，1994）。生活裡的任何經驗都可以成為藝術品，但對於忙碌的人們，欣賞藝術可能是奢侈的享受。身為大學生，可從參與各種活動，如欣賞一場音樂會、運動會、觀賞畫展或戲劇展，透過參與藝術相關的活動，除了支持藝術團體外，也能因為參與其中，學習從生活裡發現美感的事物；體會美好的經驗，讓那份感動，促動心靈的悸動，提升對生活周遭萬事萬物的敏感度。

一、透過教育提升藝術素養

歐洲國家的學校藝術教育行之有年，並從校園進一步延伸到社會每個人身上，而且投入更多的人力與金錢。而台灣從 2001 年九年一貫課程實施後，也增加了藝術與人文的課程，這門課是希望回到人的內心、人的身體感覺、人的創造能力以及對美感的欣賞。2007 年 1 月 10 日高中藝術生活科課程暫行綱要意見調查報告中，也明訂普通高級中學藝術生活學科的節數和教學要項，希望能有效銜接九年一貫「藝術與人文」課程。透過教育，培養學生的藝術生活能力如下：⑴增進對生活周遭的事物有感知與判斷的能力；⑵涵養體察人造與自然物之美並知其所以然的能力；⑶具備對生活中之材料與結構認知的能力；⑷理解功能與形式之關係；⑸認識感官藝術之要素。

一般人除了透過正規教育提升藝術素養外，鼓勵民眾參與、接觸、欣賞藝術作品或活動，也可豐富藝術生活內涵。教育部也組織「藝術教育委員會」培育師資，並整理國內外的文學、音樂、視覺、藝術、舞蹈等資源，形成一個網站與教學資源中心，提供大家使用。身為一位大學生，可透過學習藝術的鑑賞力，讓藝術生活化、生活藝術化，提升自己的生活品味與品質。那應該如何落實呢？

㈠從生活中尋找自己的生活藝術：漢寶德（2004）認為人類可自愛美的天性中發展出美感文化，在大自然中找尋素樸之美。從整理舊照片、分享喜歡的收藏品，來覺察自己從事某些生活藝術活動時的動機、感受與結果，藉此提升個人的藝術品味及生活美學。

㈡加強自己的美學基礎：美的種類有工藝之美、韻味之美、雅致之美、土里土氣之美、樸拙之美、憨厚之美、巧雕之美，除了從藝術教育課程中學習外，可透過多參觀或旅行，用心觀察，加強自己的美學基礎。

㈢提升藝術鑑賞力：鑑賞力是一種知性的學習，可多聽演講或參閱相關書籍，並親自參觀各種展覽，達到能分辨藝術作品的美、醜。美是指一件作品能帶來驚奇、線條動感的韻味、作品的整體感引發的氣氛及特質。在鑑賞過程中，能試著區分藝術品的等級，如國寶級、博物館級、重要文化財、文化財或收藏級。在分級過程中，可就作品的線條、布局、主題、傳達、氣氛、水準、藝術感等多加評估。

㈣參與並體驗藝術相關活動：藝術生活化需要做到知行合一，也就是在生活中透過「停、聽、看」，做中學，在實際參觀、欣賞、創作與心得交流中，親自體會藝術品中的美。

二、重視多元智能，讓藝術不缺席

哈佛大學教授迦納提出多元智能理論，深受各國教育重視。他認為除了語文、邏輯數學之外，空間、肢體動覺、音樂、人際、內省和自然觀察，都是我們可運用接觸外在事物的方式。此觀念讓我們反思，以往上了國中容易被疏忽的非主流課，如美術、音樂、工藝、家政課的「美育課程」，是全人發展、理想教育的重要一環。因為要塑造一個有情感修養，對各方面知識能充分掌握的人，非得包含美感或藝術在內的教育項目和方式不可，因為美育對情感陶冶和知識養成，有重大影響，所以培育二十一世紀的人才，藝術是不能缺席的。

三、從恬適生活中以靜觀，覺察美

藝術需要慢慢品味，美育更要從生活中落實，如能自己選用是否具有美感的茶杯（漢寶德，2004）。懂得休閒慢活，才有靜觀的可能，而能覺察美的存在。因為在審美時，個人可體會短暫的忘我狀態，化解世間壓力與煩腦。在生活中的審美經驗，就如同生命樂章的間奏一樣，雖平淡卻富含生機（傅佩榮，2003）。

因此，如何不被速食文化所吞噬，讓生活中透過靜觀，覺察美。

伍 結語：讓藝術豐富生命內涵

法國雕刻家羅丹（Augeuste Rodin）說：「美無所不在，只是缺少發現而已。」可見只要能細細體會，藝術是無所不在的，當你能用心留意，簡單的生活中，靜觀皆有美。你是否曾停下腳步，聆聽樹上不知名小鳥的叫聲，或聆聽踩在地上落葉發出的聲響？又是否在日落黃昏時，好好坐下來欣賞遠處金黃色的餘暉？如果沒有，那麼你離藝術還有很大的距離。大自然呈現的美，就是最簡單且最真實的藝術品；不需要刻意的找尋，生活裡隨處可發現美的腳步。因為蔣勳說：「如果肯給自己一個窗口，就是給自己一個悠閒的可能。讓自己有一個空間可以眺望，看著日出日落、潮水上漲與退潮，會感覺到生命與大自然有許多的對話，而這就是生活的美學。」

對美的感受與欣賞和財富無關。蔣勳認為「終其一生，不要失去美的信仰」，認為美，其實是一種拯救。因為人生不如意十常八九，人生會碰到許多的挫折、攔阻，當生命在眾多的困惑和迷惘中，透過對美的追求，會使人有反省、有思維、有渴望、有嚮往、有對傷痛的悲憫，也有對喜悅幸福的期待。透過觀賞藝術，使心靈和創作者經歷同樣的遭遇和經驗，而豐富生命內涵。特別在全球經濟風暴中，重新省思簡樸的意義並找到單純的美，可使藝術生活不缺席。

問題與討論

1. 生活中的美是一個自我的選擇，從生活美學食衣住行來看，你是否曾料理或吃過一道生命的佳餚？當中的情緒感受和體悟為何？
2. 身為大學生的你，可能經濟來源仍是爸媽供應，或自己打工賺取零用錢，你是否思索你個人的穿著品味原則為何？你是否迷信名牌或自己有獨創的服裝美學經驗？
3. 你認為時髦是一種美嗎？為什麼？
4. 在你所生活的大學校園中，哪個角落是你最喜歡駐足的？它創造你什麼樣的心情與美感呢？
5. 你是否願意分享你住的房子或生活的社區，曾經發現的美與人文品味呢？家中哪個角落是你最愛駐足的，為什麼？

參考文獻

何政廣編譯（1974）。**魏斯——美國懷鄉寫實大師**。台北市：藝術圖書公司。

邢益玲編著（2008）。**藝術與人生：瞭解視覺藝術之發展**。台北縣：新文京。

周慧菁（2001）。美在心光亮起時。載於天下雜誌主編，**2001 年教育特刊——美的學習**（頁 16-17）。台北市：天下文化。

洪懿妍（2001）。世界向美走。載於天下雜誌主編，**2001 年教育特刊——美的學習**（頁 24-30）。台北市：天下文化。

張燕珍譯（2002）。卡夫卡（Franz Kafka）著。**蛻變**。台北市：華成。

戚廷貴（1987）。**藝術美與欣賞**。台北市：丹青。

傅佩榮（2003）。**哲學與人生**。台北市：天下文化。

彭吉象（1994）。**藝術學概論**。台北縣：淑馨。

漢寶德（2004）。**漢寶德談美**。台北市：聯經。

蔣勳（1995）。**藝術概論**。台北市：東華。

蔣勳（2005）。**天地有大美：蔣勳和你談生活美學**。台北市：遠流。

蔡昌吉、阮福信、彭立勛（2002）。**當代美術鑑賞與人生**。台北縣：新文京。

豐子愷（1987）。**豐子愷論藝術**。台北市：丹青。

休閒與生活

9
CHAPTER

壹 休閒的重要性

工作與休閒是人類生活與生命中兩個重要向度，工作與休閒互相交替也是必要的，工作之餘不忘休閒才能真切的體驗生活、感受生命（葉智魁，2006）。隨著經濟型態的轉變，休閒生活也大為改變。40 年代是不花錢的休閒，如喝茶、乘涼閒談、下棋；50 年代大家忙於生計，常是不休息拚命賺錢；60 年代經濟成長率增加，國民所得提高，休閒意識開始抬頭，講究休閒式生活的調劑，電視成為生活中不可或缺的必需品；70 年代休閒成為一種權利。

2007 年我國國民所得已突破 15,000 美元以上，產品只要掛上「休閒」兩字便行情看漲，如休閒運動飲料、休閒體育器材、休閒食品等。目前的「e 世代人類」，生活在講求快速、便捷的現代科技社會中；是一群操作網路世界的高手，生活中完全涉入電子世界。伴隨 e 世代來臨，新興的休閒活動區間也如雨後春筍般的蓬勃：如溫泉泡湯飯店、休閒度假農場、健身運動俱樂部連鎖店、多元複合式撞球俱樂部、Disco Pub、夜店及「網咖」等。特別是以網際網路服務為主的「網咖」，可說是 e 世代最新興、最具代表性的一項休閒。網際網路雖提供許多滿足休閒所需的功能，透過網路交友、聊天、論壇等讓網友不孤單，感受社群的團體感，但若一再的沉迷其中而導致生活作息顛倒，則此休閒反而造成另一項身體健康的危機。因此，如何安排正當且正確的休閒方式，是e世代年輕人須學習的技能，以避免宅男和宅女的產生。

法國哲學家杜馬哲（Joffre Dumazedier）提出休閒三部曲，其重要精神為：放鬆、娛樂和自我發展（張耿介、陳文長，2004）。休閒該怎麼做？如何休閒？到哪兒休閒？何時休閒？才可使忙碌的人們暫時得到放鬆、娛樂和發展自己，是現代人必備的課程，休閒的重要可見一斑。本章將從休閒的意義與內涵、休閒生活的安排，幫助大家更瞭解可從事什麼樣的休閒，並建構自己的旅遊世界，特別是時下流行的深度旅遊、壯遊（grand tour）、自助旅行應注意些什麼，可以透過多元的規畫達到休閒、放鬆又能自我成長與實現。

貳 休閒的意義與內涵

亞里斯多德（Aristotélēs）說：「凡在一種自由選擇、自我滿足的心態下，從事一種並無特殊目的、也不感到勞累的活動，即屬休閒。」生活中休閒常是穿插於工作閒暇中，休閒會因每人的時空需求、自己經濟考量，而做適當安排規畫與選擇。至於休閒的意義為何？凱利（Kelly）和賈得比（Godbey）（1992）在合著的《休閒社會學》（*The Sociology of Leisure*）一書中意味深長的指出：「⑴休閒教育不僅在於協助人們瞭解並直接體驗各項活動，更要協助人們認識到為什麼休閒的自由必須有其限制；⑵我們應視休閒為生命的冶煉而不只是消費。……在休閒中若不能展現我們的理想，那麼休閒不過是一個沒有意義的觀念。……休閒應使我們在精神的層次上能認識這個世界，而在這個過程中其所產生的愉悅，不過是個副產品。」可見透過休閒教育，可幫助我們更加明白休閒的意義和內涵。

一、休閒（leisure）的意義

李力昌（2005）認為休閒其範疇，超過觀光與休憩，更超過餐旅；認為休閒的定義可從工作之外時所從事的活動、時間、地點、哪些人及其範疇來討論。西方學者對「leisure」定義未達成共識，針對其字源一是源自拉丁字，意指「被允許」，也就是相對不受到限制的去做一些事；另一源自希臘字，原始意涵是一種解放、自由、自在或是免於被占有的心態與情境。中文字「休」是會意字，依靠在樹旁或坐在樹下使身心得到放鬆；「閒」也是會意字，是時間上的縫隙，即「閒暇」；透過此時間的間隙，人得以放鬆，或從事自己喜歡的活動以抒解壓力，進而讓人產生美好的經驗（葉智魁，2006）。

可見休閒的定義多到難以計數，凱利（John R. Kelly，王昭正譯，2001）認為休閒可視為時間、活動或狀況的方法。所謂休閒時間是指生存所需以外的時間；在此自由運用的時間，可以任由我們來選擇和運用。休閒活動是指遊戲、運動、文化、社會互動及一些看起來像工作但不是工作的活動，包含靜態和動態。休閒是否為一項活動，需要根據參與者是否有感受到自由，及得到預期的利益來定義。所謂休閒狀況，從整合性的休閒觀點認為，休閒是個人的認知、自願性和愉悅性（張耿介、陳文長，2004）。可見休閒跟必須做的事是不同的，休閒是可以自由選擇的，其動機大多來自內在本質（王昭正譯，2001）。因此，參與者的自由意願和享受其中是最重要的考量。

二、休閒教育

傳統的休閒教育不僅重視休閒教育對個人學習和生活的涵化功能，同時也重視休閒活動對個人的修心養性，甚至於透過休閒教育來教化人民，把治民理國的重責大任融合在休閒教育中來實踐（林東泰，1992）。所以休閒教育的意義，是指含有從事休閒遊憩，所必須具備的知識與技能的教育。

一般而言，休閒教育有兩個意涵：一是一種持續的過程，透過這樣一個過程，個人可以認識自我、增加休閒技能、瞭解休閒意涵、培養休閒素養與休閒倫理、豐富個人生活、滿足自我實現需求、提升生活品質、改變個人生活型態、促進社會安定和諧。二是在教導人們善用空閒時間，從事有意義的活動，體驗休閒心境及培養自我決定和行動能力的一種教育，藉以培養積極正面的休閒態度與休閒價值觀。

余嬪（2000）整理休閒學者與組織對休閒教育的特色為：(1)不只是活動技能的學習；(2)是充滿許多的選擇性；(3)休閒教育是不斷和持續發展的動態過程；(4)是每個人的權利；(5)是全面整合的。慕迪（Mundy，引自林東泰，1992）認為休閒教育應該達到以下功能：(1)在自我認知方面：瞭解自己的休閒興趣和期望；確認自己休閒品味；選擇符合自己價值的行為。(2)在休閒認知方面：能夠瞭解休閒的意涵；擁有豐富的休閒經驗；結合休閒和自己的生活方式；認識休閒和社會結構的關係。(3)在休閒技能方面：個體能規畫自己的休閒生活；具備各種不同休閒的入門技能；對自我選擇的休閒活動擁有高度的技能。(4)在休閒決定方面：能夠蒐集各種休閒資訊；選擇各種不同的休閒途徑；確認各種休閒活動的結果；選擇適合自己的休閒活動；自我評估自己選擇的休閒活動。(5)在社會互動方面：個體能藉由溝通技巧達到休閒目標；確認休閒活動中適合自己的社會互動模式與關係；運用休閒活動中適合自己的社會互動關係以達成自我實現。

可見休閒教育可以創造讓所有參與者體驗休閒，讓人們建立選擇的機會，可以在有意義的休閒追求上作決定；給自己透過休閒提升生活的權力，培養相關技能，讓自己達到一個平衡且專注的生活型態（黃振興主編，2008）。因此休閒教育的目的是希望教育大眾，利用休閒知識與經驗提升生活品質，善用對自我覺察的知識做休閒抉擇，擁有休閒技能去引導休閒生活和休閒經驗，達成自我實現的目標；更能使用休閒資源來加強和充實生活經驗，擴充人脈，更深入瞭解社區及與休閒相關的設備和場所。

三、休閒與生命歷程

12 歲的你，假日可能花很多時間去打籃球或上網聊天；18 歲的你因為休閒技能增加了，和好友打桌球或馳騁於綠色草地踢足球衝鋒陷陣，或到海邊來場沙灘排球，或者到溪邊烤肉、戲水聯誼，或者漸漸沉迷在網路中。25 歲的你經濟較有基礎，或者規畫出國旅遊或來趟單車環島之旅。40 歲邁入中年，會選擇健走或和好友一起登山旅遊、喝下午茶、聊八卦，等到 55 歲體力走下坡，可能坐在家中看電視的棒球比賽或世界足球賽的轉播。

可見，同一個人在不同的生命歷程中，因角色的轉換，和身分地位不同，會從事不同的休閒活動，也在找尋自我存在的價值。如上班族的高階女性主管，週一到週五須主持接續不斷的重要會議，但到週末假日卻可以陪著女兒上圖書館參加親子說故事班，或在家裡和孩子玩扮家家酒。叱吒商場的男性CEO，下班後可能到高爾夫球場繼續休閒兼談生意的聯誼活動，也可能到健身房運動，讓自己釋放壓力。美國學者凱利（Kelley，引自洪鳳儀，2000），將休閒分成四大類：(1)無目的的休閒：感覺上是輕鬆和自由沒有義務和責任，是解放純然的忘懷享受；⑵補償性、恢復性休閒：在工作中所失落的，透過休閒來滿足，如下班後到高爾夫球場或瑜伽班報到，伸張筋骨、排解情緒；⑶人際式、情感式休閒：為了維繫家人、朋友、同事間的感情，所積極從事的活動；⑷角色、義務式的休閒：此休閒是責任的延續，如安排員工旅遊、聚餐、自強活動。

生命是個歷程，是一個連續和改變的歷程；人終其一生都在尋找自己是誰，如果能將焦點放在休閒角色和認同上，透過瞭解休閒如何與家庭、工作和社區角色整合或發生衝突，將可在生命發展中開展多元有內涵的休閒生活。瞭解休閒所提供有關自我表現及團結一致的機會，或許是其他角色所無法提供的；最重要是讓休閒不再只是放鬆而已，而能在往後的生涯中，隨著生命過程變化，更瞭解休閒的意義、限制和機會是什麼。

㈠休閒角色和認同

休閒是許多人形塑自我，追求認同的場域。相較於其他社會性活動，休閒是一個提供更多個人自我空間的場所，可以發展出個人選擇的角色認同和互動對象；它也是一個平台，人們可以協商彼此的劇本角色，進行各種互換。當一個人考慮休閒活動的時候，會因角色不同（父親、母親、男女朋友或情人），決定其活動內容和型態。這是因為當一個人處於一個角色時，由於角色所賦予的定位、持續以及與他人的區別，會發展出對休閒角色的認同（李力昌，2005）。

在西方文化中，家庭的「生產」時期與工作生活，被賦予相當沉重的壓力。休閒是一種多元現象，並非由一個社會因素來決定，而是和其他因素有所關聯，因此在生命過程的架構中，將家庭生命週期和工作——教育生涯結合。瑞波特（Rapoports，王昭正譯，2001）指出，人類休閒生涯可從準備期、成家立業期、再整合與成年晚期，均歷經休閒角色和認同的相互調整。

1 準備期：尋求個人身分、發展社會身分

孩提時代的休閒是為學習和表達，因此喜歡從事各種遊戲和比賽，以追尋平衡和穩定，並為往後所需扮演的角色做準備。國外分析十幾歲少年的休閒，發現年輕人有認同的危機，忙著探索自己使身分透明化。而年輕成人則是全心投入社會身分，甚於個人身分；因此認為在 20 歲以前，是繼續探索及測試自我，以追求獨立及找到性別身分。年輕人的休閒興趣是多彩多姿的，有各種不同的社會舞台，幫助他們嘗試慢慢浮現的自我。對某些人而言，學校活動代表一切，但也有些人認為校外的社會場景才是最重要的；如社團、酒吧、球場、街角、購物中心，這些場景不但可探索自己，休閒的顯著性也非常重要。

對於信心充足、喜歡變化的學生時代後期（高中和大學時期），是令人興奮和探索的時代。學生生活中有一部分是為未來做準備，此部分生活表達性最強，他們的自我表達，乃是透過衣服、汽車、音樂來說明，是最能透過團體認同的符號來塑造，也是最重物質的時期。因此，常見學校中廣開各類社團，如熱門音樂社、戲劇社、熱舞社、山地服務社、登山社、詩詞吟唱社、童軍社、各類球類社團……，以幫助學生接觸多元休閒機會。此關鍵過程發生在學校、運動、社會活動、約會、假期旅遊、活動團體、社團和其他「年輕人」的活動。透過休閒提供學習、探究和測試新身分的時期，而在休閒中呈現自我的新元素、測試新的角色及接受新的身分；如對於男學生，運動乃是其發洩侵略及決定互動作用的主要地方。在過去，社會活動一直是女性發展的一個主要舞台（王昭正譯，2001）；但隨著兩性平權觀念，筆者認為休閒活動應重視提供更寬廣的機會，給準備時期中的男性和女

性，而不應再局限於性別的選項。

充滿創意與精力無限的學生時期，其標新立異或創意無限，不過是即時性的元素，不但在團體中具有意義，而且可以在眼前獲得滿足；這就是學生的休閒生活。在此休閒中才有可能找到最直接、深刻的自我定義。有些大學生都會抱怨，父母責怪他投入太多時間玩社團，除非他承諾也能兼顧功課表現。如果父母對休閒在人生的準備期的重要性有更多的瞭解，也明白在社團的組織裡，孩子所從事的決定、行動和反應，可能對身分產生最深刻的影響，並能幫助他們學習更認識自己，或許可和孩子討論如何做時間規畫，兼顧課業和休閒。

其實戀愛、約會等求愛的行為，也都是在休閒下發生，彼此主動邀約的活動，如聽音樂會、去跳舞、運動、爬山、戶外活動，或在家看電視、看電影、聽音樂、聊天等，都是製造休閒機會，透過認識彼此、建立友誼，甚至與對方有更進一步的交往，並發展關係，為未來尋找另一半做準備。很多的企業界或公司，會在週休二日辦理未婚聯誼休閒活動，其實也在提供學生時期錯過機會學習的社會人士，提供彼此見面和建立關係的好機會。

2 成家立業期：單身和生活投資及休閒家庭環境

成家立業是在一個社會系統中，找尋並鞏固一個定位，並且專注於扮演生產的角色及其相關報酬；透過整合各種角色，形成一致性的生活型態。家庭和工作事業是此時期核心，對於單身和積極想要結婚的人，休閒生活不太一樣。對積極想要結婚的人，單身酒吧、社團、舞會、男女雜住的公寓、教堂，都可進行休閒交流。當有家庭時，照顧嬰幼兒幾乎占去生活的全部，如何在時間、空間、技巧、同伴、設備、金錢上多考量，並計畫較可行的休閒活動，使自己在家庭和工作壓力蠟燭兩頭燒下，選擇較不使自己更疲憊的休閒活動，如在家中規畫休閒活動，談天說地、餐後閒聊、下棋、看電視、親子共讀或做家事，重視發展和建立家人緊密關係的休閒活動。

3 再整合與成年晚期：接受自己、投資健康

瑞波特（Rapoports，引自王昭正譯，2001）指的末期，是當成家立業晚期、孩子離開校園而年齡接近退休的時期。此時期成人重新評估他們自己和生活，並開始結束事務，即被稱為「再整合」時期。在退休前這幾年可以嘗試參與一些比較耗時的活動，或搬到擁有自己喜歡的休閒設備的地方，或者去旅行、拜訪親友。當然，接受自己慢慢將工作上的角色和身分放下，可以計畫旅行及擴大發展自己所愛的休閒活動。一般來說，在工作上較滿意的人，比較容易對他們的退休休閒感到滿意。當然健康和財富上的擁有也是主要因素，如果退休人士擁有足夠的資源，和休閒夥伴的社團，休閒身分可使他獲得自我尊重和自我實現。老化和休閒或許有似是而非的矛盾，但即使是喪偶寡居的人，都可因為自己願意走出來和一群新的人發展社交生活，嘗試新的休閒活動而建立新的親密關係。

顯然因著角色和生命歷程的發展，考量家庭責任、社交需求、健康及經濟狀況，而會做出不同的休閒選擇與規畫。

㈡休閒和身分追尋

休閒是最大自由的生活空間，是生命完整的一部分；也是其中最不受時間表和需求限制的空間。休閒提供機會讓我們選擇，以滿足個人不同的需要（王昭正譯，2001）。休閒是一追求自由的活動，當你覺察到新的機會時，就會產生新的活動和興趣。藉著接觸新的夥伴，開拓新的視野；即使退休的人，只要願意嘗試新的休閒活動，仍會有不同的意義和人生體會。因此，身分的形成並不只限於學生和年輕人，而是終生的過程。退休後時間很自

由，擁有足夠資源和休閒夥伴，只要是和自己喜歡的人在一起，可避免因為失去工作的認同，而不知如何生活得愉快。許多退休族的人安排拼布、寫書法、繪畫、學國標舞、學外語等，都是透過較知性的休閒安排，滿足自己年輕時因為忙於工作無法從事的活動，依然具有休閒和找到人生價值，並再次追尋自我與自我實現的機會。

參 休閒生活的安排

休閒活動的參與，不論是自己主動或被動的選擇，最終目的都在均衡生活，包括抒解壓力、豐富生活體驗和調劑精神情緒，重新產生前進的動力。張耿介、陳文長（2004）以大專生為研究對象，探討大學生對休閒運動之體驗情形，共包括流汗健身、心情愉悅、人際互動、力與美感、激勵鬥志等五個因素。快樂的休閒生活具備以下幾個要素：⑴能跳脫刻板的生活環境；⑵尋找自己有興趣的事；⑶保持興趣逐漸深入；⑷能與他人同樂；⑸能夠服務他人（許嘉祥譯，1997）。

一、休閒活動的類型

你平常都如何安排你的休閒生活？你會從事何種類型的活動？參與的頻率如何？如每週會有幾次？每次進行多久？

休閒活動的類別包括：⑴知識性：如逛書店、閱讀、寫作、進修等；⑵體育性：如旅行、爬山、健行、慢跑、游泳、上健身房、做瑜伽等；⑶藝術性：如攝影、書法、觀賞戲劇、音樂表演、繪畫、玩樂器等；⑷作業性：如化妝、美容、做手工藝、烹調等；⑸社交服務：如訪友、聊天、參加宴會、社團活動等；⑹娛樂性：如看電視、看電影、逛街、玩電動、上網、吃零嘴聊天等；(7)休憩性，沉思、休息、打坐、祈禱、念經文等；(8)與小孩有關的活動：如玩扮家家酒、念書給孩子聽、上親子圖書館等（余嬪主編，1998）。

筆者認為休閒生活既是追求身心靈整合的均衡生活，那如何安排休閒生活就非常重要，舉凡從事閱讀喜歡的書籍、聽音樂與藝術欣賞（參見第八章藝術與生活）、旅遊、運動、極限探險運動、探訪大自然等都是。一個人願意將閱讀當作休閒，不只可選擇閱讀電影、閱讀人生、閱讀大自然，當然更可閱讀自己有興趣主題的書，充實某方面專業，而達到終身學習；更可透過作者眼光站在巨人肩膀上，深入瞭解人生百態，這是一種最自由最方便的休閒。若經濟不允許，善用公共圖書館和一些免費展覽的資源，都可達到知性和感性的學習。

二、休閒生活的選擇

瞭解休閒的歷史觀作為選擇正確休閒的參考，並考量個人人格特質，選擇合適的休閒活動，可活出均衡美好的生活。

(一)瞭解休閒的歷史觀

李力昌（2005）從休閒歷史觀「科技、都市化、休閒商品化」三方面，探討休閒活動的轉變，有助於幫助我們做出正確休閒的決定。

1. 科技的影響：重要科技之發展對休閒型態影響是全面而深遠，如電視、收音機、電腦、網際網路的發明。如果無法抗拒科技產品帶來的快速、便捷與休閒的多樣性，可能沉迷於其中無法達到休閒放鬆且有害身心及造成人際間的疏離。如電視的發明，占據人類太多的時間，讓以往常在下班後在樹下乘涼聊天的光景不再，而是疲憊回到家，坐上沙發，目不轉睛盯著螢幕看，或者不斷轉台，搜尋想觀賞的節目，而使家人團聚談心的時間少之又少，運動的時間更是闕如。收音機與留聲機的發明，使音樂會從貴族菁英的活動，變為人人待在家中即可享受的樂趣。網路和電視遊樂器的發明，讓很多青少年沉迷，甚至上癮於虛擬的世界中而無法自拔。汽車、越野摩托車、重型機車、滑翔翼的發明與普及，讓休閒空間大為擴張，人們從休閒中不斷挑戰自我的極限，因此如何兼顧安全考量，不可不慎！

2. 都市化的影響：過去農業社會，集中在鄉村地區；現在是工業化與都市化，人們集中於都市，可利用的空間變小，與人的互動方式改變，互動的對象也改變；從有血緣關係的他人，變成大多已沒有這種天然連帶關係的人為主。透過休閒可發揮整合社會、降低衝突，引導人們精力與情緒發洩的管道與功能。
3. 休閒的商品化：休閒以往是貴族享有的特權，今天的休閒以旅遊和戶外活動為主。休閒的選擇從時間的運用、長短、休閒活動的內容與方式到休閒活動的對象，都有很大的改變。因此，掌握休閒的演變並知其利弊，有助於做出更正確的休閒安排。

科技發展與都市化讓現代人的休閒從社區轉為家庭，從公眾轉為私密，從依賴他人轉為依賴非人的技術（Kelly & Godbey, 1992）。而休閒的商品化是一種行銷策略，在選擇時更須加上理性判斷。

㈡人格特質的影響

休閒的選擇及偏好，會因著個性及人格特質而有差異。如：⑴功利取向者：可能集中在對財富的追求，如玩股票或學英文；⑵獨立取向者：追求展現個性的玩意，如跳舞、撞球、打麻將；⑶流行取向者：喜歡打扮、逛街、聽流行音樂；⑷刺激取向者：喜歡賽車、重型機車、跳傘、玩滑翔翼；⑸家庭取向者：喜歡與家人相處、看電視、聊天；(6)領導取向者：善於交際，喜歡參加扶輪社、獅子會、旅遊、爬山（余嬪主編，1998）。可見，個性內外向的人，所偏愛的休閒型態差異很大。

其實休閒生活安排，牽涉到個人在時間、金錢與健康上考量。筆者認為休閒安排可以「PLAY」作為安排的原則：

1. Plan——要先有計畫：休閒應納入每人的年度計畫中，不只將時間做安排，更要有計畫的存錢作為休閒預算。
2. Leisure——空閒：休閒是將心理被工作、生活所占滿的壓力掏空出來，讓自己處於空閒、輕鬆的狀態。休閒不一定出國，到鄉間走一走，或爬爬山或在家種花、蒔草都是一種放鬆。
3. Art——藝術：休閒度假可以是多元且有人文藝術的，聽場音樂會、看場展覽都有助於人文素養的提升。
4. Youth——透過休閒重新充電，找回對人事物的關懷與熱情，也才能永遠保持青春、活力與健康。

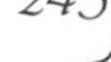

三、如何尋找、利用與開發休閒資源

(一)休閒資源的種類

休閒資源可分為以下五大類：(1)人物：如音樂、美術、文學家的故居或紀念館，都可作為尋訪重點，如三峽李梅樹紀念館、永和市楊三郎美術館；(2)文化：如世界各地歷史博物館、風俗民情、傳統節日、飲食生活、文化，都可作為深度之旅探訪重點；(3)地理：如湖泊、高山、各地旅遊聖地；(4)景觀：各地地標如台北市 101 大樓、烏來雲仙遊樂區、京華城大型購物商圈；(5)產業：如古坑咖啡、手工藝品、三峽藍染、皮革等。

㈡蒐集資訊的管道

懂得蒐集休閒資訊，使自己在做選擇時更有方向。如休閒旅遊雜誌、網站、休閒達人部落格、政府休閒遊憩系統、旅遊手冊、大眾傳播媒體、圖書館、組織協會、教堂、寺廟活動、旅遊展、自身或朋友經驗、各類旅遊書籍。

透過蒐集休閒資訊及瞭解休閒資源的種類外，最重要仍是知道如何利用？首先應瞭解自己的休閒需求，並不斷拓展對休閒資訊的認知，利用休閒遊憩服務設計休閒內容。具備評估休閒活動或場所的品質，並培養對自然、文化資源的正確態度和行為規範；能學習尊重自然、親身體驗，共享資源及具備永續發展的概念；讓自己從參與中運用創意與冒險精神，不斷開發休閒資源，甚至可創立社團，尋求同好，組織休閒團體。

肆 如何建構自己的旅遊世界

旅遊就是旅行遊覽活動，是一種非常好的休閒型態，但它也是一種複雜的社會現象。旅遊會涉及到社會的政治、經濟、文化、歷史、地理、法律等各個社會領域。廖和敏（1999）指出，旅遊不只是去驗證別人的經驗，也不只是發現美景而已，更是去建構自己。在旅行中可反思：是行李去旅行，還是你自己？因此如何規畫一個輕便行囊上路，卻能心靈滿載而歸；攜帶中文書、掌上型電腦（可寫下旅遊札記與心得）、相機、筆記本、筆，都是不可或缺的。

一、旅遊的目的與分類

旅遊會因其目的性而做適當分類。旅遊的目的有：休假旅遊、生態旅遊、畢業旅遊、蜜月旅遊、會議旅遊、商務旅遊、宗教旅遊、科學考察旅遊、互助旅遊（交換旅遊）。旅遊的分類有：(1)短期旅遊：到居住地及工作以外的地方，進行遊覽活動；(2)跨國旅遊：A 國的人到 B 國進行遊覽活動；(3)出境旅遊：對某國來說，其國民到其他國家旅遊，稱為出境旅遊；(4)入境旅遊：對某國來說，其他國家國民到其國家旅遊，稱為入境旅遊；(5)本地／本土旅遊：離開居住地，到國內其他地方旅遊。如南投人北上參觀 101 大樓；(6)互助旅遊：互助旅遊或稱交換旅遊、住宿交換，是指透過互相幫助、交換，進行的旅遊方式。參與互助旅遊的一方（主人）可向另一方（客人）提供住宿或招待，以盡地主之誼。互助旅遊可節省旅費，更可因當地人的介紹，而玩得更深入，比背包客更為深入體驗的文化交流。目前國內外都有類似媒合的平台，提供配對旅遊服務。

二、旅遊的規畫

旅遊是現代人在工作告一段落的休閒安排，以抒解壓力、重新充電、拓展視野，因此旅遊的相關知能很重要。旅遊規畫首先要瞭解旅遊目的；其次選定日期、地點；並進行愈完整的蒐集資料和最好的行前準備；然後很有想法的出發；讓賦歸時，能將每日的心得反思，重新整理。內容可包括：(1)旅遊的收穫；(2)人際關係的拓展；(3)生活經驗的體悟；(4)獨立生活的自覺；及(5)培養對於世界的瞭解。

台灣詩人瘂弦說：「一個旅行者最好是『帶著自己的故鄉去旅行』，因為在故鄉與他鄉之中，知道什麼是該記取的，什麼是故鄉或他鄉不足的。」（陳義芝主編，1998）藉著旅行，學習各地的文化色彩。到某地，或許先前早已對這些名人的生平、作品有深入瞭解，所到之處都在印證所學、所知，參觀起來別有趣味，這絕不是走馬看花者所能感受到的。或許透過旅遊可感受到「旅行就像一種更偉大、更深沉的科學，可引領我們找回自己」。

透過旅遊規畫，讓自己讀萬卷書不如行萬里路，兼顧知性、感性並能達到放鬆休閒。使自己從制式的思考和反射性的生活模式中解放出來，讓旅遊不再是只是感官的高潮，而是生命的滲透與更新。

三、中外名人旅遊經驗

中外名人旅遊經驗何其多，特別舉和大學生年齡相仿的何英傑。何英傑在他當兵回來25歲，未工作前，進行365天的世界之旅。在旅行中讓自己去流浪，腳在旅行，心在讀書。在旅程中看見自己，鬆動熟悉的模子，開創嶄新的一面。當徬徨少年時，教授的告誡如醍醐灌頂：

> 年輕時都在想，我在做什麼？大一點想，我能做什麼？最後想我做了什麼？與其等待機會，不如讓自己到國外看看，拓展視野。（何英傑，2008）

教授的一番話，讓他下定決心旅行去。尋求家人的支持完成人生的夢想，並將自己一年的旅行札記集結成書分享他人，讓走過必留下痕跡。

另一位全球矚目英倫才子艾倫・狄波頓（Alain de Botton），以其文學的筆調呈現旅行所見所聞的心靈之旅，透過以旅人為主體，而非以行程或地方的旅行書，探討我們何以對某個地方情有所鍾？卻不得不回到真實生活中避免失落感（廖月娟譯，2002）。艾倫・狄波頓認為在旅途中，如何補捉稍縱即逝的美？

他深受到英國約翰·羅斯金（John Ruskin）的影響。羅斯金認為：⑴美是由許多複雜因素組合而成，對人的心理和視覺產生衝擊；⑵人類自然而然會從內在對美產生反應，也會產生想要擁有美的欲望；⑶想要擁有美的欲望比較低等的表現，如購買紀念品、地毯、把自己的名字刻在石柱上、照相等；⑷想要好好擁有美，唯一的方式就是透過瞭解，讓自己去感覺美的心理和視覺因素；⑸要達到這種瞭解，最好的方式，就是透過文筆或畫筆來描繪美麗的景物，不管自己是否具備此才華。

透過旅行，要好好吸收一片樹林的景色，可問問「莖如何與根連結？霧從何處來？為什麼一棵樹的色澤比另一棵樹來得深？」如此體會到大自然的奧妙和美。旅行中讓自己慢慢走，可以思考、駐足。因為人的輝煌之處不在行進，而在親身體驗；透過留意細節，享受慢活、樂活。因為相機會使觀看和注意之間界線模糊，若能以素描方式描繪所見美景，取代相機快門；將會因為從容悠閒行進，而使自己變得更健康、快樂、敏銳且更聰明。

透過旅遊經驗，文字整理寫書出版者比比皆是，旅行者帶著書本、經驗和哲學思辨，透過所到之處與地方的人文、地理、風俗民情交互產生的情愫與心靈悸動，帶來對生命的體悟與感知，經歷生命的洗滌與淬鍊，重新定位人生努力的方向與自我實現，將是旅遊的最高價值，也是年輕人可學習的。

四、生態旅遊介紹

「生態旅遊」此術語在 1983 年，由世界自然保護聯盟（IVCN）首先提出。其歸結出生態旅遊的三大特點：⑴生態旅遊是一種仰賴當地資源的旅遊；⑵生態旅遊是一種強調當地資源保育的旅遊；⑶生態旅遊是一種維護當地社區概念的旅遊。學者赫克特（Hector）將生態旅遊定義為「到相對未受干擾或未受污染的自然區域旅行，有特定的研究主題，且體驗或欣賞其中的野生動植物景象，並且關心區內的文化特色」。

國際生態旅遊學會（The Ecotourism Society）在 1991 年為生態旅遊下了一個註解：「生態旅遊是一種具有環境責任感的旅遊方式，保育自然環境與延續當地住民福祉為發展生態旅遊的最終目標。」（TIES, 1991，引自環球技術學院生態旅遊教育暨技術資源中心網站，2000）可見生態旅遊反應了三個要素：⑴比較原始自然的旅遊地點；⑵提供環境教育機會，以增強環境認知，進而促進保育生態的行動；⑶關懷當地社區並將旅遊行為可能產生之負面衝擊降至最低，增進社區居民福祉。因此，生態旅遊是以環境教育為工具，連結對當地居民的社會責任，在不改變當地原始生態與社會結構的範圍內，從事休閒與深度體驗。

因此，隨著國際上生態旅遊風氣與需求日益提升，各國國家公園與保護區發展一系列的生態旅遊規範。如何將旅遊規畫和關心地球環境與生態充分結合，是年輕人不錯的選擇。因為深度的旅遊應是娛樂和知識相結合，如在樹上釘一個平台，翻書閱讀、賞鳥及對生態的瞭解，以提升人文素養。

五、壯遊

有一種旅行，方法很貧窮，卻可以改變人的一生。這種旅行，西方從十六世紀末傳承至今，那就是壯遊。這是透過旅遊，培養獨自「闖」的能力，以開創個人與國家的競爭力（陳雅玲，2007）。「壯遊」指的是，時間長、挑戰高、與人互動深的「大旅行」。英國最新教育報告結果，「壯遊」能有效提升個人競爭力。舉凡古巴革命家切．格瓦拉（Che Guevara）、中國偉大史家司馬遷，都是年輕時勇敢出走，才開創個人及國家的新格局。在歐洲，「空檔年」就是歐洲年輕人「轉大人」的階段，他們絕大多數是藉由出國壯遊，來完成這項成年禮。台灣有一群人用自己的筋骨，體驗世界之大，改變一生：電焊技士，讓小孩休學一年，全家騎單車環球，學會勇敢；23 歲女學生，深入印度貧民生活睡四十人房，學會隨遇而安。全世界第一位以雙腳徒步、騎車，完成環球壯舉的人，就是中國的潘德明。

行政院青年輔導委員會（引自 www.nyc.gov.tw/chinese/03_qa/03_detail.php? ID=5&SID=156&Type=-24k）在網站上提供年輕人旅遊學習。規畫青年壯遊台灣感動地圖如下。

㈠持續辦理暑假「遊學台灣」活動

持續與非營利組織及大專院校合作，於暑假推出「遊學台灣」（藝術文史、在地生活、生態冒險、原住民部落、節慶祭典探索）主題活動，以達人導覽、體能探索、觀光旅遊、公共討論、國建參訪、DIY 體驗為活動核心元素，發掘新的感動點，並持續倡議及落實「責任旅遊」精神。擴大與相關部會合作，如協調國防部提供離島軍事訓練設施之活動，增加活動豐富性、多元性。另外，參考國外經驗建立輔導及培訓機制，以確保品質及安全，並研究認證系統，推動模組永續經營，與相關產業策略聯盟。

㈡創新研發旗艦活動

每年公開徵求十個「青年壯遊台灣」計畫，鼓勵國內外青年以個人或組隊，自行規畫提出獨特、有創意、具主題或議題，與地方社會文化互動或有自我挑戰精神的計畫，經獲選提供合理補助完成夢想，並留下實踐過程的記錄（如文字、照片、影音等），藉此發掘出「青年壯遊台灣」的典範，並鼓勵至大專院校及高中職演講，分享其感動的故事，以帶起青年壯遊台灣風潮。

㈢推動自行車運動

結合體委會推動自行車日運動，辦理單車環台活動，鼓勵青年以單車認識鄉土、行遍台灣，並推動單車成年禮制度。

盧蘇偉送給 13 歲兒子的畢業禮物，是靠著勇氣和決心，花了九天親子騎單車環島一周，陪著孩子實現夢想。行前完善的規畫與準備，過程中彼此激勵，展現毅力與堅持，並將面對生命的態度與心得，做了詳盡的記錄與整理，出書並捐出版稅給推廣單車環島的基金（盧蘇士、盧蘇偉，2005）。盧蘇士、盧蘇偉（2005）在自序中寫到「給自己一次成功的機會」，生命中任何的機會都是好的，即使這些機會超出我們原本的預期，也是生命的一部分；因為許多出乎意外的狀況，才豐富生命經驗。

一個成功人很重要的特質，就是對自己充滿自信；自信來自於成功的經驗，因為曾經成功，相信努力一定可以得到他要的結果，所以願意持續不斷的堅持，努力再努力只是一個習慣而已。蔣勳說：「下一代失去了『闖』的能力，我們的競爭力都會失去。」不管你有沒有錢，一生中，都值得有一次「壯遊」。

六、自助旅行

為什麼那麼多人喜歡自助旅行，這種愈來愈興盛的旅遊方式，好處有以下三點（易博士編輯室、尤紀凡，1999）。

㈠自主性強：行程和時間自己安排，自己決定食衣住行育樂，不會有跟團「上車睡覺、下車尿尿」的情況。

㈡深入有主題式：可貼近當地人生活，親身體驗不同生活型態，現在流行的一種旅行風是主題式旅行，如參觀各地美術館或品嚐各地美食。

㈢是很隨性的：到哪裡或待多久都由自己決定，每天隨意大街小巷閒晃，沒有絲毫的約束和壓力，是放逐自己最好的方式。

自助旅行要具備的條件有七：最重要的是勇氣和決心，其次是應變能力和做好事前準備工作，最不重要的條件是出國經驗。

㈠語文：具備一點英文就可上路，不一定要懂旅遊地的語言。

㈡勇氣：面對陌生環境，很多不可預期和意外可能發生，勇氣是成行之主因。

㈢應變能力：良好的應變能力可以化險為夷，化危機為轉機。

㈣判斷能力：遇到人搭訕怎麼辦？如何避免被偷、被搶，須提高警覺作決定。

㈤不怕麻煩的心理：凡事靠自己，要耐煩，以欣賞感恩的心情，感謝每件事的發生。

㈥事前準備工作：對旅行目的地的住宿、交通、商店營業時間，應事先查閱相關資料，對旅遊景點、節慶、風俗民情可深入瞭解，來趟深度之旅。

㈦出國經驗：若有跟團出國經驗，對各種手續、購物須知較熟悉，也較瞭解旅行目標。

每個人建構自己的旅遊世界，不管是自助、壯遊、跟團，都得考量自己的經濟、體力、時間和目的性。想要讓自己來趟盡興、愉快，並降低旅遊風險，在出發前二至三個月便需要擬定旅行計畫，內容包括：⑴預估經費：決定吃住品質；⑵決定地點：自助的目的考量後，在天數和預算都許可範圍內決定地點；⑶蒐集資料；資料蒐集愈豐富，玩起來愈安心；⑷尋找同伴：和好朋友一起自助是最開心的一件事，找幾個談得來，生活習性相近的人，彼此有照應；⑸行程設計：這是整個計畫的重點，愈細緻詳盡，將減少旅遊可能發生的意外；⑹安排住宿：可依價格、設施、安全性和便利性選擇符合需求的地點；⑺安排飲食：要勇於嘗試當地特色風味餐，並留意「病從口入」的衛生問題。

伍 結語：休閒多樣性，豐富生活內涵，提升生活品味

休閒與生活是無法切割的，休閒生活安排焦點應放在經歷，而非結果。除了前面所介紹的自助、壯遊外，目前也有人將「攀樹」活動、「登山旅遊」，當作是連結家人和一群好友共創人生有意義、具挑戰又安全且能產生美好記憶的正當休閒。透過休閒親近大自然，瞭解人文、地理風情，增加休閒生活的價值性，並進而帶來更多的自我覺察；或連結到團體中，增進與人互助合作，學習解決問題能力。休閒多樣性使你有機會到不熟悉之地，充滿冒險和不確定性，可培養意志力和挫折容忍力，豐富生活內涵，擴展視野，從中體會珍惜與感恩自己所擁有的，並進而提升生活品味。

旅遊規畫練習

每人給你 5 萬元經費，你們打算如何規畫一趟旅程？

（三人小組討論）

1. 地點選擇與天數決定。
2. 旅遊內涵為何？（知性、休閒……並說出為什麼）
3. 經費的運用及食宿安排。

問題與討論

1. 休閒是否只是用來打發多餘時間？請分享到目前為止你的休閒旅遊經驗和心得。
2. 請寫下平常會從事的十種休閒活動（如上網、看書、運動……）並記錄你每週進行休閒的次數和時間。
3. 請分析自己所從事的休閒活動屬於何種類型和特質。
4. 試著六人一組討論，如何規畫與分工，來趟十天的單車環島之旅。

參考文獻

王昭正譯（2001）。凱利（John R. Kelly）著。**休閒導論**。台北市：品度。

行政院青年輔導委員會網站。2009 年 5 月 2 日取自 www.nyc.gov.tw/chinese/03_qa/03_detail.php? ID=5&SID=156&Type=-24k

何英傑（2008）。**25 歲的流浪日記**。台北市：秀威資訊科技。

余嬪（2000）。**休閒教育的實施與發展**。2009 年 4 月 18 日取自 journal.dyu.edu.tw/dyujo/document/cv9n201.pdf

余嬪主編（1998）。**輕鬆休閒操之在我**。高雄市：復文。

李力昌（2005）。**休閒社會學**。台北市：偉華。

易博士編輯室、尤紀凡（1999）。**第一次自助旅行就上手**。台北市：易博士。

林東泰（1992）。**休閒教育與其宣導策略之研究**。台北市：師大書苑。

洪鳳儀（2000）。**生涯規畫**。台北市：揚智。

張耿介、陳文長（2004）。**休閒社會學**。台北縣：新文京。

許嘉祥譯（1997）。毛利好彰著。**樂在休閒**。台北市：星光。

陳雅玲（2007）。放大你的格局，人一輩子要有一次壯遊。**商業週刊，1004**。2009 年 5 月 2 日取自 www.businessweekly.com.tw/article.php?id=24957-26k

陳義芝主編（1998）。**閱讀之旅下卷**。台北市：聯經。

黃振興主編（2008）。**休閒教育理論與課程設計**。台北縣：新文京。

葉智魁（2006）。**休閒研究——休閒觀與休閒專論**。台北市：品度。

廖月娟譯（2002）。艾倫・狄波頓（Alain de Botton）著。**旅行的藝術**。台北市：先覺。

廖和敏（1999）。**在旅行中發現自己**。台北市：麥田。

盧蘇士、盧蘇偉（2005）。**陪你去環島——一個父親送給兒子的畢業禮物**。台北市：寶瓶。

環球技術學院生態旅遊教育暨技術資源中心網站（2000）。**生態旅遊規範之定義**。2009 年 5 月 2 日取自 ceed.tit.edu.tw/2introall.htm-1k

Kelly, J. R., & Godbey, G. (1992). *The sociology of leisure*. State College, PA: Venture.

宗教與生活

CHAPTER 10

壹 前言：宗教對人的重要性

人生最大的成就在於不斷重建自己，使自己能知道如何生活。羅光（1989）指出，對於宗教我們可以提出許多問題，為什麼要有宗教信仰？宗教信仰的意義為何？人和神有什麼關係？人生的目的何在？這都是宗教哲學的問題。羅素（Russell）說：「科學不能證明天主的存在，也不能證明天主不存在」，可見神存在的問題，是在科學的實驗以外，但不在理性的範圍以外。其實人之需要信仰，是因表面上好像身心安頓，但內心其實是空虛徬徨的。宗教要探討的是人與超自然界或超自然力量的關係，為了使這關係穩定而和諧，就產生了各宗教的教義、儀式、戒律與學理。譬如人對生死之謎覺得困惑，感到生命的無償和痛苦，宗教就扮演重要角色；所以「有人的地方，就有宗教」。詹德隆等人（2001）認為，西方人重視團體，宗教生活為其重心，對宗教是絕對而一元，只有一個真神，而且是生活重心。中國社會對宗教的態度，一為與倫理結合，禮天地，而敬鬼神，尤其對祖先之祭祀絕不敢怠忽；一為功利主義，人與鬼神是契約關係，有靈佑之鬼神，其香火不絕；許願不靈，則轉求他神，此乃東西方對宗教態度之差異。

方永泉（無日期a）認為台灣近年所燃起的「宗教熱」其主要原因有二：⑴在個人心理方面：由於經濟富裕、致富快速，使得人們心理愈易有「得到一切後的虛空」的失落感。誠如歌德（J. W. von Goethe）所言：「人類的虛空有兩種，一種是得不到任何事物的虛空，另一種則是得到一切後的虛空。」當人們在物質困乏時，他還能有奮鬥的目標與方向，在此奮鬥的過程中可以發現自己的意義。但在迅速致富的社會中，人們失去了過去物質匱乏時的奮鬥過程，內心往往有著物質所無法填補的空缺與對意義失去的恐慌存在；於是會尋求一些外在的、神聖的、超越的意義系統。⑵在社會方面：台灣社會趨向於多元化，除了政治議題外，同時具有「公共性」及「私密性」或「個人參與性」的多元文化議題，如教育或宗教的問題，它們一方面是社會中極為重要的制度或現象，因而足以成為公共討論的論題；另方面它又是攸關個人權益的，每個人在成長過程中，都有受教及接觸宗教的經驗；特別是宗教裡面，還有著超越人們共通經驗外之神祕感與超越感。自 1990 年代以後，各大宗教所關心的議題都是：非暴力、保護環境、互相尊重與瞭解、攜手促進人類和平。

傅佩榮（1998）認為宗教是為人而設的，目的在助人解脫生命中的煩惱與痛苦，使人可以勇敢的活著；並在面臨死亡時，懷著來世的盼望。國際上因為宗教信仰不同而引起的爭端乃至挾持人質及恐怖事件層出不窮，而社會新聞中時有所聞，假藉宗教之名騙財、騙色，讓我們再次思考人們何以如此願意上當？如此輕易相信？受騙信徒中不乏律師、醫師、博士、大學生高知識分子，因此我們有必要透過宗教教育分辨什麼是宗教信仰？什麼是迷信？教育部已從 2000 年起組成宗教教育小組，在不設神學院及單一宗教學系的共識下，將宗教課程，納入大學通識課程及高中高職的公民、歷史教材中。在台灣的大學通識課程中，與宗教相關的課程以「生死教育」、「藝術教育」與「倫理與人格教育」為最大比例。因此本章將簡略介紹宗教的意義與宗教教育的內涵，並瞭解宗教的功能以珍惜生命，找回人生價值。讓每個人在自我認識中，有宗教信仰但避免迷信而受害，最重要是要透過宗教讓自己身心靈安頓。

貳 宗教的意義與宗教教育的內涵

宗教是指人類社會發展到一定歷史階段所呈現的文化表現，對現實世界以外的超自然力量，產生敬畏與崇拜，並從中引申出信仰及儀式活動。也就是說，宗教依照文化的不同，會有不同的定義，多數強調經驗、感性、直覺與倫理。

一、宗教的意義

宗教從字面上來看，漢語中的宗教並非連綴詞，《說文解字》：「宗者，尊祖廟也，以宀從示。示者，天垂象見吉凶，所以示人也。」由此可以知道，「宗」是對人類祖先神靈的崇拜。「教」則指教育、教化、上行下效，偏重在傳遞的概念上。宗教「religion」源自古羅馬時代的拉丁語「religio」。religio 一詞在拉丁語的原意，應為人對神聖的信仰、義務和崇拜，以及神、人之間的結合修好。

宗教一定有「教義、儀式、戒律、傳教團體、學理」等五種條件。⑴教義是指宗教所信仰的明確內容，不談條件，而是直接宣布真理；⑵儀式是宗教的具體「操作」，包括一切有形的禮儀，如基督教的聖誕節、復活節、安息日守聖餐，天主教的告解、佛教的 7 月祈福法會；⑶戒律是針對人的思想言行而訂，非

常嚴格，超過法律；⑷傳教團體即宗教中的僧侶階層，研究及宣傳教義，執行儀式；⑸學理則指宗教中，以理性反省及表達的部分，像佛學或神學，都是一種合乎邏輯可傳揚的表達方式（傅佩榮，1998，2003）。

近代宗教研究的奠基者穆勒（M. Muller）綜合西方的宗教學者，將宗教的定義表列如表 10-1。

表 10-1　西方學者對宗教的定義

學者	宗教的定義
泰勒（E. B. Tyler）	對於精靈實體的信仰。
奧托（R. Otto）	宗教是對於聖者（Holy）的經驗。
穆勒（M. Muller）	宗教對於人類來講，至少具有三個層面意義：信仰的對象、信仰的力量與信仰的表現。宗教是一種內心的本能（或潛能）、氣質。
康德（I. Kant）	宗教就是道德。
費希特（Fichte）	宗教是一種知識，它給人以對自我的清澈洞察，解答了最高深的問題，因而向我們轉達了一種完美的自我和諧，並給我們的思想帶來了一種絕對的聖潔。
施萊馬赫（Schleiermacher）	宗教存在於我們對某物的絕對依賴意識之中，這種東西可以主宰我們，但我們卻不能反過來決定它。
黑格爾（G. W. F. Hegel）	宗教應該是完全的自由，聖靈透過有限的精神而變成不折不扣的自我意識。
孔德（Comte） 費爾巴哈（Feuerbach）	人不可能知道比人更高的東西，所以只有人本身才是宗教知識的真實對象。

（續下頁）

學者	宗教的定義
馬克思（K. Marx） 恩格斯（F. Engels）	宗教是人民的鴉片，認為一切宗教只不過是，支配著人們日常生活的外部力量在人們腦中幻想的反映，在這種反映中，人間的力量採取了超人間的力量的形式。
佛洛依德（S. Freud）	宗教是一種集體性的精神病（collective neurosis），與孩子的精神病類似；神的概念充其量只是一種「幻覺」

資料來源：引自方永泉（無日期a：9-7）。

綜合上述，宗教對人類而言，可說是一種對於未知事物的寄託，藉由宗教的力量，人類心靈獲得慰藉，得到支持也不會驚恐；其次，宗教也代表某一種知識，這種知識，有助於幫助人類釐清存在的目的與價值，藉此找到人生的方向。最後，宗教也是一種道德、行為的規範，藉由宗教樹立行為的準則。

二、宗教的源由

最早的宗教是「自然宗教」。在古代民智未開，對充滿了神祕的大自然不瞭解，以為所有的現象都有神祇主宰，因此出現了太陽神、山神、雷神、風神、雨神等擬人化的自然神。某些地區甚至會崇拜動物形象，因為動物有著人類無法比擬的能力。如印度以大象形象為神、人類因渴望獲得相同的力量而供奉動物。宗教信仰也深受環境背景的影響，如古埃及的信仰，便受到太陽運轉和尼羅河的影響，他們相信法老王是太陽神的化身，而尼羅河的氾濫，帶來了收成與萎靡，如同生命的週期一樣不斷循環；進而發展出許多與王權緊密結合，或與來生、喪葬有關的神祇。

隨著時代改變，從自然神轉為對英雄人物的崇拜，歷史上有名的人物，因為各有特殊的功勳，而被人們建廟奉祀。如首開平

民教育的至聖先師孔子、三國時代赤膽忠肝的武將關雲長（關公）、精忠報國的武神岳飛。這樣的轉變，代表著由神本，轉向人本的一個標記，開始重視人本身的價值與意義。除了自然宗教與英雄人物的追念，另一股形成宗教的主要力量便是先知的信念，藉由思考人與自然、生命與永恆的關係，或是因應當時的時代背景所產生的精神指引。如耶穌基督、穆罕默德、釋迦牟尼等，這些宗教領袖，因本身超脫世俗的思想或規約，獲得世人尊敬崇拜而形成新的信仰。

三、宗教的功能

古時候的宗教功能並未明朗，部落裡的巫師，通常扮演人與神明間的溝通者，是治療疾病、對抗死亡的神明代言人，在祭祀、狩獵、戰爭期間，則舉行儀式來進行祈福。當時，求神問卜不是求心靈平靜，祭祀的行為是源自於「恐懼崇敬」。某些古老部族裡甚至還流傳著活人祭祀、殺嬰等習俗，直到日後文化漸漸發展，中國便以陶俑取代活人陪葬，除了嚇阻不良風俗外，並且規範禮樂制度來進行祭祀。

宗教與政治的關係很複雜，在歷史上常被統治階層拿來作為箝制人民的精神工具。如中世紀時，許多西方國家都採用政教合一，宗教領袖同時也是政治首腦，設立單一國教，而教規就是國法。如 1096 至 1291 年的十字軍東征，是在宗教允許下進行的軍事活動，由西歐的封建領主和騎士，對地中海東岸的國家發動戰爭。有時候也可以是反抗統治者的力量，因為有了固定的形式與規範，宗教便可以號召人民，如東漢末年朝廷與地方政令混亂不堪，農民生活困苦，於是張角兄弟等人便以法術咒語醫病，建立「太平道」，以「蒼天已死，黃天當立，歲在甲子，天下大吉」為口號，以號召群眾起事，簡稱「黃天太平」；起義者都以黃巾為標幟，故稱「黃巾軍」，後被鎮壓而失敗。之後太平道在民間仍有祕密流傳。

李亦園（1999）指出，宗教具備三種主要的功能：第一，生存的功能：只要是宗教，一定要滿足人類社會的心理需求，因人活著必有生老病死，必須藉由一種力量來幫助、撫慰，使心理有所寄託，得以存活。所以宗教最根本、開端的功能就是生存的功能。

其二，整合的功能：宗教是整合人類重要的力量，無論是在教會做禮拜或是望彌撒的教友，還是憑藉著大甲媽祖聚合的信眾，宗教成為一種整合者的角色，自古至今，無論東西方皆然，這種整合群眾或信眾的功能，某種程度而言，也是一股安定的力量。

第三，宗教具有認知的功能：所謂認知的功能，又可分為三個層次來說明。第一個層次，就是提供解釋人生、終極關懷的意義；人類自古以來一直都為生死、來生、人生價值、天堂地獄等問題所困擾著，宗教可以解釋種種現象而提供答案。第二個層次就是提供倫理道德問題的答案，人類社會中許多的倫理規範，大都靠宗教來支持，如基督教的十誡、《聖經》，或是城隍廟中高掛的算盤等，都在隨時提醒人類必須遵守的行為規範。第三個層次，尤其是東方的宗教更為明顯，就是企圖使人類在智慧、德行上超越平凡的境界。宗教的最高意義，是能引導人類超凡入聖，藉由不同的方法，禪修、打坐、祈禱，使人在精神、情感甚至智慧上能夠超越，這些是科技不能取代的。

江燦騰（2000）認為台灣佛教的社會功能有五：⑴提供宗教節慶文化的內容和擴展佛教人生觀對社會的影響；⑵提供新社會或跨地域、跨血緣的信仰聯誼，如國際佛光會、慈濟功德會；⑶提供社會救助的解困需要，如濟貧、醫療、臨終關懷；⑷當代台灣佛教和傳統不同之處在於敢於批判社會弊端，也敢積極參加各種社會運動，如環境保護和關懷生命；⑸開辦學校提供另一種社會功能。

可見宗教並非失意者或逃避者的心理安慰而已，積極進取的一面，是要激發普遍無私的愛心，在愛中實踐民胞物與的情懷及成就自己的圓滿人格，如我們所知的德蕾莎修女，就是將其宗教的信仰發揮得淋漓盡致，特別關心落後國家的人民和孩童。因此，透過各宗教教義的學習與宗教信仰的啟迪，讓人從「己所不欲，勿施於人」，推向以「愛人如己」為人生目標。

四、宗教教育的內涵

詹德隆等人（2001）認為加強宗教教育，可使大家更能分辨真假宗教。宗教教育之必要性，乃因有助於個人面對失敗、嚴重疾病、老年、死亡或面對重大利益與正義衝突；大我與小我不能共存，對幫助人掌握人生全貌有所助益。西方的宗教教育理論，受到傳統基督教影響甚深，西方宗教教育理論的反省與轉化，值得深思（方永泉，無日期 b；傅佩榮，2003）。例如為了因應社會、宗教的多元化，西方宗教教育理論逐漸企圖擺脫基督教神學的影響；由人類存在的「終極關懷」，而開始走向較不具特定宗教社會的宗教現象與宗教情感的科學研究；而學校中的宗教教學，也強調開放性的討論與批判。

㈠宗教教育的定義

方永泉（無日期 b）認為，當宗教以「基於終極關懷而產生的對於超越者的信仰」（ultimate concern）來理解，而教育以「生命的學科」來理解；宗教與教育這兩個概念，其交集處，就是「宗教教育」（religious education）。《教育百科辭典》將宗教教育簡單地定義為：「以宗教教義、教規為內容的教育。」教育學者胡爾（Hull）提出意義更加廣泛的定義：「宗教教育是幫助學生自身追尋個人意義的宗教活動。」因此，「宗教教育」指的應是「宗教知識教育」與「宗教情操教育」；特別是在一般大學中所實施的「宗教教育」內容，應有助於增進學生對宗教知識的認知，以及宗教情操的培養。

(二)宗教與教育的關係

就台灣經驗來說，目前社會大眾對於宗教產生兩極化的態度，要不就是對於宗教採取輕蔑不尊重的態度；要不就陷入盲從或狂熱，有些人甚至將宗教視為斂財或謀取名位的工具。這些都是因為沒有實施正確的宗教教育所致。從人類歷史發展中，宗教與教育是原始人類最早進行的重要文化活動，而且這兩種活動往往都是不可分的。人類所進行的宗教活動，其實就具有教化或教育的作用；特別在西方的歷史，教育活動一直與宗教（特別是基督宗教）有著密切的關聯（方永泉，無日期b；傅佩榮，2003）。

在多元化的社會中，對於特定教派來說，宗教教育仍是維繫宗教組織、培養信徒與認同的重要方式。因此，對某些特定的教派來說，以教育作為培育宗派人才的手段是必須的，宗教與教育間的關係也更為緊密（方永泉，無日期 b）。各宗教的教義內容及對於人生終極意義的看法，有宗教信仰的人都相信人的生命有其最終的意義。神學中關於神、啟示、人、創造、自由的討論，也可成為教育哲學的重要課題。

(三)宗教教育的實施

宗教教育中實施不應以「灌輸」的方式進行，宗教教育的目的主要在幫助學生理解各宗教的不同教義。依據華森（Watson,

1987）的看法，宗教教育應該以下列的方式來進行：⑴宗教教育所重視的應該是對於宗教的理解而非任何形式的宣傳，特別在呈現宗教信仰時，所使用的方式不是為了要讓學生接受或不接受，而是要讓學生去自己思考與自己有關的事物；⑵教師在課堂上所提供的教材，應該是宗教中真正重要之處，並且與信仰的內容（contents）有關，如此才能幫助學生對於宗教有真正的瞭解；⑶藉著教導真正宗教是什麼規準，來幫助學生做出他自己關於宗教的價值判斷；⑷應該能幫助學生朝向和諧的人際關係來發展，並且能區分不同宗教間真正的爭議為何，何者是出自於偏見（引自方永泉，無日期a）。

因此，宗教教育應以幫助學生理解各宗教為先，並能教導真正宗教的規準，掌握各宗教的重要教義與信仰的相關，以幫助學生更認識自我，建立與人和諧及與神的親密關係；以實現自我，活出人生的大使命。

參 宗教對生活的影響

儘管科學昌明、知識普及，但我們仍不可以有限的知識去測度創造天地的上帝，因祂的智慧無法測度。很多超自然界的力量是無法解釋的，如全球在很多基督教的特會上，醫病、趕鬼、行異能、使死人復活，都已發生在這個科技文明的二十一世紀。而宗教信仰問題層出不窮，並衍生許多社會問題，究其原因，實因太多人對宗教信仰的認知過於膚淺、貧乏；再者，長久以來在科技發展的強烈需求下，大多數人僅重視專業技術的更新與傳授，而忽略了健全人格的薰陶，導致人文氣質的缺乏與道德倫理敗壞。宗教對生活的影響可從道德、政治、科學、藝術、哲學與心靈層面來談，藉以改善社會風氣，導正被扭曲的價值觀。

一、宗教與道德

宗教與道德關係非常密切，在社會需要的推動下，宗教與道德經過長期相互滲透、相互作用，出現了宗教道德化和道德宗教化的趨勢，形成了以實踐宗教教義為核心的宗教道德。宗教道德是宗教意識的一個重要層面，對社會生活具有廣泛而深遠的影響。總而言之，宗教神化和強調道德，而道德卻是宗教提供勸諭世人的教條。

二、宗教與政治

在宗教與政治共存的歷史時期，二者保持著極為密切的關係，始終是相互影響、相互作用的。如宗教的教階制與政治等級制是相互制約、相互作用的；教權與政權總是相互結合的，因此許多統治者極力藉助教權來鞏固政權；而宗教鬥爭也與政治鬥爭緊密聯繫在一起。在宗教與政治的相互關係中，政治是核心、是靈魂，宗教總是由政治決定並為政治服務的。

三、宗教與科學

宗教和科學有著截然相異的內容和形式，卻同時支配和影響著人們的社會生活。在人類歷史發展的過程中，宗教和科學既有對立和鬥爭，又有聯繫和滲透。宗教與科學對立最突出的表現是在西歐中世紀，利用殘酷的鎮壓手段，打擊觸犯宗教神學的自然科學家（傅佩榮，2003）。事實上，宗教和科學亦有其相同之處，如觀察和解釋自然力、運用想像力和抽象力、協調人和自然力的關係，這些都是宗教和科學的共同特徵。而在宗教追求永生的過程中，需要靠修煉，在修煉術中卻孕育了科學，如觀象術、占星術和天文學研究有關；煉丹術及煉金術和化學的關係；生長

術與醫學和氣功相關等等。因此，宗教與科學像兩條平行的鐵軌，既對立又相關，同時影響著人們的生活。

四、宗教與藝術

宗教與藝術關係密切，雕塑、繪畫為神靈塑造、描繪了莊嚴而慈祥的形象，也提供教徒頂禮膜拜的對象；建築、繪畫為神靈繪製、建造了金碧輝煌的寺廟和教堂，為教徒提供了從事宗教活動的地方；音樂、舞蹈和詩歌為神靈注入了熱愛、關懷和拯救人類的靈性和情感，也為教徒傾訴、宣洩和祈求、讚美神靈的恩典，提供了手段；文學，包括口頭文學、詩歌、散文、小說等。雕塑、繪畫為宗教的傳播、講道、記述經典、教義、教規、禮儀和歷史提供了必要的載體，也為教徒念經、傳道、舉行儀式提供了方便。相反的，宗教也給藝術強有力的影響，藝術也從宗教那裡吸取營養，使其境界不斷向上提升。

五、宗教與哲學

宗教與哲學的聯繫極為密切。宗教孕育哲學，而哲學在發展過程中，一步步擺脫宗教的束縛；而哲學在一定條件下，又可以成為宗教發展的思想資料。宗教談的是使生命得到終極關懷的昇華。因此，由不同的宗教經驗，發展出各式宗教的修行（靈修）方式。哲學分為中國哲學與西洋哲學，中國哲學的出發點是如何去「安頓」生命，由於民間的不安定與國家間的戰亂，引發思想家關心如何使生命得以安定的思想論說。西哲的關心點為追求生命「本質」的真理，由傳統的希臘哲學沿襲的話題中，都在討論「being」（存在、存有）的議題，為的是確定「生命」的意義。宗教與哲學是「不即不離」的關係，雖然二者不同，但皆有安定人心的力量，所以不可分離；雖二者相同，但相應方式各異（傳佩榮，1998，2003）。

六、宗教與心靈（禪宗）

禪宗主張修道不見得要讀經，也無須出家，世俗活動照樣可以正常進行。禪宗認為，禪並非思想，也非哲學，而是一種超越思想與哲學的靈性世界。禪宗思想認為語言文字會約束思想，故不立文字。禪宗認為要真正達到「悟道」，唯有隔絕語言文字，或透過與語言文字的衝突，避開任何抽象性的論證，憑個體自己親身感受去體會。禪宗在中國佛教各宗派中流傳時間最長，影響甚廣，至今仍綿延不絕，在中國哲學思想及藝術思想上有著重要的影響。

綜上所述，宗教和道德、政治、科學、藝術、哲學與心靈都有相關，因此必須在文化的整體架構中找到定位。我們常聽到「宗教可以勸人為善」，但行善只是方法，並非目的，宗教基本上是對人的生命做完整的安頓（傅佩榮，1998）。

肆 宗教信仰與人生

宗教與信仰密不可分，信仰包括三種類型：人生信仰、政治信仰和宗教信仰。信仰是人與超越力量之間的「關係」。超越力量指人間須面對苦、惡、死的最後訴求。宗教是信仰的體現，信仰是內心的超越力量（傅佩榮，2003）。所以說「相信必得著」。

一般信仰的論點有三：排他論、多元論和無神論。排他論主張眾多宗教中只有一種是絕對真實的，其餘的皆為謬誤；排他論者在真理問題上有一種絕對化的觀點，而這也是宗教的本性。如果某宗教不是唯一的真理就不值得信仰，事實上教徒只要表示對

自己的宗教忠心，就自然產生了一種內在的排他性，其他的宗教便成為異端。多元論主張世界各大信仰雖十分不同，但這只是我們稱之為神或上帝在生活中，同等有效的理解、體驗和回應方式。我們不能斷定哪一種宗教才是真的，因為真相很可能永沒法被完全證實，各宗教只是「不同的燈，相同的光」。無神論主張神是不存在的，人唯一可以相信的就是科技，知識決定了一切，拒絕接受所有非理性與超自然的力量存在的說法，此類說法興起於現代，特別是電子科技高速發展的二十一世紀。

但「信」是一種人生的重要態度，代表著對某人或事物的依賴。當你所相信的真理很重要時，人們便會使用具有虔誠與欽佩意義的「信仰」一詞；屬於宗教的信仰即稱為宗教信仰。《聖經》上說：「你若口裡認耶穌為主，心裡信神叫祂從死裡復活，就必得救。因為人心裡相信就可以稱義，口裡承認就可以得救。」（《聖經》羅馬書第 10 章 9-10 節）也就是說，你若口裡承認耶穌是你生命的主，那你心裡也應該相信：祂是萬物的主宰，祂在每件事上都掌權，祂是大有能力、大有權柄的主；這是耶穌的使徒保羅被聖靈感動時所說的話。因此，一個有宗教信仰的人，因著對宗教的理解與相信，會帶來生命改變，也會釐清生命的意義與價值及生命終極的目的。

一、對宗教的理解帶來生命改變

詹德隆等人（2001）認為宗教對人類整體的價值有三：⑴宗教必須結合生活，提升生命；⑵宗教必須能打破隔膜，促進大同；⑶宗教不能自我中心、自以為是。方永泉（無日期a）認為，各個國家或民族因國情不同，受到宗教的影響也有深淺差異。如宗教在我國歷史上的影響就遠不如回教國家，甚至歐美的基督教國家為深。在我國的歷史上，自從周公制禮作樂開始，再經孔孟之學的教化後，就已脫離了鬼神的迷信。人文主義與理性主義的發展，可說在二千年前就已發展成熟；是以我國在秦漢之前，宗教方面就已達到了「道並行而不相悖」的境界。因此，宗教信仰在我國的發展與其他國家民族最顯著不同在於，我國沒有大規模宗教衝突，在上位的掌政者，也很少有鎮壓某特定宗教之舉。但是反面來說，也正由於我國傳統對於各種宗教採取寬容與放任的態度，使得許多非理性、迷信的「宗教」，常在民間各地滋長流行，有時甚至會形成大規模動亂的源頭。到了今日，因為迷信所產生的不幸事件，仍時有所聞，這都是由於群眾缺乏正確的宗教知識所致，也因此更顯示宗教教育的重要性。

從哲學方面來說，「天人合一」與「超越」的觀念，一直是中西方在哲學思考上的重要課題。存在哲學家雅斯培（Karl Jaspers）便根據他對人的「自我存有」的分析，而歸納出人有「超越」（transcendence）的基本需求。雅斯培認為每個「自我」都有心理與物理的一面，這是屬於經驗可以探究的；「自我」也有「一般意識」（consciousness at large）的一面，這使得「自我」與其他「自我」在結構上等同；除此之外，「自我」還是自由思考與自由行動的根基，他能決定他自身的存有。自我與「超越」的關係正是宗教所欲探討的課題。為了要真正滿足人對超越的需求，人必須去瞭解宗教，並與超越發生關係。英國學者侯利（Raymond Holley）也有類似的看法，侯利認為人具有「靈性的」（spiritual）的層面，這種靈性的層面，是無法用理性語言做出精確的描述，語言充其量對於「靈性」只能做到「暗示」的程度。在侯利的看法中，人的「靈性的」層面是指「不具物理性質的與不受時空限制的，它指向了整個宇宙的最終精神之客觀性實在，就是神的存在」。而與人類「靈性」層面有密切關係的正是宗教，人們因此需要有「宗教性的理解」（religious understanding）

（傅佩榮，2003）。

可見，宗教無論在人類的個人體驗或社會生活與生命層面上都具有無可取代的地位。唯有當你親身經歷你所信奉的神，在你生活及生命中所發生的重大影響力，你才有可能因為得救，而過著得勝的生活，並追求榮耀的生活，而活出不同的新生命。

二、藉著宗教找著人生價值與使命

我們常會思考生命中，什麼樣的價值是值得追求的永恆價值？什麼樣的生命關懷是終極的關懷？這些問題如果透過宗教信仰的角度，情況就會有些不同了。我們問：「人從何處來？」基督教告訴我們，上帝創造天地萬物，世界都是祂所創的；我們為什麼會有痛苦？佛教會告訴我們因為我們有無明、貪、嗔、癡，種種問題；人生可能獲得真幸福嗎？宗教告訴你行善、信靠上主就可以，同時這也是人生的意義與目的之一；而死亡和死亡後世界的探討，更是各大宗教的核心議題。當我們參加一場結婚典禮、親友的告別式，都與宗教有關係；參加考試時要拜文昌君，生小孩要拜註生娘娘，逢年過節要拜地基主、土地公，這都是宗教活動。而在到處旅遊玩賞時，遇到教堂、寺廟、祭壇……，不論是哪一個宗教，大家都會駐足祈福。

生命是個旅程，應當有方向與理想。面對自己所決定的方向與理想，就需要努力的追尋並尋求人生價值而不虛度此生。每個人一生的努力會有三方面的追尋：⑴求生存；⑵要好好的過生活，活得更好；⑶要找尋生命的意義與價值。《聖經》上說：「人若賺得全世界，賠上自己的生命，有什麼益處呢？人還能拿什麼換生命呢？」（《聖經》馬太福音第 16 章 26 節）可見，生命是不斷追求自我實現的歷程。因此不論我們是否有宗教信仰，我們生活中許多的思想與問題，是宗教性的問題、終極性的問題、永恆性的問題；所以宗教與生活密不可分。信仰往往透過宗教讓我們更堅定，信仰影響我們的生命，唯有我們更用心瞭解宗教與人生的關係，也才能找到人生活著的價值，並建立正確積極正向的信念。

三、透過宗教信仰讓我們勇於面對死亡

「死」之沉思，是人生不可缺少的思考，有人說：「知道死，才會生」。「天」是萬物的最後原因與歸宿，「人」是世界各樣存在中的萬物之靈，因此人要探索進而實踐「天人合一」的終極價值。一個人從出生到死亡會經過四大關口，宗教哲學稱為「生命禮儀」。四大關口為：出生、成年、結婚、死亡。當你愈重視生命中每個關口，清楚瞭解經過這一關後，便與從前不一樣，便會對每一道關口愈慎重，並在回首來時路時，懂得珍惜與感謝。

法鼓山創辦人聖嚴法師，於 2009 年 2 月 3 日下午 4 點多在台北圓寂，法師認為「我生前無任何私產，一切財物涓滴來自十方布施，故悉歸屬道場」。他這種孑然一身走完人生旅程的生命，感動許多人對生命的體悟。生前他就立下九點遺言，要求不發訃聞、不傳供、不建塔立碑、不豎像，身後事不可辦成喪事，要辦成莊嚴佛事，而且務必簡約、切勿浪費鋪張。他為自己的人生哲理「虛空有盡，我願無窮」做了最佳的生命典範。

在基督教的教義中，神愛世人甚至將他的獨生子賜給我們，二千多年前耶穌基督道成肉身，降生在卑微的馬槽，為了是要洗淨世人的罪。耶穌一生從降生、受洗、受試探，開始初期傳道，選召門徒，後來周遊加利利，向北隱退；晚期在猶太地傳道，又到約旦河外的比利亞，最後走向耶路撒冷，被釘十字架；第三天復活，四十天後升天。他無怨無悔的背負降世為人的使命，甘心

被釘在十字架上，唯有如此，才能完成上帝的偉大救贖計畫；因此在他斷氣的時候，他說：「成了！」因著祂的復活，我們有永生的盼望，目前祂坐在上帝的右邊，並差遣聖靈住在信徒中間成為我們的保惠師。所以只要是祂的子民，因祂受的鞭傷，我們得醫治，因祂受的刑罰，我們得平安（《聖經》以賽亞書第53章5節）。因此對基督徒而言，死亡乃是回到天家，安息在主懷抱；因為天國是我們的，信耶穌得永生的盼望，是神對相信祂的人所應許的。

人類的終極關懷對於人來說具有「迫切性」或「終極性」，終極關懷不僅是對「非存有」之「焦慮」的克服，亦應涵蓋了人的全部需要，包括發展人性、認識人生、提升人格與成己、成人等（方永泉，無日期 b）。一個有宗教信仰的人，面對死亡不管是到西方極樂世界，或上天堂安息主懷抱，都安慰活著的家屬與親朋好友，也讓面對死亡的人，不那麼焦慮、懼怕和恐懼而享有平安，走得安詳。

人生在世我們常會自問：短暫而有限的生命中，應如何面對得失？如何對生命做根本的交代？又應如何面對自己明知無法達成，卻願意堅持去做的心態呢？非有信仰，則根本不可能如此「知其不可而為之」。可見宗教扮演著社會教化的功能，特別在全球經濟不景氣，很多面臨失業、經濟困境的人，竟選擇自殺結束生命；更讓我們看見一個有宗教信仰的人，較能不看環境，在患難中依然有喜樂，能活在盼望中撐過這樣的艱難。唯有當人對宗教有所理解，並藉宗教找到人生的意義和價值、勇於面對死亡，才能完成身為人一生的大使命。

四、宗教使人心安頓

尼爾・唐納・沃許（Neale Donald Walsch）以其親身經歷，

認為我們所有的人，無時無刻不是受到神的啟示，他相信每個人都可選擇與神合一的狀態。只要你選擇如此，便可以有意識的體驗它，因為這是許多宗教所允許的（王季慶譯，2001）。真正快樂與平安是從內心去尋找，當你相信神就住在你心中，神的愛是無條件的。在神眼中，沒有人是會被比較的，因為每個人都是神獨一無二的創造。當你能瞭解這點，便能避免被自稱有神靈附身的人騙財、騙色，因為這是迷信的最好分辨之途。

蕭保羅（2007）認為，所有人生實際的問題都指向神，唯有在神裡面才能找到真正的答案；人皆有心靈的呼喊，渴望尋找神，但奇妙的是，基督教是神主動尋找人；這是基督教和其他宗教的一個基本分別。基督徒的自我價值觀，要從神的創造和救贖來看人類的生命價值和存在意義。從創造來說，人類是按神的形象被造的，神的形象，使人有天賦的價值和尊嚴，這是超越種族藩籬和社會身分地位；從神的救贖來看，人的價值和尊嚴更為明顯。《聖經》上清楚的說：「神愛世人，甚至將祂的獨生子賜給他們，叫一切信祂的人不致滅亡，反得永生。」（《聖經》約翰福音第 3 章 16 節）

一個相信有神的人，可透過宗教使自己的心安頓。唯有找尋真正的宗教信仰，才可幫自己度過每個人生低潮。

伍 結語：過個有信仰的人生

宗教信仰和人生息息相關，大多數的人都是相信有神的。我們該如何判斷信仰的真假？林天民（2004）認為真實的信仰可產生聖靈的果子。《聖經》上說：「至於聖靈所結的果子就是仁愛、喜樂、和平、忍耐、仁慈、良善、信實、溫柔、節制。」（《聖經》加拉太書第 5 章 22-23 節）虛假的信仰所產生的是罪惡，所以思考的信仰才是合理的信仰、穩定的信仰、不動搖的信仰，結聖靈果子的信仰。

堅信基督教信仰的人，相信耶和華神的應許永不落空，「耶穌恩友」這首詩歌大家耳熟能詳，作者是史約瑟（Joseph Scriven），生於愛爾蘭，父親是皇家海軍上校。1842 年，他畢業於都柏林大學，享有人人欽羨的財富、高等教育、敬虔的父母、快樂的人生；但就在結婚的前一晚，他的未婚妻溺死。這件意外讓史約瑟的人生轉了個大彎。在極度悲傷中史約瑟找到了耶穌的安慰，他的生活也全然改觀。1855 年，他從最痛苦憂傷的經驗中，寫下了這首詩歌。1857 年他母親在英國病重，他不克前往探望，就把這首詩寄去安慰她。後來有一天史約瑟病了，有個朋友去探望他；在他病榻旁發現了一張紙，上面寫著「耶穌恩友」這首詩歌。這朋友讀了，深受感動，便問道：「這首美麗的詩歌是誰寫的？」史約瑟回答：「主耶穌和我一起寫的。」1886 年，他不慎滅頂於安大略湖，真是不幸的巧合。

到目前為止，這首詩歌依然安慰許多心靈受傷、悲慟的人。當你相信至好朋友就是耶穌，你會花更多時間每天讀經、禱告、親近他，親自與祂相遇。建立親密關係，而懂得愛神、愛人。耶穌是我們至好的朋友，是我們患難時的避難所，是我們的力量，更是我們隨時的幫助；因為人不能，在神凡事都能。那樣的堅信，讓我們在生活上、工作上都倚靠神，讓祂的話語成為我們腳前的燈、路上的光。因為神說：「你們祈求，就給你們；尋找，就尋見；叩門，就給你們開門。因為凡祈求的，就得著；尋找的，就尋見；叩門的，就給他開門。」（《聖經》馬太福音第 7 章 7-8 節）

盼望每個人追求真理，渴慕認識神的道，渴慕神與你面對面，使生命不斷更新而變化（劉如菁譯，2009）；過個有信仰的豐富人生。

問題與討論

1. 宗教的意義為何？宗教教育的內涵為何？
2. 請舉出宗教對生活的影響實例？
3. 你認為宗教信仰對人的生命有何重大意義？
4. 請分享你的宗教信仰為何？

參考文獻

方永泉（無日期a）**從當代西方宗教教育理論看我國宗教教育的可能性**。2009年4月17日取自web.ed.ntnu.edu.tw/~ycfang方永泉的研究小棧

方永泉（無日期b）。**宗教與教育研究的關係——論教育神學（theology of education）的可能性**。2009年4月17日取自web.ed.ntnu.edu.tw/~ycfang方永泉的研究小棧

王季慶譯（2001）。尼爾·唐納·沃許（Neale Donald Walsch）著。**與神合一**。台北市：方智。

江燦騰（2000）。**台灣當代佛教**。台北市：南天。

李亦園（1999）。台灣宗教信仰中知識分子的角色。摘自**知識分子十二講**。台北縣：立緒。

林天民（2004）。**宗教與現代人生**。台北市：台灣商務。

傅佩榮（1998）。**宗教與人心安頓**。台北市：洪健全基金會。

傅佩榮（2003）。**哲學與人生**。台北市：天下文化。

詹德隆等著（2001）。**宗教教育理論、現況與前瞻**。輔大宗教學系主

編。台北市：五南。

劉如菁譯（2009）。Bill Johnson 著。**與神面對面**。台北市：天恩。

蕭保羅（2007）。**神學視野——建構福音派神學方法論**。台北市：校園書房。

羅光（1989）。**宗教與生活**。台北市：光啟社。

第四篇
道德生活

道德與生活

11 CHAPTER

壹 前言：爲何需要重視道德教育

一份針對北市教師的民調，發現高達八成的教師認為學生禮貌教育嚴重失序，並舉出學生沒禮貌的十大表現包括：冷漠、不用敬語、欠缺口德、不服管教、現實、不負責任、沒有分寸、舉止失儀、自私、不尊重別人。「禮貌」是人際間最基本的禮節，而今卻如此艱難。《天下雜誌》2003 教育專刊的調查中顯示，有 50% 的國中生認為作弊沒有關係。可見「誠實」這樣的品格已逐漸淪喪。從這兩份民調中，我們憂心孩子錯誤的價值觀不僅影響自己的一生，也將影響國家未來的前途。

80 年代流行的廣告詞「只要我喜歡，有什麼不可以？」是政府解嚴、社會自由化後，青少年次文化最流行的口號；但也造成個人主義價值觀混淆和偏頗。自由是須在法律許可範圍之內，有些法律是因限制嚴重的道德缺失，所以部分的法律其實就是強制執行的道德。如很多年輕人血氣方剛，看人不爽，就任意殺人，若不用法律強制制止，會危及社會安定。可見，法律是道德的最後防線，並不是只要不違法就可以為所欲為，因為「可不可以」的界線，包含在法律內及不在法律規定之內的道德。如約會遲到不是違法行為，卻是對別人的不尊重；若習以為常更是一種目中無人的缺乏道德感。貝多芬說：「使人幸福的，是德性而不是金錢。」美國哲學家懷德海（Alfred N. Whitehead）也說：「受過教育的人最後展現的成果，就是高雅的風格。」根據《商業週刊》在2006年5月29日所進行的一份「台灣社會道德觀」調查，96%的人認為道德觀是重要的，但卻有1/3以上的人，樂於遊走法律邊緣快速謀取暴利。39%的人表明，只要有機會也會進行內線交易；而且經過交叉分析顯示，年紀愈輕、學歷愈高者，對於不擇手段、追求功利的意願就愈高。這項調查顯示，台灣社會有許多人認為道德重要的人，自己卻會基於利益而放棄道德，如扁家弊案的相關人物即是指標。

近年來台灣從卸任總統貪瀆案、政商勾結、國會亂象，到政治人物婚外情醜聞，都顯現道德危機。再加上這波全球金融海嘯造成經濟危機，放無薪假，甚至引發勞資雙方衝突；失業率攀升，導致社會犯罪和自殺率節節高升，更是道德淪喪的另一隱憂。此外，功利性的瘦身美容、追逐名牌、過度消費、貪婪造成卡債問題，又形成另一股年輕人奢迷的流行文化。因此，文化評論家南方朔認為，台灣之病在於道德，唯有勇於面對當今的崩壞，以「回到根本」的態度去做道德的重新思考，才有可能為道德沉淪和國家難解處境找到曙光（林火旺，2006）。

因此本章將從道德教育的內涵與實施、道德的實踐，及現今的社會應該培養大學生具備何種道德做探討，希望大家能成為發揮道德勇氣的公民，建立以德行為第一的未來，以擁抱幸福的人生。

貳 道德教育的內涵與實施

德國哲學家康德說：「兩樣東西常使我覺得驚訝和敬畏，那就是『在我頭上眾星的天空，以及在我心中道德的法則』。」可見，各級學校需要重新恢復「禮義廉恥」這樣校訓的精神；因為在企業界，「倫理」成為核心能力，「品格」成為新世紀用人的新哲學，品格教育已是全球教育界的新顯學。詹棟樑（1997）認為道德教育是教育領域中的重要項目，是陶冶道德的要項；可與宗教教育並存而不相剋。在民主及多元化社會來臨時，更凸顯其價值。道德教育為現代人的重要課題，是用來導正人的道德性；更有助於理想生活的實現。

一、甚麼是道德

何為道？道即是法，是萬物之奧，萬事之源。「道生一，一生二，二生三，三生萬物。」道先天地而存，是陰陽相合、遵自然法則運行不息的規律。何為德？德是物質場，萬物存在的基礎。「含德之厚，比於赤子。毒蟲不螫，猛獸不據，攫鳥不搏」、「重積德則無不克」（《道德經》）。道與德連在一起，就是尊道重德。在中國傳統文化中，曾將道德闡釋為「天道」、「天理」，以及人當遵守的「仁、義、禮、智、信」。天道、天理體現的是宇宙、地球、人類的自然和社會規律的總和，而「仁、義、禮、智、信」則是人順從天道，所應遵從的道德規範。道德是人之所以為人的根本所在，人無「德」便不能稱之為人。由此可見，道德的內涵是非常深刻的，道德應是眾人所應遵循的理法，以及合於理法規矩或原則的行為。道德、德性、風格說法略有差異，但強調品德的珍貴，要求身為人所展現的道德行為是一致的。

雖然從小便教導道德，但常覺國人道德感非常虛幻。如小學的交通安全教育，教導學生「紅燈停、綠燈行、行人要走斑馬線」，以確保學生上下學安全。很多人遵守交通規則，是為了怕被撞、怕被罰，這稱不上道德感。當夜深人靜時，仍看到不少人也遵守著，這便是道德感使然。至於道德感的內容為何？其實道德感，存在於你我身邊的法治。法律限制你我不可做，是為了保障他人的權利，或確保他人的自由。你不能為了快樂而妨害他人，因此訂定律法與條例，形成懲治標準，以保護所有人；並用以維護社群道德。如公共場所禁菸、道路騎樓嚴禁設攤，都是確保生活品質與安全。

二、道德教育的反思與內涵

㈠道德教育的反思

丁亞雯（2004）在〈高中品格教育的反思與行動〉一文，認為現階段推動的德育工作，應以品格教育（character education）代替傳統的道德教育（moral education）或德育教育（virtue education），其理由有三：⑴為希望積極凸顯品格一辭的特點，彰顯品格（character）是多數德性（virtues）的累積與習慣的養成，因為品格陶冶中要兼重良善德性的認知與實踐；⑵為品格涵蓋個人人格特質及立身處世的人生哲學，學校教育應陶冶學生具備正確的價值觀和態度；⑶為一般家長及老師認為「四維八德」、「青年守則」及訓育德目等，都是較傳統的施教內容，面對今日多元化的社會環境和多元價值，恐難以生效。

每位成年人都是教育的產出，我們可反思教育工作者在施教過程中遺漏或疏忽什麼，為什麼教育的結果，反而讓大眾喪失了理性的思維習慣和欠缺公平正義的判準？社會應展現身教、言教的大人，是否在無形中做了錯誤的示範而不察？透過媒體的傳輸和報導，讓維護固有良好的傳統美德蕩然無存，過往所強調的上行下效，或許該自問，我們的道德典範在哪裡？

但昭偉（2004）認為，對不夠好也沒有壞過的道德教育工作者而言，在施教過程中所碰到的困境，是因為沒有關注到自己能「教」什麼，如果我們能將道德教育轉化為最基本的生活教育，真正落實生活教育，如「準時、愛整潔、有禮貌、守秩序、重紀律」，那對教師而言是他們「能」教的。筆者認為在提倡道德教育的重要時，應再次省思「師者傳道、授業、解惑也；教育無他，愛與榜樣而已」。道德教育應從家庭根本做起，在學校教育深化，並展現於社會，成為全民的運動。

㈡道德教育的內涵

台灣的道德教育以儒家為主，個人主義和多元文化主義的價值觀，是儒家價值體系的兩個主要挑戰。個人主義價值觀的基本信條是：有理性且達到法定成熟年齡的個人，有最大的自由來追求自己認定的幸福生活（good life）；只要他的作為不妨害他人的重大利益即可。個人的價值及尊嚴建基於個人的抉擇，對於什麼是「幸福生活」持著開放而中立的態度；認為只要個人認可且不違反最低道德及法律要求的生活方式，個人就可以追求。每一個人都有道德上的權利，來規畫自己的幸福生活，認為此並不構成一個有價值高低之分的層級系統；不必依照別人或任何團體對他的期許來過活。但這樣卻可能掉入「只要我喜歡，有什麼不可以！」的迷思，其實是有爭議的。

兩千多年前，春秋戰國時代齊國的宰相管仲，就提出治國的方針為「禮、義、廉、恥，國之四維，四維不張，國乃滅亡」。

1939 年，教育部宣布「禮義廉恥」為全國各級學校的共同「校訓」。禮義廉恥四個字，在校園裡，耳所聞、目所視、口所言可說人人皆知。到了 1976 年，教育部又宣稱「各校可依各校的特色自訂校訓」，但並未廢止禮義廉恥為當然校訓。目前各校都有各自的校訓，師大是「誠正勤樸」，政大是「親愛精誠」，台大是「敦品、勵行、愛國、愛人」，美國哈佛是「與柏拉圖為友，與亞里斯多德為友，與真理為友」，當然其他各大學、小學、中學也各有其校訓，但是否真正落實值得深思。

國民小學的道德教育或道德教學基本上是以儒家為主。儒家強調「親親尊長」，把「君臣、父子、夫婦、兄弟、朋友」五倫關係當作是道德核心，要求每個人扮演好他的各種社會角色，希望每個人都能成聖、成賢、成士或君子，這都間接的反映在國小德目的內容上。而到國、高中教材，是以《論語》、《孟子》、《大學》、《中庸》為主，內容強調以禮待人、講信用和尊重別人的原則，倡導寬厚謙和、忠於職守的合作精神，透過強調和諧、和平等促進人際關係的協調。在交友、對長輩的態度、治學的態度、自我提升等，皆受儒家影響很深。但現今學校中讀《論語》、《孟子》已變成是為考試、升學而背誦。有很多儒學的教條，學生雖可朗朗上口，但仍流於知識的教導，無法在生活實踐出來；如「入則孝，出則弟……行有餘力，則以學文」大家都懂，但社會新聞中大逆不道，慘絕人寰事件亦時有所聞。

香港特別行政區教育局認為，學校德育及公民教育是全人教育的重要元素，能培育學生正面價值觀和積極態度，幫助他們在成長的不同階段，當遇上與個人、家庭、社會、國家以至世界相關的議題之際，能以此作為判斷的依歸，並勇於承擔和實踐。在 2001 年推行的課程改革，將「德育及公民教育」列為四個關鍵項目之一，著重培育學生正面的價值觀和態度。包括：「堅毅」、

「尊重他人」、「責任感」、「國民身分認同」及「承擔精神」，並提出以「生活事件」事例，作為主要的學習情境，幫助學生認識如何實踐正面價值觀。香港在 2008 年新修訂德育及公民教育課程架構，為了配合社會不斷發展及對青少年的期望，而做出修訂和增潤；除了加入「誠信」和「關愛」作為首要培育價值觀，並臚列各階段的學習期望，亦擴展「生活事件」事例的範疇，支援學校推動德育及公民教育的工作。

筆者認為不管時代潮流如何轉變，參考香港課程改革經驗，我們可恢復在 1934 年 5 月 15 日所頒布的新生活運動內涵，提倡「禮義廉恥」的規律生活，落實於「食衣住行」中（蔣介石，1934）。「禮義廉恥」者，乃發民德以成民事，為待人、處事、持躬、接物之中心規律。雖事隔七十多年，人民的生活水平提升，但國民的生活素養和品味及道德價值觀反而墮落了，故該是重新恢復的時刻。「禮義廉恥」：「禮」是規規矩矩的態度；「義」是正正當當的行為；「廉」是清清白白的辨別；「恥」是切切實實的覺悟。如果我們能以此為道德教育實施內涵，並結合時事加以價值澄清，相信學生易懂、明白。

㈢西方品格教育的借鏡

西方的現代文明開始於十八世紀的啟蒙時代（The Age of Enlightenment）。當時道德教育和基督教的教義密不可分。公學尚未形成，家庭和教會仍然是道德教育的主要執行機構。《聖經》是主要學習內容，德目基本上是：順從父母（piety）、忠心（loyalty）、創造與勞動（industry）、守分（temperance）。十八世紀末，工業革命開始，工業化的結果，傳統農村解構，貧富差距拉大，雙親工作家庭增加，家庭教育出現真空。十九世紀初，工業化快速發展，歐美各政府推動公學（common school），是為現代國民學校的雛型。教授非宗教課程，仍然主張「教育與宗教不可分割」。美國在第一次世界大戰後，由於文化急遽變遷，且日益工業化和都市化，新的道德訓練願景，藉由兒童早期訓練發展的「內化的良心」，再次轉化為強調「公民的良心」。這在美國教育史上稱為「由道德教育到品格教育的轉向」（引自李奉儒2006）。

二十世紀初，美國進入史稱的「進步年代」（Progressive Period），否定在公學中強調宗教道德的行為，認為美國文化必須向前進步，以宗教為主的道德教育是進步的阻礙；其中代表人物為杜威。他認為教育的目的不僅在雕塑，更在人類的進步，而進步應建立在科學與理性之上。

二十世紀 30 年代，心理學（psychology）興起，用科學的方法，研究人性的動機和行為。強調的對象是「個人」與個人的「選擇」。其代表人物為捷克人佛洛依德（Sigmund Freud）。其以科學的客觀角度去研究人性的問題，從根本上將其以宗教教義為主的道德教育理論基礎，徹底瓦解並取而代之。道德行為從一個「絕對」的價值觀念，變成一個「相對」的價值觀念。也就是說，道德從一個絕對的人性基本價值（virtues），支解成為一個個人對事情的「看法」（view），和對事情「價值」（value）的取捨（傅佩榮，2003）。

二十世紀 60 年代，美國種族問題日益嚴重，社會主流意識由民族與文化的「融合」（melting pot，大熔爐）轉而為「多元與包容」（pluralistic & inclusive）。1962 年美國最高法院做出決定，在公設學校中，不得強迫學生進行宗教活動，強制讀經和禱告的儀式與課程，將被視為違憲。自此，美國正式將宗教活動從公學中分離。隨著社會價值觀念的分崩離析，60 年代的美國，進入混亂的年代；年輕人出現反社會、反文化浪潮。

自此之後，美國的社會主流價值觀念的特色為：⑴個人主義：強調個人的權利；⑵多元主義：強調社會的相容並蓄。這兩種主流的價值觀念，形成了所謂政治正確的意識形態，對美國的道德教育造成了深遠的影響。由於強調個人主義，重「個人」輕「群體」。是非善惡失去了標準，只不過是個人的選項之一而已。社會的輿論壓力消失，道德標準降格為法律標準。由於強調多元主義，公立學校教師不能，也不敢「灌輸」學生個別所相信的傳統價值觀念，只能（敢）談「是什麼」（what），不能（敢）談「為什麼」（why）。教師的影響力和權力日漸削弱，道德條目、行為規範失去理論基礎，淪為泛泛的空談。因此，從文化多元論（cultural diversity），形成「道德相對論」（moral relativism）。

從西方道德教育的演進，看見社會的主流價值影響道德教育的實施。美國部分社會學家認為，美國道德教育是一個「失根」的道德教育，是一個沒有道德文化基礎的道德教育，是一個沒有道德哲學理論基礎的道德教育。美國的道德教育承認自己「空洞化」的問題，是值得台灣記取教訓的。當我們在推動道德教育時，應可回到中國固有的儒家做根基，因為如果缺少了道德文化和道德哲學的理論基礎，推動道德教育工作就很難有效的展開；即便展開，也是表面的工作。當美國反思因為強調個人而忽略群體是個危機時，我們更應讓道德的推動兼具個人與群體意識。至於如何凝聚一個有交集的道德文化，讓執政掌權者有好的典範帶領國人，在追求民主之路上能減少國會亂象，展現民主風範。

㈣我國道德教育實施的方向與教學模式

瞭解東西方品格教育實施的歷史脈絡，更可找出我國道德教育實施的方向，方向對了才不至於達不到終點。單文經和汪履維

（1988）認為透過道德教育，是要協助學生獲得提高道德覺識，發展更充分的道德推理，並影響道德行為。李琪明（2004）認為品德教育重要意涵有四：⑴是兼顧「知善、樂善、行善」等，多面向教育歷程與結果，並非僅限於知易行難；⑵是一種引領學生，由他律至自律的全人教育，而非僅限於生活常規；⑶應包括個人修養（個人道德）、人際關係（偶性道德）、公民資質（公共道德），以及過程價值之多面向教育，並非局限於個人私德；⑷是有關善之核心價值、原則及其脈絡，不斷反省與批判之教育動態歷程；不單指文化傳統之復興，而在於文化精髓融合現代精神之創新轉化。

詹棟樑（1997）認為要落實道德教育，須瞭解內在與外在的道德發展。道德教育四大取向為：良心、羞惡之心、責任心、公德心。良心指道德的價值認識或道德的價值意識；教育在培養道德人格，這便是良心；羞惡心使人不會成為寡廉鮮恥或厚顏的人。亞里斯多德說：「羞恥會使人臉紅」，會臉紅表示有羞惡心，不敢去做壞事；責任感來自責任意識，而責任意識也就是道德意識；責任心有對個人及社會的責任意識，從責任心轉變為有責任的行為；公德心是在生活中須講求公共道德，大家一起遵守，才能建構一個有秩序的社會。公德是由私德而來，來自於推己及人之心。公德心存在於生活規範裡，表現於正當行為裡，如不能隨地大小便、破壞公物。林建福（2006）認為道德教育核心的關懷，是希望能培育出理想的道德人，這種人須能夠具備道德氣質，在相關情境中，知善行善；並認為道德教育的實施方法有以下幾點：

1. 妥善運用各種與道德有關的情緒「語言」，此語言包括描述道德情感，或從這方面來描述世界的語詞、隱喻、諺語、神話、習俗、慣例、儀式，甚至各種活動。如教「守信」，在師生間使用「人而無信，不知其可也」、「早知潮有信，嫁與弄潮兒」，幫助師生間確認「守信」這項價值或德性的存在。

2. 兼重道德概念的學習與道德經驗的體悟。
3. 相關道德情緒的抒發與良好行為習慣的養成。
4. 需要家庭環境、學校氛圍與社會風氣相配合。
5. 身為道德教育者應成為身教的楷模。

美國波士頓大學教育學者瑞安（Kevin Ryan），提出品格教育新教學模式的五個 E（引自丁亞雯，2004）：

1. 榜樣（example）：老師本身要成為道德示範，一言一行對學生行為與想法影響深遠。可在課堂上介紹歷史、文學或現實社會裡，值得學習的英雄或人物典範。
2. 解釋（explanation）：教導學生認識良善不能靠灌輸，要與學生真誠對話，來解除他們的疑惑並啟發他們的道德認知。
3. 勸勉（exhortation）：教導學生喜愛良善，從感情上激勵學生的良善動機，鼓勵他們的道德勇氣。
4. 環境（environment）：要創造一個讓學生感受到彼此尊重與合作的環境，營造一個具人文涵養的校園文化。
5. 體驗（experience）：教學生一些有效的助人及服務的技巧，重視服務的價值，如到社區進行整潔打掃工作或關懷社區老人；安排校內外活動，鼓勵學生積極參與，讓他們有機會親身體驗自己對別人、社區或社會的貢獻。

可見實施道德教育過程中，須逐漸讓學習者形成自重、自我反省與自我評價的習慣和能力；也就是能認同某些價值而具有自我價值感，並以認同的理想來實踐並提升自己。當然若能在道德教育實施中重視羞恥的情緒，避免因為羞恥心而陷溺於失敗感受中，反而必須強調羞恥所需要保護的正面價值及在社會文化中的重要性。

教育部從 2004 年以來推動「品德教育」，甚至在 2009 年更推出「有品運動」，值得肯定與支持。然當務之急應是對「有品運動」的目的與內涵加以釐清，並避免以說教或灌輸的方式進行教學或推動；最後更應重新思考傳統倫理中有哪些是更符合今日台灣面對全球化政經劇烈變革中，所須具備與展現的道德品格（李奉儒，2006）。道德教育的實施，除了從認知上著手與強化外，更須透過體驗學習，在實踐中培養對良好道德情操的感受情懷，喚起身為人的良能、良知及道德勇氣；當然更須將家庭、學校、社會由點到線甚至到面的聯結，營造一個讓人感受到尊重、關懷、合作與愛的人文氛圍。

參 大學生應具備的道德行爲

菸害防治法於 2009 年 1 月 11 日起規定，高中職以下學校全面禁菸／大專院校室內全面禁菸，並訂定自我檢查表及相關罰款規定。每個公家單位和學校也都在明顯之處貼出禁菸的標誌。但筆者與大學生在上課時，針對此禁菸議題討論，有的學生會說：「我會出面制止在公共場所抽菸的同學」；有的說：「我會偷偷用手機拍下檢舉」；有的說：「不去理會，因為即使他公開不抽，私下還是會躲起來抽，所以勸導和禁止都沒用」。其實，道德問題是人的問題之根本，以歐美為例，道德思考也是所有思考的核心。道德教育是生命意義的探索，人的語言和行為規範，唯有透過系統的人文思考，具備道德思維和批判能力，才能針對任何道德議題，發揮公德心，以自己的道德觀，做出正確判斷和選擇。但現在的人卻都缺乏道德勇氣，一來怕惹禍上身，二來覺得勸阻效果不彰，以致明知有所為而不為。如果大家都能有行善不能少我一人，為惡不能多我一人的思維，或許能為導正社會道德風氣盡一份心力，也能帶動社會進步。

一、大學生為何應該實踐道德

孟子認為道德之知是良知，身為人就應該知道如何實踐。當「知道」該孝順是一回事，「知道」為什麼該孝順父母是對的，以及如何做到孝順父母，卻又是另一個實踐的層次了。孫效智（2002）認為道德區分為內外兩方面。一是實踐主體的內在動機；一是顯於外的行為。真正的道德價值在動機上心存善念，而不只是外在有好的行為。存善念的一個重要特徵就是「自律」。有些人行善是為了要揚名於鄉里或積功德，這樣的動機稱為他律，是不具道德價值的功利心態。陳寶國（2004）認為品格是我們行事為人時，讓我們做正確選擇的動機。一個有好品格的人，不但能決定他自己的命運，也能決定他的家庭和國家命運。

可見擁有正面品格特質的人，能與人為善，使家庭、社會、國家都得益處。這也是為什麼教育部在 2003 年全國教育發展會議中，將品德教育列入專題討論並做成結論：「建構新世紀品格及道德教育內涵，培養明白事理、有為有守的國民。」大學生是二十一世紀的公民，更須在認知、情意及實踐上展現道德行為。

二、自由社會需要怎樣的道德實踐

林火旺（2006）指出現在的自由主義學者普遍承認：一個健康穩健的民主社會，不只依賴正義的制度，也依賴公民的品質和態度，學者們稱這些公民的品質為社會資本。而我們要成為一個成熟的自由社會，第一個要培養的道德，就是「容忍差異」。自由一定會導致多元，而多元一定會產生衝突，解決衝突的方法除了爭吵或戰爭，就是「容忍」；只有容忍才能保障多元之間和平

共存。從國會亂象可看到，社會對「容忍」的精神缺乏瞭解，對多元價值缺乏深刻的認知。所以，每次立法院重大議案表決時，電視上常看到有人霸占主席台，一定是優勢者想要「強渡關山」，而弱者用此種方法抵制，其實也是另一種形式的不容忍，這對整個社會的道德實踐產生負面的教育。政治人物在自己處於弱勢時才高喊「容忍不同意見」，希望以民主博取社會同情，而當自己居於優勢時，又以「少數服從多數」要求對方俯首就範。

法國思想家伏爾泰（Voltaire）有句名言常被拿來當作自由社會的指標：「我不贊成你所說的，但是我誓死捍衛你說話的權利。」可見是否具有民主風範，可觀察當他具有絕對的優勢壓制不同意見者時，他用什麼方式對待他人。其實「容忍差異」是自由社會成熟人格的必要條件，更是民主社會公民最起碼的品德，最終要是做到彼此互相尊重。如果我們能進一步瞭解利益衝突產生，是因為人的差異性，唯有合作能增進彼此的利益。「合作」需要有共同遵守的遊戲規則，不可侵犯他人的權利，透過民主的程序，決定大家可以共同接受和願意遵循的規則。如果大家多點「講道理」的空間，培養「講道理」的道德精神，便可以消除多數暴力、避免錯誤，讓作決定時不流於私欲的宰制，而能以全民福祉為考量；那台灣的社會將減少更多對立引發的仇恨和內耗，而營造更和諧進步的社會。

三、大學生必備的道德內涵

1985 年，聯合國教科文組織召開「二十一世紀研討會」特別提出：「道德、倫理、價值觀的挑戰」是二十一世紀人類面臨的首要挑戰。1992 年，國際上的「品格教育」聯盟，在會議的結果推出了：「品格的六大支柱（six pillars of character）：尊重、責任、公平、值得信賴、關懷、公民責任；作為現代公民應培養的基礎品格特質。」在大學教育管道中，強化品德教育，藉以促進家庭與社會教育之良性循環，奠定公共領域之共識基礎與規範，增強身為現代公民應有之核心價值、行為準則與道德文化素養。

綜觀當今教育思潮，美國近十年來已積極推動「新品德教育」，強調當代核心價值，且以多元教學模式加以推廣；英國則於近年推動「價值教育」與「公民道德教育」課程；鄰近之新加坡、日本亦始終重視學校道德教育之實施。長久以來，我國學校教育所努力與擔負之「德育」功能，固有其某種程度的效益；然內外在環境之遽變，道德教育須以嶄新思維與開放胸襟，結合學校、家庭與社會，共同創建一個新的方向與願景。台灣大學李嗣涔校長曾勉勵台大新生，要做到「考試不作弊」、「作業不抄襲」、「腳踏車不亂停」、「教室附近不喧譁」，才稱得上是有基本品格的台大人。李校長是極受大家尊敬的教育家，他的訓勉非常深刻中肯，也點出了大學生基本的道德涵養。筆者認為大學生可從以下四點努力。

㈠對己克制：對自己要約，約是自律自己的言行，從「守法重禮」著手，言行舉止皆有分寸。不但具備「節制」之德，並能自省及勇於改過，如台大人的四大基本品格須靠自律。

㈡對人感恩：受人點滴，感激在心；與他人有怨懂得寬恕，具有同理心，將心比心。路窄，留半步與人行；茶香，分一口與人嚐。

㈢對物珍惜：對物質要儉，重視環保，降低對物質的依賴，協助打造低碳城市，呼籲大學生為全球暖化進一份心力，省水、節電、隨手做環保。

㈣對事盡力：做事要有責任心。專心做好眼前該做的事，如念書、考試等；要誠實、正直、一步一腳印，踏實的學習做事，誠實的做人。

筆者認為，品格是一個人內在的反省和自我要求，而形成自我的價值觀和行事風格；道德是透過一種內省而展現於外的行為表現。因此「服務、感恩、誠信、負責、自律」也是大學生必備的道德。特別是自律行為，讓大學生做好自己學生分內的事，如上課準時、認真學習、不打瞌睡、不蹺課，自我要求。自律是代表不需受制於法治與道德。因為讀書是自己的事，也是自我的選擇，當個盡本分的學生，也是一種道德行為。展現道德行為成為自律表現，並能以公民自我期許，為伸張正義、公理而發聲，並為帶動國家、社會進步盡一己之力。

四、大學生以體驗服務學習，實踐道德

加強道德教育不能只靠口號宣傳，也不能靠教材背誦。道德教育基本上就是體驗教育，需要真實的經驗，才能讓正面的價值觀深植人心。「誠信」是為人處世的基礎，但學生們考試作弊卻時有所聞；時下坐捷運、公車，宣導年輕人要「讓座給老弱婦孺」，但成效不彰，都是認知和實踐當中的落差。如果我們能安排體驗課程，帶領學生到社區或社福機構，去做老年人的志工服務，當他們從參與實作過程中，產生對於「陌生阿公阿媽」的關懷，讓座就會是自然而然的事情。同樣道理，與其要學生背誦「尊重生命」的教條，不如協助學生社團把流浪狗轉變成「校狗」，讓學生在照顧「校狗」的過程中，珍視生命的意義與價值，更可安排到育幼院關懷幼童，或下鄉協助偏遠小學生進行閱讀指導，讓自己體悟自己是多麼幸福。

如果提升道德教育可以從服務學習著手，便無須苛責年輕人的道德「淪喪」；因為下一代的道德表現，其實是反映上一代的觀念與做法偏頗。與其責備與歸罪，倒不如認真的找出有效的道德教育方法。一方面，重新檢視在目前的教育制度當中，是不是

存在著讓教育者做出「表裡不一」錯誤示範的強烈誘因；另一方面，在教育中應重視「從實際經驗中讓道德感生根」的體驗教育方式。因為人格的養成，是日積月累的，是在和別人互動中琢磨出來的，是在自己小心觀察和深刻思考中體會出來的。透過多聽、多看、多體會、多思考，培養誠實、進取、不自私、尊重別人的品格。

肆 結語：道德是幸福的必要條件，從道德到高尚品格

中華文化悠悠五千載，道德一線貫穿，為道德教育提供了取之不盡的素材，應用之妙存乎一心。「天人合一」代表著我們祖先的宇宙觀；「善惡有報」是社會的常識；「己所不欲，勿施於人」是為人的基本美德；「忠孝節義」是人生於世的標準；「仁義禮智信」為規範人和社會的道德基礎；而「愛人如己」更是人際相處最高境界。中華傳統文化主張天人和諧，重視個人修養，能夠包容、能夠發展、能夠維護人間道德、能夠使人有正信。傳統道德提倡的克制、忍讓、節儉、吃苦耐勞，以避免陷入無度的縱欲之中；而樂天知命，使人能夠更加理智而清醒的生活，拋棄欲望無窮帶來不知足的煩惱。

阿諾爾德．湯因比（Arnold J. Toynbee）和池田大作（正因文化譯，1999）在展望二十一世紀對談時指出，人的道德水平隨著技術進步反而有所降低。人都有私欲，要完全做到克制自己是極為困難的，需要靠本人追求高尚品德的意志。所以道德要付諸實踐，問題的核心在於處理人的自利問題。教育的目的在於激發人的正向因素，抑制負向因素；應從「心」做起，回歸到正心、誠意，提升道德修養的路上。

教育是塑造人類靈魂的工程，人性是善與惡共存的。行善，必須約束自己的惡念，要吃苦、付出，還要恆心、毅力，有所堅持，不同流合污；因為只要稍微放縱自己的欲望就會墮落。放縱當然比約束更容易，所謂「學好三年，學壞三天」，「一個好習慣的養成須經過二十一次的練習」。道德教育是在養成完美人格，而有完美人格更須有高尚的品格，這就是道德與人格的結合。希臘哲學家亞里斯多德認為道德是可教的，而道德教育在追求「至善」，所謂「至善」是指一個具有道德且能實踐的人，這樣的人就是一個幸福快樂的人，而幸福快樂的人必能過著幸福快樂的生活。

問題與討論

1. 你對教育部在 2009 年推出的「有品運動」有何看法？應如何落實？
2. 你認為大學生應具備的道德行為有哪些？
3. 道德教育的內涵及實施方式為何？
4. 大學生應如何實踐道德行為？請舉例說明。

參考文獻

丁亞雯（2004）。高中品格教育的反思與行動。**學生輔導，92**，78-95。

正因文化譯（1999）。阿諾爾德．湯因比（Arnold J. Toynbee）與池田大作（Daisaku IkedaI）著。**展望二十一世紀——湯因比與池田大作對談集**。台北市：正因文化。

但昭偉（2004）。不夠好也沒有壞過的道德教育工作者與道德教育——論品德教育推行上的一個困難。**學生輔導，92**，24-37。

李奉儒（2006）。美國品格教育、價值教育與道德教育的轉向。**現代教育論壇，14**，179-192。

李琪明（2004）。品德教育知課程設計理念及其教學模式。**學生輔導，92**，8-23。

林火旺（2006）。**道德幸福的必要條件**。台北市：寶瓶文化。

林建福（2006）。**德行、情緒、與道德教育**。台北市：學富。

孫效智（2002）。**宗教、道德與幸福的弔詭**。台北縣：立緒。

陳寶國（2004）。建立以品格為第一的未來。**學生輔導，92**，151-156。

傅佩榮（2003）。**哲學與人生**。台北市：天下文化。

單文經、汪履維（1988）。**道德發展與教學**。台北市：五南。

詹棟樑（1997）。**德育原理**。台北市：五南。

詹德隆（2004）。大學生的品德教育是可能的嗎？。**學生輔導，92**，66-77。

蔣介石（1934）。**新生活運動綱要**。2009 年 4 月 17 日取自 http://zh.wikipedia.org/wiki/%E6%96%B0%E7%94%9F%E6%B4%BB%E9%81%8B%E5%8B%95

多元文化與生活

CHAPTER 12

壹 前言：多元文化時代的來臨

當今世界已經走進民主、自由、開放的時代，資訊發達，交通便捷，「地球村」的生活型態已然形成，這說明了居住在地球上的人民，往來愈來愈密切了。這樣密切的關係，隨之而來的是各個族群間，不同的傳統文化、生活方式、意識形態、宗教信仰的衝突與矛盾。這種現象要以合理的方式消除，才能達到不同的族群，多元文化彼此互相尊重、互相關懷、互相敬愛、互助合作，共同來創造全人類多元文明的社會福祉，這是全世界各階層領導人，以及志士仁人共同嚮往的目標。

2009 年甫獲金像獎最佳男演員獎的影片——「自由大道」，即是描寫美國政治史首位大膽出櫃的同志議員——哈維．米克（Harvey Milk, 1930-1978）的故事，同志的身分無損於他對社會的熱情。雖然他只是個平凡人，卻努力用自己的生命，為愛、為自由平等而戰！儘管哈維．米克的人生，最終結束於政治暗殺，卻也自此開始為美國人權寫下傳奇的一頁。在稍早 2008 年的年底，美國選出第 44 任總統歐巴馬（Barack Obama），是首任非裔美人的領袖，更象徵美國自 1960 年代以降，金恩博士（Matrin

Luther King Jr.）呼籲種族和諧的實踐；反觀我國族群問題隱然是國家發展上一個難以突破的禁忌，如何從多元文化的觀點，面對社會上種族、族群、性別、宗教、社會階級所產生的問題，是現今的知識分子無可逃避的責任。

「差異」是多元社會的現象，但由於單一的文化（mono-culture）的限制，使得「多元」被壓縮在一元的體系之下。「差別」被覆蓋在普同的光譜之內，原本應該紛呈並茂的文化差異，不僅被消音（voiceless）、消色（colorblind）、消形（invisible），成為次要、非主流、邊緣化的事物，甚至被劃上等號，成為「劣等、卑下、野蠻」的代名詞（譚光鼎、劉美慧、游美惠，2008）。台灣已是一個多元的社會，各種不同文化豐富了台灣社會的生活，如何學習其他國家的經驗，讓所有生活在這塊美麗寶島的人，都能得到最適當的發展，將是本章探討的重點，相信多元文化社會的建構，不但是人權的彰顯，更是民主社會的深化。

貳 多元文化的定義與內涵

一、多元文化的定義

「文化」是一個內涵極為豐富複雜的概念。廣義的文化是指人類創造的一切物質和精神的成果的總和。其中包括物態的、制度的、行為的和心態的不同層次。狹義的文化是指人類所創造的精神財富的總和，它主要包括人類所創造的制度文化、精神文化和社會意識形態，如哲學、宗教、教育、歷史、文學、藝術等。不同文化會以不同的方法，來達成類似的目的和滿足人類共通的需求；語言、傳說、習俗、節日、音樂和藝術創作等文化表現，影響生活於該文化中的人之行為，使不同族群具有不同的文化特質。

每個社會內部不同位置群體間皆有差異，所以我們應當將差異視為一種正常的現象。不同性別、階級、種族、年齡等群體，都各自有其文化表現形式，以及與主流文化的差異。再者，隨著人員、事物、資訊的跨國全球流動日益增加，文化多元的現象只會更明顯、更加混雜。由於不同文化背景的人，對事物的看法與參考架構不同，詮釋亦不相同；每一種文化都包含一些由別的文化轉借而來的文化要素，當不同族群長期接觸，就會發生文化交流的現象，有時文化交流會讓一個社會解組，有時人們常從本族的文化觀點去評價他族的文化，而產生誤解，故有「多元文化主義」（multiculturalism）的興起。因此，在思考多元文化論時，不能僅是尊重差異，還要看到這些不同差異間不均等的權利關係，並且要打破這種關係。

在平等、瞭解、尊重之中，建立起自我文化和他者文化之間的交流平台，讓文化在同中求異、異中求同，避免造成社會不平等現象，實現真正具有文化相對主義的平等社會，讓多元文化不僅只是一種現象，更是一種理念、實踐及行動，以下將就何謂多元文化主義進一步加以說明。

二、多元文化主義的興起

多元文化主義之產生，與人種、地域、語言、信仰、價值及風俗習慣等方面的顯著差異息息相關，但其濫觴卻與族群的衝突密不可分（邱榮舉、謝欣如，2006）。美國自1960年代以降，多元文化的議題逐漸為社會所重視，特別是在處理種族問題上有新的主張，強調不在消除差異，而是去處理與面對多元文化與肯認差異。態度上從摒除、拒絕、同化壓抑與容忍，轉變到建立關係促進相互尊重（王雯君，1999）；從大熔爐轉變成為沙拉碗（salad bowl）、馬賽克（mosaic）的組織隱喻，以彰顯多元文化各自獨立卻彼此相和的特色。

台灣在 1987 年 7 月政府宣布解除戒嚴，民主化進程大步向前邁進，社會開始大幅自由化、民主化的同時，多元文化主義逐漸在本土生根。族群意識、性別觀點、宗教自由等議題，成為新一代台灣社會關注的焦點；族群文化「多元化」呼聲也響遍雲霄（洪泉湖，2002）。但事實上，台灣社會並未做好準備，人民尚未理解「尊重差異」的精神所在。以近十年「新移民女性」的現象為例，社會上仍不免充斥「外籍新娘」、「大陸新娘」等歧視性的稱呼，便可窺見新移民女性在台灣必須不斷面對污名的處境（夏曉鵑編，2007），更遑論社會能友善的對待她們。

「差異特質」正是多元文化的核心要素；因此，多元文化主義主要描述社會中，實存數個歧異甚大的文化群體（如族群、語言、宗教信仰乃至社會習俗）時，在政策上探究群體間衝突如何解決與建立群體間等關係之論述（高佩瑤，2004；蕭高彥，1998；Horton, 1993）。台灣已邁入多元的移民社會，學習面對多元文化的現象，與新興族群共同努力，創造社會的繁榮，是每一位社會公民所要面對的。

三、文化多元和多元文化主義

文化多元並不是現代社會才有的現象。早在古代埃及與羅馬，不同文化背景的民族就和睦的相處於同一個社會；在中國唐代更是一個多種族、多文化並存的時期，一些社會甚至在法律上承認不同宗教的存在，並且設法調和不同宗教派別之間的衝突。然而，文化多元並不等同於多元文化主義；前者主要是一種現象描述，後者則是一種政治理論，一種意識形態。費伯格（Feinberg, 1997）指出，多元文化強調從每個人的差異性出發，重視公領域中個人機會的均等與選擇的自由；對於特定族群而言，文化多元雖然不一定會採取同化（assimilation）的策略，但也不會刻意去維護特定族體的主體地位。換言之，文化多元強調對每一種文化抱持價值中立的態度；多元文化主義則是從社群，或某個文化群體間的差異出發，強調的重點是對主流文化宰制的質疑，對特定文化的肯認。

如果說文化多元旨在指出不同文化的共存，那麼，多元文化則不僅指出不同文化的共存，而且還要求承認不同文化的差異，並且平等的對待它們。可見，多元文化主義是相當進步的社會理論（多元文化主義，無日期）。

威爾・金里卡（Will Kymlicka）（鄧紅風譯，2004）認為「國家」與「文化」有不可避免的關係，在「多民族」（multinations）所構成的國家，居於政治優勢的民族，其文化必定得到最大程度的扶植。因此，多元文化的內涵就是要提醒社會：當社會中存在著文化優劣勢時，如何關心所有處在文化相對弱勢的族群，這就是多元文化或多元文化主義所關切的議題。學者洪泉湖（2005）指出多元文化的內涵為以下幾點。

一、破除「他者」迷思

在時下社會的發展之中，不同文化群體間，因其人數多寡、掌握資源的不同等各種因素，必然出現所謂「主流文化」、「優勢文化」。「少數的」、「弱勢的」文化群體，往往成為國家政策下的犧牲品，或者被排除於主流社會之外，或者遭到鄙視甚而污名化。倡導多元文化的目的，就是要尊重與肯認各差異文化的價值，呈現多元的文化面貌，讓弱勢族群不再被「正統」主流文化所壓抑。

二、展現社會正義

根據前文，因為社會的自然發展加上國家機器的掌控，社會上必然出現相對弱勢的文化群體。多元文化的目標就是要協助這些弱勢群體，獲得更多資源，如羅爾斯（J. Rawls）主張，如果需要差別待遇，則應讓弱勢族群獲得較大的利益，給予其在公、私領域更多協助與資源，而非一視同仁的齊頭式平等（林麗珊，2008）；一個合乎正義的社會，應努力持續改善社會中不平等的現象，直到社會中處境最不利的成員，能獲得最大的利益，使其利益無法再繼續增加為止。

三、處理差異問題

面對文化差異所產生的問題，倡導多元文化的目的，應強調積極開展實際政策與行動的關注，以「協商式民主」處理文化族群間的爭議或衝突，才是多元文化最終的目的。如勞動基準法的目的，就是為了規定勞動條件最低標準，以保障勞工權益；性別工作平等法的立法，為保障性別工作權之平等，貫徹憲法消除性別歧視、促進性別地位實質平等之精神。上述所列舉，都是透過民主的程序，解決差異問題所做的努力。當然徒法不足以自刑，多元文化的社會能否實現，還在於社會上的每一分子是否都具有多元文化的素養而定。

何謂多元文化主義呢？多元文化主義是一個目標、價值、概念；同時，也是一種態度或策略（譚光鼎等，2008），但也許是由於該名詞被用得太多、太泛、太隨意，或是各個學者立場不同而有所差異，直到目前為止尚未有一個界定分明、一致公認的定義。多元文化論者金確樓和史汀柏格（Kincheloe & Steinberg, 1997）就曾指出多元文主義的複雜性，可以這麼說：「多元文化主義，可以指涉任何一件事情，但同時卻又無所涉。」（Multiculturalism means everything and at the same time noting.）它完全取決於使用該詞的人在談論什麼問題，以及在什麼語境下談論有關的問題。所以，使用該詞時，人們必須說明該詞具體指涉什麼，以及它的相關涵義；不然，不同的讀者對多元文化主義，會有不同的理解，導致誤會。多元文化主義的派典，大約可以分為保守派多元文化主義（conservative multiculturalism）、自由派多元文化主義（liberal multiculturalism）、複合論多元文化主義（pluralist multiculturalism）、左派本質論多元文化主義（left-essentialist multiculturalism）和批判性多元文化主義（critical multiculturalism）。以下就相關理論做一粗略的介紹（譚光鼎等，2008）。

一、保守派多元文化主義

所謂保守派的多元文化論點，基本上並不算多元文化主義，因為其立場保守，認為研究少數族裔、婦女根本是不入流的做法；而且保守派學者主張自由經濟，認為政府不應用太多的福利措施去幫助弱勢團體，否則會助長其依賴性；他們主張文化剝奪論（cultural deprivation），認為弱勢學生之所以在學校表現相對失敗，都可以追溯到其家庭背景與教養方式，他們缺少了某些「主流文化」的文化情操，也可以說是「被剝奪了」一些達致成功的文化；所以教育上要幫助弱勢學生「同化」於主流文化之中，才有機會幫助其成功。

雖然保守的多元文化觀點受到相當大的批判與質疑，但卻不免潛藏於一般人民的心中，尤其面對相對弱勢者，是以一種主流的立場來看待他們，因此出現協助同化的做法，自以為主流的方法是最適合他們的。

二、自由派多元文化主義

自由派的多元文化觀點，強調不同群體共享平等的權利，各群體的文化必須納入成為主流體制（例如教育場域）一部分，強調必須尊重與其他群體之間的文化差異，不能妄加評斷好壞，並主張以相互尊重與容忍的態度來面對不同的文化。自由主義雖然允許各種不同聲音，但自由派論者仍強調不同文化之間的「同」（追求統一與一致），反而促成主流文化的發展，而且會讓人誤以為所有的問題都歸因於個人的缺失與弱點，以至於忽略了社會結構中的權力運作的問題。

自由派者雖然允許了不同文化、不同聲音的出現，但面對不同文化乃是基於一種容忍、被動接受的立場，仍有主流、非主流的區分，缺少了互為主體的尊重，而且仍是進行一種同化的行動，企圖將社會趨於一致。

三、複合論多元文化主義

複合論者與自由派學者不同之處，自由派主張不同文化之間的同，而複合論者則強調「差異」，好似一碗沙拉，將各式的食物聚合在一起。複合論與自由論者不同，在於自由派是從個人的差異出發，而複合論者則強調社群或文化群體的差異出發，而較不主張同化，絕對肯定差異的存在；在教育的作為上，他們鼓勵學生多元學習，放棄偏見，學習來自各相異族群階層的知識與價值。

四、左派本質論多元文化主義

本質論者主張事物之間的差異是由一些不可更改的因素所造成，有一種本質是不會隨時空而改變，凌駕於歷史、社會背景及權力的影響，因此，在討論多元文化時會忽略了情境脈絡的因素。左派論者一味強調唯有「被支配者才有道德位置（moral agency）及被壓迫者的特權（oppression privilege）去發動批判與抗爭」，以及「支配文化一定是不好的，被邊緣化的文化才是可取的」等，而容易落入褊狹、排外的立場，也造成多元文化無法擴展的障礙。

1990年代，台灣本土意識興起，相較於過去三、四十年刻意壓制本土文化所造成的反彈，固然可以理解，但何謂「本土」？本土的詮釋權不該是只掌握在少數人手中，台灣仍有其他的本土文化應同樣被重視，而且過去政府忽視本土文化，也有其時空背景，這些都應一併考量，否則對於族群和諧沒有助益。

五、批判性多元文化主義

抱持批判立場的多元文化論，除了同樣主張尊重多元差異外，還強調我們不能忽視，不同社會群體的地位其實不平等；亦即不同文化間有權力差異和緊張衝突。如果像自由主義那樣只強調多元，卻忽略不平等的事實，只會讓少數族裔的文化呈現成為遮掩實質不平等的藉口。因此，要系統的檢視社會中強勢文化如何藉由掌控較多的資源，而進行複製與傳播；弱勢文化如何被負面的呈現，而形成「文化霸權」的共識。相較於自由主義文化觀，批判立場的多元論，尤其是部分馬克思主義和女性主義者，還強調有人類共通的正義標準，不能將某些侵害普遍人權的事實（如非洲割除女性陰蒂習俗，或印度種姓制度對底層人民的迫害和拘限），以相對的文化差異為藉口而忽視不理。

因此，批判論者主張面對階級、性別、族群等議題時，放棄主流的、中產階級的論點（去中心化），從相對弱勢者的觀點來檢視歧視與受壓迫的過程，並進一步研討如何反抗與改善此一現

象，這也是一種社會正義的彰顯。

綜合上述幾種多元文化主義的理論，保守派基本上不認同多元文化的重要性，仍是以主流（白人）中心思想為出發；認為研究關注少數或弱勢族群的議題是不值得的，這種想法雖然不當，可是卻潛藏於一般民眾的心中；自由派的學者雖然認同差異的現象，卻仍希望不同文化族群間回到同化的境界，不利於多元文化的發展；複合論者更積極於學習不同文化，但未對文化霸權提出批判，容易流於「多樣化」學習而失去重點；左派本質論者又過於激進，認為唯有受壓迫者、被支配者才有權利進行批判；而批判論者提醒我們，放棄主流的思考，從弱勢者的觀點反思，優勢文化如何藉由文化霸權宰制一切，而形成今日的現象；要改變這種現象，要徹底改變思考的方法。

多元文化主義不僅可讓個人與族群在單一政治體中聯合，又可保留各自的獨特性，它使族群社會的成員瞭解：所有文化認同單位均享有平等權利，不只應有權利與他人不同，也應相互尊重彼此的文化（葉肅科，2006）。所以，多元文化主義不僅是從文化的立場出發，它其實涉及了民主、人權等社會價值觀，落實多元文化，才是讓社會真正平等的展現，也是實踐社會公平正義。

參 多元文化討論的範疇與精神

前文提及，多元文化主義並不只關切文化議題，它關切的是「人」的議題，舉凡與人類生活有關的事物，皆與多元文化主義有關，如社會階級再製、種族中心主義、族群衝突、母語教學與鄉土教育、兩性平權、外籍配偶、同志運動、原住民自覺與自決運動、其他弱勢族群議題、教學與生活平等、環境營造等。

前文提及除保守派多元文化理論外，其餘均主張文化必須多元的重要性，綜合上述，多元文化主義有幾項共同的精神，分述如下。

一、差異政治（politics of difference）

係指奠基在普遍的潛能上，每個人的獨特潛能必須被尊重，至少在相互交流的文化脈絡下，在互相尊重每個人都有平等權利的普遍基礎上肯定差異（簡成熙，2000），才能使不同的文化得以發展。藉由對異文化的比較和體驗，才能更認識自身的文化，進而得以不斷超越與創新。透過多元文化的交流，讓過去處在同化政策下，對不同文化差異性所造成的迫害，導致少數文化群體存在的空間與價值被抹殺，讓「差異」被視為一種常態，理解差異無所謂優劣，只是不同；並體認弱勢族群力圖反抗主流文化力量，拒絕主流群體所崇奉的價值，以爭取自己的文化認同作為訴求，這正是多元文化主義的肇端（張維安，2006）。

二、肯認政治（politics of recognition）

學者泰勒（Taylor）認為（引自簡成熙，2000），多元文化就是在幫助個人透過對話（dialogue）的方式完成自我認同，這種對話是建立在少數或弱勢族群文化的肯認，建構多元文化存在的合理性，不至於使弱勢文化的成員產生認同危機；此外，弱勢族群本身也必須站起來，捍衛自己族群的權益，要求強勢者重視其文化的存活。

三、文化公民權（culture citizenship）的保障

多元文化主義本身就是主張真正的平等，所以是一種人權的保障；除人權外還增加對文化權的強調，保障所有族群都有機會維持一個不同的文化（張維安，2006）。文化公民權運動的推

展，是要創造一種多元文化的社會。具體的方法之一是：透過文化活動與文化藝術等公共領域的社會參與，營造出一個尊重文化差異、包容多元文化、創造新生活品質的多元文化價值觀的社會（葉肅科，2006）。

歸納上述，文化多元可說是生活中的一種現象，它描述了生活中因為不同文化群體的交融，所必須重視的現象；多元文化則進一步闡述，如何面對多元生活的一種態度，它不僅是消極地看待文化族體的現象，更進一步積極主張要打破不平等，要協助弱勢群體，認同其文化並發展其文化，讓多元成為一種社會進步的力量。

肆 台灣的多元文化現象

目前台灣社會的異質社會情境和文化多樣分歧狀態，正符應多元文化的現象。從明清時期、日本占據、國民政府撤退來台，到近十年的跨國婚姻現象，台灣已是個標準的移民社會，這是特殊歷史與社會條件下的產物。此外，全球化的浪潮下：移民、旅行、金融交易、跨國公司、全球市場、媒體資訊的全球傳播等，種種人事物的流動，帶來了多族群、多文化的生活現實。不論是透過傳播管道，遙遠彼方的訊息源源而來，還是直接在當地環境裡，遇見異質的人群和事物，都增添了「多元」的感受。

台灣已是個多元文化的社會，然而過去台灣並沒有多元文化的觀念，反倒是政治解嚴之後，原住民的還我土地運動，客家族群的還我母語運動，國小教育推動鄉土語政策，多元文化的觀念才逐漸為台灣社會所認知與接納，但台灣距離理想的多元文化社會仍有一些努力的空間。因文章長度有限，以下就台灣社會中多元文化的現象與問題，僅列舉性別、族群、社會階層及外籍配偶等議題，加以探討及說明，以檢視過去我們如何帶著偏見處理多元文化的問題。

一、性別與多元文化

台灣社會深受父權體制的影響，傳統「男主外、女主內」、「男性剛強、女性陰柔」的刻板想法，使得男、女性皆難脫性別的枷鎖。面對相同的問題，往往男女適用的標準不同，這些性別議題皆難脫「性別政治」的羈絆。從多元文化的角度探討性別議題，即希望跳脫傳統的性別印象，回歸個體自身主體性，由個體自己決定性別取向，常見的性別議題包括以下五項。

㈠男性與女性相處的問題：職場性騷擾、婦女遭性侵、家暴案件。

㈡如何面對同性戀：同性戀合法化及同性戀結婚。

㈢第三性別取向的問題：如何看待第三性別者。

㈣男性與女性的角色與分工：家務是誰的？男強女弱乎？

㈤社會對女性的歧視與不友善：職場對女性從業人員，不合理規定。

檢視上述的問題，主要目標就是希望營造兩性和諧的社會，然而推動性別平權所要挑戰的，往往就是自己、家人、上司等，及根深柢固的觀念。因為性別不一定都是暴力壓制或拳腳相向，它更常以一種意識形態的方式，存在我們日常生活之中（譚光鼎等，2008）。這種意識形態的壓抑，讓我們身處其中而不自知，並習以為常。多元文化希望幫助人們瞭解到，在傳統父權社會壓抑之下，兩性的相處是不平等的；不要再以歧視、宰制的眼光看待性別角色中的弱勢，並能以此為出發，真正為兩性謀求一個和諧相處的空間。

二、族群與多元文化

以當前正塑造中的台灣國族意識而論，有所謂的四大族群存在著更多內部差異，包括如何定位金門、馬祖、澎湖的文化，殘留的荷蘭、西班牙、日本文化，以及東南亞和大陸配偶帶來的血緣和文化；這些都已經是「台灣文化」的內在差異。目前為止，族群問題始終是執政當局無法有效處理的議題。

回想國民政府來台之初，以團結為名，有意無意打壓閩南、客家及原住民族群，輕忽其族群文化。1980、1990 年代，台灣上下一片本土化的呼聲中，本土化被簡化成福佬化，形成另一種文化霸權，客家與原住民成為再一次犧牲的族群，這種暗藏文化權力不平等的現象（張維安，2006），卻不易為人所發現。台灣社會常見的族群議題包括下述四項。

㈠各族群語言使用問題。

㈡各族群文化傳承問題。

㈢種族衝突的過去。

㈣族群成員的自我認同。

台灣社會所面對的族群問題，相當複雜，且成為選舉時政治人物操弄的工具；每到選舉時政治人物倡言的族群問題並不是為了促進族群和諧，反倒是私心的妄想挑起族群的爭端，從凸顯不公義或刻意扭曲事實中，獲得選舉的利益。藉由簡單的分類，將民眾分為「自己」與「他人」、「我群」與「異類」，這種分類最根本的核心，就在於自我（self）和他人（或謂異己、他者）（other）之間的差別，建構我群、我族、同類（same）和異族、異類間的差距，並藉由這種區分來創造、強化、鞏固自我的認同。再依此呼籲不要被「外人」欺負，要支持自己人的簡單分類，最後造成台灣社會族群的不安。

歷史上著名的例子就是納粹屠殺猶太人，一方面要強調亞利安人、日耳曼民族的優良血統，並強調保持血統純淨的重要性；另一方面要標明社會的敵人和禍害，那就是非我族類的猶太人和吉普賽人以及同性戀者，這些人必須排除，甚至消滅，才能維持亞利安人的利益和榮耀。又如過去南非的種族隔離政策，也是十分徹底的分類和排除，依據社會分類來保障特定群體（白人）的優勢。

相對於非我族類的排斥在外，只要是「我群」，便要納編在內部，甚至不准「外逃」。如上流社會為了維持權勢與地位，傾向於互相通婚，限制跨階級的婚配。直至今日，台灣的政治世家與企業財團間還是彼此通婚，形成緊密的關係；這也是保持「純淨」的方式。

綜言之，異類與認同的建構和維持，最重要的機制便是透過把非我族類排除出去，以及將我類收編在內的雙重過程，來鞏固他人與自身間的邊界。這種排除和容納的雙重過程，通常被賦予價值評斷，尤其是顯現在髒污混雜和純淨（神聖）的對立區分上，並藉由邊界來區隔純淨內部與髒污外界。

差異，應該是思考多元族群的重要理念。多元族群的理念，在於如何維持族群之間的平等，也保有族群之間的差異（張維安，2006）。我們要思考，是什麼因素讓台灣相對少數族群身分認同隱而不顯（邱榮舉、謝欣如，2006），是不是在優勢文化宰制下，壓迫少數族群發揮的空間，或者是害怕被歸為非我族類而遭排斥；台灣社會要像新加坡那樣勇敢面對種族（族群）衝突的過去，才有辦法真正從族群的議題中解放出來，讓每個族群皆成為台灣社會的主人。

三、社會階級與多元文化

階級常是造成社會多樣性與差異的原因，由於不同階級所掌控的資源不同，衍生出社會問題與文化現象的差異，所以階級也是多元文化除關切性別、族群外另一個關心的對象。階級的剝削與不平等，與因為階級不同所造成的權力關係，多元文化教育希望改善這種不平等的現象。

2000 年台灣總統大選，代表三級貧戶出身的陳水扁當選總統，無疑是社會階級流動的最佳表徵，然而隨著社會制度愈來愈不公平，社會流動的情形愈來愈困難，社會資源永遠掌握在少數社會階層者手中。教育原本應是改善此一現象的良方，但近年來教育似乎愈來愈難促進社會流動的力量。以近年來的多元入學為例，原本希望學校藉由推甄，尋找合適自己學校的學生，卻不料學校的錄取與學生家庭社經背景產生聯結，家庭背景高者較能錄取公立大學，而家庭背景低者必須就讀私立大學，隨後又因學費昂貴必須貸款，所以學生一畢業就成為負債族，對原本不寬裕的家境造成更大的負擔，形成了所謂社會階級再製的現象。教育無法幫助社會地位低者，尋求向上的社會流動，反而成為社會階級再製的幫凶。又如學校教育中，老師不免對家境中上者、成績較優者給予正向的期待與關注，而對於社經背景低者、成績較差者給予較負面的社會經驗。久而久之，社經背景較佳者，因常期接受老師正向的社會經驗，因此表現愈來愈好；相反的，社經背景較差者表現愈來愈差，這就是一種階級化導致的問題。有時我們必須省思，社會制度本身是不是也是造成社會階級問題的推手之一。

雖然資本主義下，貧富的差距在所難免，但從多元文化的觀點，解決這樣的問題，國家應規畫並設計、實施相關的福利制度，並批判挑戰資本主義的運作邏輯，為弱勢者增能（empowerment），改善此一現象。

四、新移民與多元文化

「新住民」成為近年來台灣特殊社會現象之一。這些來自東南亞開發中國家的婦女，因為「婚姻坡度」（夏曉鵑，2002）的理由嫁入台灣，這樣的現象自 1994 年以來急遽增加。根據內政部（2006）的統計，自 1987 年至 2007 年 6 月底，所有外籍配偶共計 376,071 人，其中中國大陸及港澳有 242,724 人占 64.54%；東南亞有 133,347 人，占 35.46%。在東南亞的新住民中，其中越南有 75,571 人占 20%；印尼籍 25,810 人占 6.86%；其他泰國、菲律賓及柬埔寨不到 1 萬人。這些有著與台灣社會不同的語言、生活習慣、風俗文化的外籍人士，與台灣男士結婚，定居而成為台灣的一分子。未來在夫妻溝通、教養子女、家庭經營等各方面環境適應衍生的問題，是台灣社會所要積極面對的社會議題。處理得宜，新住民將是台灣社會進步的一股力量；處理不當，將對整個社會、家庭甚至個人造成莫大的衝擊與影響。

台灣外籍配偶現象係屬全球化下的「商品化跨國婚姻」，且與資本主義世界體系發展密切相關（夏曉鵑，2000）。從多元文化觀點認為：大量跨國婚姻移民使台灣地方注入多元文化，也使「在地國際化」在各鄉鎮形成，如果新移民女性人權能得到跨越國家、族群、性別與階級的伸張，真正的多元文化社會的理想才會出現（葉肅科，2006）。事實上，台灣社會並不是那麼友善的看待新移民，再加上文化的誤解，將其視為野蠻、未進化的民族，這些對新移民而言，都是非常不友善的對待。

就跨國婚姻與社會融合角度來看新移民現象，「同化」（assimilation）明顯不同於「涵化」（acculturation）與「多元文化主義」有不同的階段：同化是指不同文化的個人或團體，融合成一個同質化的文化單位之過程；其間，相對弱勢的文化常會被要求放棄自身文化而同化於強勢文化，像是新移民來到台灣往往被要求放棄母國的語言文化，做一個道地的台灣媳婦。涵化是指來自不同文化的個人或團體，藉由社會接觸而相互採用他人文化要素的過程。多元文化主義則是指：每個族群都能保留其語言、宗教、飲食、族群起源與其他生活方式等文化特質，而強勢文化也願意包容或鼓勵文化多樣性（葉肅科，2006）。

尤其新移民的婚姻所造成的歧視與不平等現象，是前幾個多元文化現象的綜合版，她們既是女性、少數的族群、嫁來台灣多半是社經地位較低者，再加上又是其他國家的人士，種種不利因素全集合在她們身上，使得她們異常辛苦，台灣社會應該省思與學習：面對這波外籍配偶婚姻移民潮，台灣要迎接的不僅是多元現象，也是一個理想平等的、接納的、尊重的與融合的多元文化社會；這不僅是新移民之福，也是代表台灣真正邁入民主、人權的社會。

其實，台灣社會中多元文化的現象比比皆是，文中所舉出的幾個例子，不過是較為人知者。其實台灣從政府解嚴之後，後現代、去中心的思想逐漸抬頭，對於多元文化的發展是相當有利的，只是仍需要從教育著手，讓每個社會公民皆具備多元文化的素養。以下將介紹如何從生活中，培養多元文化的素養，讓台灣早日邁向和諧的多元文化社會。

伍 多元文化的生活實踐

根據研究指出，多元文化不僅能擴展經驗，也能藉著回應不同價值觀的挑戰，而增進思辨能力。當我們面對多元文化的現象時，我們當省思的是，如何藉由個人的力量，從每個人做起，培養多元文化的公民素養，讓整個社會充滿溫馨與祥和。

一、檢視自己的偏見

在面對不同的文化族群之時，必須會去檢視族群間的刻板化印象，並試圖打破刻板印象，如看待原住民、新移民等議題，社會及媒體常有許多負面報導，這些負面報導要藉由批判檢視偏見，包括面對弱勢族群，必須予以包容的偏見，深切理解文化沒有優劣，只是不同。

大部分人多少都知道自己有哪些偏見，雖然我們不願意承認，但我們總是依照人們的種族、性別、年齡、國籍、經濟地位或外表，來評定一個人。只憑著習慣而採用某種特質去評估他人，是極為偏頗的錯誤，這類的刻板成見，會使人偏頗或喪失許多機會。

社會中的弱勢族群不一定代表對社會的貢獻少於其他的族群，社會的各個角落中，仍有許多人默默的盡本分，如同大部分新移民女性，肩負家中生計、教養子女的角色，與一般台灣婦女並無二致，我們何以看待她們如次等公民呢？新移民的弱勢有時並非來自於本身，常是其他社會因素所造成，值得我們深切省思。

二、培養公民民主素養

經由教育，使人民彼此間有充分的認識瞭解彼此的差異，尤須注意生活中的各個面向，這樣才可能有真正的寬容（genuine tolerance）（Hunter, 1994，引自鄧志松，2000）。法律制度只是最起碼的規範，寬容與尊重才是解決文化衝突最有效的方法。從民主態度做起，如同伏爾泰的名言「我不贊成你所說的，但是我誓

死捍衛你說話的權利」，每個族群都有其特殊的文化背景，在面對其文化現象，及不影響他人情形下，應予以尊重，這是民主社會中應有的表現，面對不同的文化更應如此。

三、學習與欣賞不同族群的文化

有學者指出（在控制起初的背景和信仰因素後），較常接觸跨文化體驗的學生，比起其他同學常參與公民活動，比較願意助人，而且更想投入社區改革（張善楠譯，2008）。理解不同文化最好的方法，就是從生活中實際接觸異於自身的文化經驗，這種經驗可以打破長久以來的刻板印象，藉由學習不同的文化也能豐富自身的內涵，甚至融入更多創新的元素，增加不同族群文化間持續交往的機會，是提升包容與瞭解的最佳方式（張善楠譯，2008）。

四、關懷弱勢族群

社會上許多相對弱勢的族群，這種弱勢往往是多重的，他們常是經濟的弱勢、社會的底層、文化上更是為社會忽略。這並非弱勢族群所意願，基於對於人的關懷，我們可以多給予關懷，協助改善他們的環境，最重要的是提升他們的能力，為自己的族群發聲，才是長遠之計。

五、合宜的社會認同

社會認同是人們免於孤寂、無助，融入社會與社會實質產生聯結的過程（鄧志松，2000）。人處在這社會中，希望藉由認同來建構歸屬的感覺，能在所認同的團體尋求安全感與慰藉，但這種認同也成為區分「我族」、容納（純淨；內）與「異類」、排除（髒污；外）的關係。

放在社會權力關係裡來看，自我認同的建立及異類的區分，其實是社會控制的手段。由占有優勢的群體，藉著將非我族類劃分、排除出去、賦予污名，甚至屠殺消滅，來鞏固和維持自己的權勢與利益。

對於少數族群而言，容易產生族群認同危機，因其面對優勢文化的壓抑，被迫服從和遺忘自己的文化和過去（張茂桂，1999：257-258）。就個人而言，應鼓勵多元、重疊的團體認同，有助於人與人間彼此的信賴與瞭解，進而消弭可能的對立與衝突。其次，增加認同的理性成分，避免盲目認同。這要透過教育加強公民對社會複雜性的瞭解，培養理性思維與道德推理的能力，避免無條件的認同。最後，建立以基本人權為基礎的普遍律則，避免朝過於激烈的方向發展。

無論你身處社會中的優勢或弱勢的文化族群，都能充分理解自我族群的特點，合宜的社會認同，讓自己可以立足於社會之中，做出貢獻而不至於成為社會的負擔。

六、善用並發展多元文化

文化是具有產值的！面對多元文化的發展，並不止於特定日期拿出來亮相就可以。文化是可以化為產業，成為一種具有經濟價值的活動；創新就是要與眾不同，少數族群的文化精髓，正是足以運用於產業創新的元素。原住民的圖騰象徵、客家族群的土樓、美濃的菸樓，這些都可以成為下一代創造的題材；因此，少數族群的文化產業要善加利用，也可擺脫弱勢、社會底層、不入流的刻板印象。

七、創造集體認同形構的要件

當文化多元發展之後其終點為何？一個社會除了保障各文化

充分的發展外，必須植基在社會集體認同上，這裡所言的集體認同與同化不同，同化係指放棄自身文化追尋與主流文化一致；集體認同係指持續的社會互動，累積形成集體認同所需的共同經歷和相互理解，回到社會發展的認同。

陸 結語：共同追求多元共融社會

台灣原本就是移民社會，加上全球化的發展，台灣社會的多元文化現象日益明顯。雖然如此，台灣社會未必已做好面對多元文化社會的準備，本章倡言多元文化主義的精神，不是只把少數文化族群同化到主流社會裡，而是造就不同文化族群間相互理解，並促使社會公民尊敬並欣賞不同文化（張善楠譯，2008）。經由多元文化的理解與學習，以及增加族群意識和瞭解活動，將多元文化視為一種道德的特別形式，引導我們把同理心從最相近的人群，擴展到較疏遠且相異的族群，以追求社會的最佳發展，如同《論語·子路》所載孔子的一句名言：「君子和而不同，小人同而不和」，理想的多元文化社會就是和而不同，共同追求國家社會的成長。

問題與討論

1. 檢視並評析自我有哪些偏見，面對生活中的人、事、物，試舉一例說明。
2. 目前社會上有哪些對女性、外籍配偶、弱勢團體仍有不友善的情形，請舉例說明。
3. 如何幫助弱勢族群，提升其自我認同。

參考文獻

內政部（2006）。**台閩地區各縣市外籍與大陸配偶人數**。2009 年 6 月 2 日取自 www.ris.gov.tw/ch4/static/st1-9-93.xls

王雯君（1999）。**多元文化管理之研究：以台北市原住民就業為例**。國立政治大學公共行政研究所碩士論文，未出版。

多元文化主義（無日期）。2009 年 3 月 12 日取自 http://baike.baidu.com/view/421314.htm

林麗珊（2008）。**警政倫理學導論**。桃園縣：中央警察大學。

邱榮舉、謝欣如（2006）。多元文化政策與戰後台灣客家發展。載於張秀雄、鄧毓浩主編，**多元文化與民主公民教育**。台北縣：韋伯。

洪泉湖（2002）。台灣的族群意識與族群關係。載於洪泉湖等主編，**百年來兩岸民族主義的發展與反省**。台北市：東大。

洪泉湖（2005）。**台灣的多元主義**。台北市：五南。

夏曉鵑（2000）。資本國際化下的國際婚姻：以台灣「外籍新娘」現象為例。**台灣社會研究季刊，39**，45-92。

夏曉鵑（2002）。**流離尋岸**。台北市：台灣社會研究雜誌社。

夏曉鵑編（2007）。**不要叫我外籍新娘**。台北市：左岸。

高佩瑤（2004）。**多元文化環境下的社會行銷策略運用：以馬來西亞檳城消費人協會為例**。世新大學傳播研究所碩士論文，未出版。

張茂桂（1999）。種族與族群關係。載於王振寰、瞿海源主編，**社會學與台灣社會**（第八章）。台北市：巨流。

張善楠譯（2008）。伯克（D. Bok）著。**大學教了沒**。台北市：天下文化。

張維安（2006）。客家與台灣多元文化社會的發展。載於張秀雄、鄧毓

浩主編，**多元文化與民主公民教育**。台北縣：韋伯。

葉肅科（2006）。多元文化與外籍配偶弱勢團體問題——社會排除與社會資本觀點。載於張秀雄、鄧毓浩主編，**多元文化與民主公民教育**。台北縣：韋伯。

鄧志松（2000）。認同與認同衝突。摘自國立花蓮教育學院主辦，**多元文化、身分認同與教育學術研討會論文集**（頁 105-126）。

鄧紅風譯（2004）。威爾・金里卡（Will Kymlicka）著。**少數群體的權利：民族主義、多元文化主義與公民權**。台北市：左岸。

蕭高彥（1998）。多元文化與承認政治論。載於蕭高彥、蘇文流主編，**多元主義**。台北市：中央研究院中山人文社會科學研究所。

簡成熙（2000）。多元文化教育的論證、爭議與實踐：從自由主義與社群主義論起。載於但昭偉、蘇永明編，**文化、多元文化與教育**。台北市：五南。

譚光鼎、劉美慧、游美惠（2008）。**多元文化教育**。台北市：高等教育。

Feinberg, W., (1997). The goals of multicultural education: A critical re-evaluation. In F. Margonis (Ed.) (1996), *Philosophy of Education.* Urbana, Illinois: Philosophy of Education Society.

Horton, J. (1993). *Liberalism, multiculturealism, and toleration*. London: Macmillan. Koselleck, Reinhart.

Kincheloe, L., & Steinberg, R. (1997). Critical multiculturalism: Rethinking educational purpose. In *Changing Multiculturalism* (pp. 27-57). Buckingham: Open University Press.

全球化議題與生活

13 CHAPTER

壹 前言：全球化議題是不可抵擋的潮流

美國的次貸風暴席捲全球，一路蔓延造成全球經濟恐慌。2008 年 9 月份，雷曼兄弟破產，AIG被美國政府緊急接管，美林證券被美國銀行併購……。緊接著全球陷入金融海嘯，歐洲各大銀行也發生危機，冰島政府瀕臨破產，各國股市重挫，全球無一倖免，其廣度和深度前所未見。金融海嘯正襲擊各國經濟，世界各國面臨了空前未有的危機，全球經濟大蕭條成為揮之不去的陰霾。（蔡宏明譯，2009）

2009 年 4 月底，墨西哥爆發傳染力極強的 H1N1 A 型流感，並隨著人類的移動造成墨西哥境外其他國家。之後，美國德州出現死亡病例，南韓、日本等多國受到 H1N1 流感的影響，世界衛生組織 WHO 指出疫情等級提升至第五級，代表現在病毒已經可以有效人傳人傳染，即將會有大流行。各國世界的防疫工作，莫不繃緊神經，全力以赴。

上述的兩則報導，是說明全球化最好的寫照。曾有一個蝴蝶效應的說法，意謂渺小不起眼的事件或現象，在紛擾不可測的混沌中，可能會扮演具影響性的關鍵角色。如在中國北京一隻蝴蝶振翅，會輕微改變氣壓，而這些擾動又將改變附近地方的氣壓，於是一傳十、十傳百傳開，一個月之後，太平洋對岸的美國芝加哥就會因氣壓被改變而下雨。世界上任何一個微小的改變，均可能造成的影響，這就是全球化的特徵。

「全球化」（globalization）源自 70 年代，原本是為了克服資本主義過剩和利潤下降的問題，各國政府及跨國財團在新自由主義的倡導下，以「自由貿易」、「取消管制」為口號，打破一切任何妨礙貿易自由的議題，包含維護人權、工人、婦女、環保等的保障為訴求的活動；到了 80 年代之後，遂漸成為學術討論的議題（林海清，2003）。然而，全球化的勢力，隨著高科技的發達、網路的快速興起、經濟的加速自由化，而愈來愈強，成為一股不可抵擋的潮流。

當然，全球化之後也造成新的問題，貧窮、失業、環保、文化入侵等等。身為這一代的知識分子，應如何認知全球化，又將面對全球化所帶來的衝擊，將是本章探討的重點。

貳 全球化的意義與內涵

全球化原是一個用以表達地球村社會形成的歷程。狹義的全球化是指全球從孤立地域國家走向國際社會的進程；而廣義的全球化，則是指在全球經濟、文化交流日益發展的情況下，世界各國之間的影響、合作、互動愈益加強，使得具有共同性的文化樣式，逐漸普及推廣，成為全球通行標準的狀態或趨勢（林海清，2006）。布朗（Brown, 1999）強調全球化是全球資金移轉、資訊科技的快速發展與交換服務機會的更新等；而捷特勒（Gertle, 1997）認為全球化除重視政治、經濟與文化的轉換外，特別重視全球意識的強化；哈唯（Harvey, 2000）則從科技變遷的觀點強調全球化世界，由傳播科技快速革新與市場交易形成的改變，而引發時空壓縮的現象。

從上述的說明可知，藉由科技的力量，全球化帶起地球村現象的產生，不論願意與否，生存在這地球上，就一定會受到其他國家的影響；任何一個現象的產生很可能就是全球的問題。全球化背後趨策理念，就是自由市場資本主義（free-market capitalism）的作祟；只要市場力量愈能發揮，經濟體對自由貿易與競爭就愈開放，愈有效率就愈繁榮（Brown, 1999）。從經濟的界線打破卻造成一連串政治、文化的解構，而且速度愈來愈快，影響也愈來愈深入。

細究全球化的發展，其受到以下三種因素的影響（黃富順，2004）。

㈠民族國家的式微

民族國家的概念，原本是一切政治、經濟、文化、教育等思考的核心，也是二次世界大戰以後，國家組成的主要型態。然而1960、1970年代後，跨國公司的興起，國家與國家之間的利害攸關，密不可分，民族國家的界線被打破，文化交互衝擊與影響，已走入沒有國界的世界。

㈡經濟自由化的衝擊

在經濟的跨國化現象甚為明顯，只要有吸引人的機會，處在世界各地的資金就會源源不斷的進入，早已不受限於地理的藩籬。決定資金進出與否的因素，就是投資機會的好壞，國家的疆

界已消失在無國界的世界中。

㈢交通電訊的發展

全球化不僅是經濟方面，它更是政治、文化、教育及社會的全面性改變，這與通訊設備、資訊設備的進步有莫大的相關。2001 年美國發生 911 事件時，全球幾乎是同步的觀看到恐怖分子挾持客機攻擊世貿大樓的畫面，這一切均拜科技進步之賜。

拜上述三種因素的影響下，它顯示了全球生活於同一個世界社會中，沒有一個國家、一個群體可以自我隔絕。在此社會中，不同的經濟、文化、政治形式彼此交互存在，相互影響。故全球性（globality）共同的事件或議題，如跨國生產或和勞動市場的競爭、傳播媒體中的全球報導、跨國性的買主抵制、跨國生活方式等，皆為「全球性」的危機和挑戰，也是下一世代生活的常態。

當全球發展成一個彼此距離接近、共享資源的大社會後，全球化之影響逐漸形成，全球化生活樣態，有下列特性（林海清，2003；黃富順，2004）。

一、經濟全球化

全球化的經濟模式是繞著經濟開放、鬆綁與民營化打轉的法則。由於民族國家的式微，經濟藩籬被打破，跨國企業的出現，貿易障礙的消除，全世界的經濟走向了自由化。新而複雜的全球性經濟應運而生，加上貨品、服務、財力與其他資本的流通，象徵自由市場資本主義散布到全世界每一個國家，使全世界成為一無疆界阻隔的大市場，全世界走向一體的經濟體。

在自由市場的概念下，全球貨品自由地流通，同時讓資本家更方便銷售貨物，賺取更大額的金錢，各國家或企業在此一趨勢下，不得不以相互結盟或跨國企業的型態，布局全球市場，這一波自由市場引發區域經濟的結盟，在相對弱勢的國家或地區，若不能尋求市場突破，走向全球貿易，反而會成為下一波經濟的殖民地。

二、政治全球化

因為經濟的全球化必須在國際或各政府之間的協調運作，國家因此不得不運用策略聯盟（比如歐盟、東南亞國家國協）、多邊條約（諸如北大西洋公約組織、石油輸出國家組織）或國際組織（比如聯合國、國際貿易組織、國際貿易協定、國際貨幣基金會等）以避免被邊緣化。政治全球化具有一重要且顯著的特質：沒有任何政治領域出現類似金融市場如此高度的全球化，這種全球化的結果，威脅了國家的主權，「民族國家」的概念將重新詮釋，取而代之的是實力堅強的經濟體；國家能否成為抗拒全球化的最後保壘，將受到嚴苛的考驗。

伴隨政治全球化之後，值得注意的是新興而起的國際組織，像是歐盟（European Union）這些原以經濟為主結盟的組織，正擴大其在政治上的影響力；除了在環保、教育等議題的合作，關稅協定將使國家的界線被打破，其影響力正一步一步在擴大之中。

世界各國紛紛以結盟尋求自保，這些政治性、非政治性的組織，形成新世界力量的來源，對於無法加入這些組織的國家，會不會被邊緣化之後，喪失競爭優勢，值得關切。

三、文化全球化

隨著傳播媒體與網際網路的發達，文化全球化成為最顯著的一環，也是民眾感受最深的一項。我們隨時隨地都可以享受各國的美食，打開電腦、電視，我們可以同步接收國際的大事，這種文化全球化是一個分殊的過程，也是一個同質化的過程；它透過認清文化利基和在地能力的價值，促使世界多元化。全球化將中心帶往邊陲，也將邊陲帶往中心，此兩方面的移動藉由大眾傳播媒體作為媒介，使同質性民族國家，最後也朝多元文化主義的方向調整。

全球化對於一國文化之影響，由於資訊的流通化，經濟的自由化，跨國企業快速竄起，交通的便捷，促進了全球各地民眾接觸頻繁，來往密切，以致不同文化相互激盪，由衝突、接納、調整而逐漸走向融合的現象。對於國家人民而言，如何在這波全球化浪潮之中，一方面吸取其他文化的菁華，二方面也要精練自身文化，並向其他國家傳遞自身文化，成為一項重要的課題。

四、科技全球化

科技的日新月異，使得資訊和知識的傳播飛躍的進展，電腦、數位、衛星通信、光纖和網際網路，這些科技協助創造了全球化的概念。全球化的整合，係透過資訊藉由網際網路的傳播，達到無遠弗屆的地步，網際網路具有前所未有穿透的力量，更是資訊傳播的重要功臣。當電腦被發明的時候，從來沒有想過可以透過全球資訊網將所有的電腦都聯結起來，我們可以這麼說，全球化是被「全球資訊網」（world wide web）完成了。

透過資訊整合與通訊科技大量儲存、處理與立即的資訊傳輸為全球化重要的因素之一。藉由科技使時空重新建構，而進行經濟、政治與文化發展之溝通整合。亦即擁有優勢科技，就可以創造全球的財富，也藉著科技打破國界的藩籬，但伴隨而來的數位落差（digital divide）現象，誰擁有資訊就擁有力量（information is power）以及不可避免的數位倫理的問題，提醒我們須謹慎面對科技全球化的問題。

五、生活全球化

由於經濟的自由化，資訊傳播的國際化等因素，促使全球各地人類生活的型態有了重要的轉變。除了許多生活的素材愈來愈相同，如全球各地可見的可口可樂、麥當勞、星巴克咖啡，連流行文化Hi-hop等等之外，更大的改變是生活的分工；甲地接單、乙地生產、丙地出貨早就是生產的模式。下午美國會計師接到的案子，利用下班時間交給地球另一端印度的公司進行計算，明天一早報表已放在會計師的桌子上；未來的生活就是一種全球分工的生活型態，生活中還有什麼不能被取代的呢！

綜合上述，全球化在經濟與科技兩把大刀底下，摧毀了國與國之間的銅牆鐵壁，世界愈來愈透明與開放，如果要說明全球化是什麼？楊國德（2001）為全球化下了很好的註解，他說：

㈠全球化人類社會發展的過程。

㈡全球化人類突破地理環境限制的現象。

㈢全球化的現象，包括經濟、政治、社會和文化等層面。

㈣全球化是漸進的過程，有時隱而不彰，須經一段時間才能明顯覺察出來。

㈤全球化已形成為一種趨勢，它將深深影響人類各種活動與行為。

參 全球化議題的焦點

全球化正是引發社會、政治與經濟變遷背後的主要動力，而這些變遷將逐漸重塑現代社會與世界新秩序；諸如多國企業跨國社會運動及國際規範，都將使傳統的國家，必須重新調整其權力

型態與運作模式（Rosenau, 1997）。1999年6月七大國（G7）召開會議，反全球化浪潮人士在全球各大都市發動盛大示威，抗議推動全球化政策造成大量失業、貧富懸殊和生態破壞，摧毀了大多數人的生活、幸福和希望。環視今日世界，微軟（Microsoft）一類跨國企業藉謀取和控制旗下千萬科技人員的知識財產權，在世界各地賺進財富，造成財富高度集中，世界貧富差距加劇。

瞭解全球化的現象之後，本章意在探討政治、經濟在全球化之後所帶來的改變，針對人文關懷的立場，提醒讀者在全球化之後，哪些議題值得知識分子進一步關心。

一、文化移植

國際化社會加劇全球國家的不平等，助長基本教義派分子與激進民族主義者的反抗。說穿了，全球化就是西方社會為鞏固其新世界秩序領導地位的一種策略（Huntintor, 1996）。只不過十九世紀所倚靠的是軍事力量，二十一世紀所憑藉的是經濟活動。在全球經濟自由活動的同時，無疑是將資本主義的文化，整批整批的向外輸出，與在地國傳統文化形成衝突。

在北京故宮的星巴克咖啡就是一個典型的例子。2000年星巴克北京故宮分店開幕後，就一直爭議不斷。2007年初中央電視台主播芮成鋼在部落格上，痛批星巴克糟蹋中國文化，提議把星巴克趕出紫禁城，獲得大批網友聲援。中國北京紫禁城的星巴克咖啡，終於在2007年7月13日關門歇業，上海大學當代文化研究中心的孫曉忠博士認為：「故宮對內是傳統文化的象徵，對外則是當代最為中國化的符號之一；而星巴克咖啡館不管高雅低俗，都是一種外來的消費文化。它的進駐，代表著消費文化對本土文化的侵犯。」（大紀元時報，2007）

姑且不論這種文化移植有意抑或是伴隨經濟活動衍生的社會

現象，事實上影響著許多國家；「速食」改變許多國家的飲食文化；偶像劇所帶來旅遊新景點與美食之風，成為新的話題；動漫族成為青少年閱讀習慣的新風潮；嘻哈風所帶來舞蹈與穿著新風貌。這些文化的入侵，可以說為傳統文化注入新的力量，傳統文化價值也正遭受前所未有的崩解危機。

二、全球暖化與氣候變遷

沒有任何議題比全球暖化更具「全球性」了；因為地球上每個人都共享著大氣層，關於全球暖化，有三項事實值得警惕：⑴全球溫度上升：平均溫度較上個世紀大約升了攝氏 0.6 度；⑵海平面正在升高：較上個世紀大約升高了十到二十公分；⑶大氣層中的溫室氣體大量增加，估計至少已達兩千年來的巔峰，其增加速度之快，也是過去兩萬年首見（黃孝如譯，2007）。上述的三項事實已造成莫大的影響，人類工業發達，大量製造二氧化碳堆積在大氣層中，過多的二氧化碳把地球變成大溫室，即使微小的氣溫變化也會產生很大的影響，如全球氣候異常、海水上升，所造成損失難以估計；多年前好萊塢一部電影「明天過後」的情節，幾乎一幕一幕就在真實生活中上演，氣候變遷（global climate change）的問題就需要全球各國共同努力。

「不願面對的真相」（*An Inconvenient Truth*）記錄片，在 2007 年奧斯卡頒獎典禮上出盡鋒頭，片中主角——美國前任副總統高爾（Al Gore）亦與聯合國「跨政府氣候變遷小組」（IPCC）同獲 2007 年諾貝爾和平獎得主之殊榮；這些顯示「全球暖化」（Global Warming）的存在事實與其對人類居住、生活、行為、自然資源、地區和平等衝擊影響，已經受到世人高度的重視。而台灣被 IPCC 列為氣候變遷的「高危險群」之一，國人應及早正視「永續發展」（sustainable future）的相關課題。

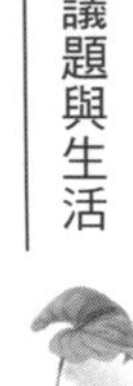

三、非洲人口問題糧食不足

受到全球氣候變化的影響，位處南半球的南部非洲地區 1 到 3 月正是炎熱的夏天，2 月底、3 月初更是傳統的降雨高峰期，然而年初提前到來的滂沱大雨奪走莫三比克三十多條人命，約八萬居民無家可歸。除了沙漠、戰爭、疾病、貧窮等，非洲留給外界的印象總是那樣的肅殺淒涼。另一種可怕的侵擾——糧食恐慌，正在折磨著非洲（張銳，無日期；劉正慶，無日期）。

聯合國世界糧食計畫署（WFP）也擔心，非南地區天候異常將使數百萬人缺糧。WFP 非南地區主任阿布杜拉（Abdullah bin Abdul Aziz）以連續第六年面臨農作物欠收的史瓦濟蘭為例，說明過去幾個月以來，史瓦濟蘭先是降雨延遲、強風冰雹襲擊，接下來又遇到高溫旱情，不只傳統旱區受創，全國其他地區也明顯感受到旱災的威脅。

整個非洲糧食不足的問題是普遍性的，而其原因一部分是來自於全球暖化後，與氣候異常有關。在增加對非洲國家經濟援助和扶貧資助的同時，阻止非洲糧荒的蔓延以及消除區域性糧食危機，已經成為國際社會共同關注和努力的目標。然而，短期的救助和政策緩衝，並不能從根本上解決非洲的糧食危機，需要人類社會共同關注。

四、全球流行疾病與毒品氾濫

隨著國際交通運輸便利，商旅人員往來日益頻繁，傳染疾病防治日益困難，相關新興病毒（如 SARS、HIV/AIDS、流感、Ebola 病毒、金黃色葡萄球菌等）得以快速擴散到全球各地。防疫工作不易落實，已嚴重威脅到全球人類的生命與健康。2003 年，台灣就曾經歷一場前所未有的SARS疫情風暴，以及 2009 年全球正深受 H1N1 新型流感的威脅之中；另外 HIV/AIDS 的新增案例，每年也不斷增加，如何有效防治傳染性疾病之散播，將會是未來國內相關衛生醫療專業的一大考驗（周才忠，2007）。

除了國際毒品流動加劇，運毒方法不斷翻新，毒品走私是第一個利用全球化而謀得最大利益的犯罪行為。許多恐怖組織更將其作為重要資金來源，如此複雜的跨國化、組織化之犯罪網絡，擁有獨立的軍隊、金融與運輸系統，增加各國毒品防制工作之不易，有時候還必須拉高成為社會或國家安全、國際合作等問題。目前，國內亦有毒品日益氾濫及青少年嗑藥成風的相關警訊，值得政府、司法與教育等相關單位持續關注。

肆 大學生面對全球化潮流的因應

學者瀚維（Hanvey, 1976）在其著作《可達成的世界觀》（*An Attainable Global Perspective*）一書中即指出：世界觀教育乃是學習超越國界及互相關聯的系統（如生態、文化、經濟、政治、技術等論題），包含學習和瞭解不同文化背景的人民，並能從他人的觀點來看世界；此外，能進一步理解世界上所有種族對生活都有不同的看法，但都有共同的需要和欲望（引自楊明華，2003）。

世界觀教育主要達成四個目標（楊明華，2003）：(1)在認知方面，強調增進學生對全球不同體系的瞭解及其相互關聯性，以擴大其世界知識；(2)在情意方面教導學生能以不同的觀點看世界，並接納其他不同民族和文化，以培養其世界胸懷及積極的世界態度；(3)在技能方面培養學生批判思考、探究學習的能力，因應未來世界的各種挑戰；(4)在參與方面使學生具備社會參與的行動力，培養其公民責任感，成為良好的世界公民。

因此，思考「我們能為地球村貢獻什麼？」並付諸實行，配合全球性議題如環保與氣候變遷、貢獻我們的專長、協助第三世界國家等等，是我們可以立即起而行的。更重要的是，在這波全球化的潮流，精進自己的能力，讓自己成為全球化底下的參與者，對全球人類做出積極的貢獻。以下的幾項能力是必備的。

一、與全球接軌的能力

全球化社會互動必須建立跨文化理解理性溝通的能力，因此語言及資訊能力已成為地球村公民的基本能力。要認知世界，勢必要精通語言。迎接全球化來臨，除了對全球化的現象有所體認外，教育的重點在於培養學習「與全球接軌的能力」，如語言、電腦、彈性、問題解決等能力，而不是光有知識就足以應付。

學者羅伯特（Robert）說：「一個國家真正的技術資產，在於其公民具有解決複雜的未來問題的能力。」（引自黃富順，2004）未來的社會是一個詭譎多變的環境，要能認清大環境的動向，必須具備與全球接軌的能力。除了英語、電腦務必精熟外，中文勢必成為國際間的強勢語言，而這更是台灣學生的優勢；我們必須善用這個優勢，累積國際競爭的實力。

二、跨文化的能力

為了調適全球化發展的快速變遷，跨文化的覺察（cross-culture awareness）與全球化動力的知識（knowledge of global dynamic）成為教育發展的主軸（Merrffied, 1997，引自林海清2003）；因此，在教育革新上重視跨文化的經驗與學習全球化的觀點有很重要的影響。我們必須正視多元文化與族群融合問題的存在事實，並且從校園反偏見（prejudice）與消弭歧視（discrimination）開始做起，教育下一代如何真心接納與尊重他人，建立跨文化（cross-cultural）的覺察與學習環境，然後再逐漸發展成友善社區與多元社會。

全球化的思維必須培養人們具有足夠的能力去適態全球化的時代，如何運用跨越所有階段的學習或教學活動，發展足夠的知識、技能與態度，以參與多元文化相互連結與充滿國際競爭的世界；亦即教育改革的重點在思維上應有全球化的觀念，而在行動上，應根據在地的資源、傳統文化素材，而發展自己的特色，從創意中融合他人優點，創新自主性的文化特色（林海清，2003）。做法上，當遇到強勢文化時，能自然吸納強勢文化的影響，並豐富自己內涵的一種能力，它同時能排除強勢文化中，與本土文化扞格不入的成分，繼而把與本土文化不同但可以接受的成分區隔開，並享用其好處。進行全球化行動的目的，應該是把全球化的觀點吸納於國家和文化之中，從而增進自己的成長和多元化，而不是被其淹沒（蔡繼光、李振昌、霍達文譯，2000）。

雖然全球化的行動趨於一致，但各民族對於保存自身文化的呼聲日益高漲，尊重不同民族多元差異，學習以欣賞代替歧視的眼光來看待其他民族，是未來公民必備的課題；因此，多元文化教育政策日益重要（王為國，1998）。在全球化的影響下，要特別留意尊重各地的文化特色。地球村原本具備豐富多元的文化系統，面對各地的風土民情，應尊重其生命觀與信仰，並加以保存。

三、關注全球的異動

在這二十一世紀的全球化浪潮席捲之下，相信台灣未來所面對的國際處境只會愈來愈嚴峻。尤其，當歐盟已包含二十七個會員國，目前是最強大的地區性國際組織，在貿易、農業、金融貨幣等各方面日趨整合統一。美洲地區三十四個國家亦形成美洲自

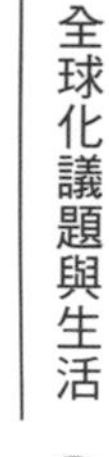

由貿易區（FTAA）與歐盟相抗衡。另外，無論「東協加一（中國）」或是「東協加三（中國、日本與南韓）」，台灣皆被排除在此東亞區域經濟整合體之外，世界衛生組織（WHO）亦有類似情形。參與國際組織的目的，就是希望掌握世界各國的脈動，避免處於被孤立或邊緣化的危機。

就個人而言，應長期關注「社會脈絡」（social context）的面向，以提供諸多不錯的另類（alternative）思考與世界觀，以實證為基礎，深入瞭解全球化變局（global turbulence）對個人健康（individual wellness）與社區安適（community well-being）（如文化錯置或崩解、社會理想破滅、道德危機、族群分裂、生態浩劫等）產生的正負影響；依迫切程度之優先順序（priority），規畫出相關創新且具不同層面（multi-layered）的預防或處遇方式。

四、對於弱勢的關切

湯瑪斯．弗利曼（Thomas L. Friedman）在其所著一書《世界是平的》（*The World is Flat*）（楊振富、潘勛譯，2005）認為，因為科技及分工型態的改變，將整個世界拉平了，但世界真的平了嗎？從很多角度來看，世界不但不平，甚至是愈不平了。東亞國家善用全球化，幫助他們的發展；可是一些最貧窮的國家，當他們獲得世銀、IMF 的援助，或者歐美國家及日本捐贈時，他們被加諸種種限制，使他們不容易實施自己選擇的經濟政策（黃孝如譯，2007）。

在過去二十年中，開發中國家貧窮人口更多了。全世界六十五億人口裡面，有 40% 生活在貧窮中（比 1981 年增加了 36%），1/6 的人口生活在極端貧窮之中（比 1981 年增加了 3%）。最失敗的是非洲，那裡極端貧窮的人口數，從 1981 年的 41.6%，上升至 2001 年的 46.9%，再加上他們所增加的人口，表示生活在極端貧窮的人口幾乎增加了一倍（黃孝如譯，2007）。

近年來，傳統勞力密集產業大量外移，相關工作機會快速流失，除了電腦及電子等高科技外，本土產業結構的升級轉型不易；對於低技術勞工造成結構性失業的衝擊。但整體經濟環境與景氣仍然處於不佳狀況，高教育程度者就業機會相對減少，大學畢業生失業率首度超過高中職。另外，因失業、卡債或經濟困境所導致的自殺死亡事件層出不窮。貧富差距持續加大，放寬低收入戶認定標準（下修貧窮線），「新貧」（new poor）或「近貧」（near poor）家庭增多，薪資所得成長停滯，原來屬於社會穩定力量的中產階級（middle class），也正在萎縮消逝之中。

全球化的浪潮下，普世民族的概念、人權的概念跟個人主義的概念正大量的崩解，尤其當面對貧窮、飢荒、毒品與愛滋病時，我們如何以人道關懷的立場看待他們，如何適時地伸出援手予以協助，保持對人的關切，這才是地球村民該有的態度。

五、培養競爭力

面對全球化的激烈競爭，競爭的對象將是全球的人才，在教育上就要培養個體具有彈性，訓練可以應變的人（modular man）及多能工作者，講究人力資本、創意及選擇等；現代公民要具備全球認同，培養競爭力。所謂多能工作者，係指增加個人職務的利用價值，懂得系統整合者，如企劃人員也要瞭解業務、財務各公關資訊；資訊人員也不能死守在電腦旁邊，要花更多時間在專業技術以外的知識，此種多能工作者，方是未來職場受歡迎的工作夥伴。

具有競爭力的人才，應該是被替代性低的。弗利曼指出有四種人的被替代性很低：分別為特殊、專業、深耕及調適等這四種人才，被替代性很低（楊振富、潘勛譯，2005）。所謂特殊指的

是只有某些特定的人才能完成的工作，像是空中飛人喬登、大明星湯姆克魯斯、比爾蓋茲等人，他們的工作幾乎沒有人可以取代，但是這種人也很少；其次專業，也就是必須具備相當的知識背景，像是醫師、律師、電腦工程師，這種人的技術需求很高，不太容易被取代；如果既不特殊也不專業就要想辦法深耕，也就是投注心力讓工作發揮至極致，在該領域中成為頂尖的好手，建立該項工作的價值，就降低了被取代的機會；最後還要具有調適的能力，隨時評估環境的轉變，不斷充實自己的技能、知識、專業，才能確保競爭力。在抹平的世界中，善於調適就是「懂得學會怎麼學」，這是工作者最重要的資產，因為工作的汰換將愈來愈快，創新將愈來愈快。

六、發展差異成為優勢

全球化並不是一味要消除在地文化（去地方化，delocalization），然而強大文化侵略的力量，對於在地文化的衝擊在所難免。全球化也試圖以「再地方化」作為其努力的方向；所謂「再地方化」，係指地方文化不再透過對世界的防禦來證明自己的正確性，決定自己的方向和自我更新。是把地方的特色加以包裝推廣到世界其他各地，在衝突中發展地方的差異特色，產生地方的非傳統化。

在當代全球化的主流價值中，不可能完全涵蓋各地方的異質內涵，因此興起了本土化（localization）的反彈，進而產生「全球思考，草根行動」（think globally, act locally）的新趨勢。

全球文化與在地文化的互相影響、互相雜化的關係，於是「全球本土化」或「全球在地化」（globalization）的概念被提出（周桂田，2002；夏鑄九，2001）。全球在地化是指因應地方的特殊文化，全球化必須思考自身在地化的意義。換句話說，如果沒有多元的在地文化，就沒有全球文化；全球文化只有不斷創造差異才能繼續進行下去。加上文化商品化及異國情調的吸引力，全球化不但沒有將世界文化同質化，反而造成差異的擴散，而這差異的存在凸顯全球化即是複雜化的事實（周桂田，2002）。

七、終身學習的能力

而對全球化的來臨，電腦與網路的結合加速了「世界無國界」的催化，世界體系不再是國與國壁壘分明，而是四海一家的命運共同體。推展終身學習，使個體能不斷的充實新知，達到賦權增能（empowerment）；增強個人應付改變的能力，才足以因應全球化來臨。因此未來教育的重點，在於幫助個人理解身處全球社會中的意義，使個人因理解、適應積極因應而增能。

因應科技的進步，學習的型態已有大幅的改變，對於網際網路上的學習，學習者所處的地理位置，對於學習者內容取得沒有差別，這將是教育全球化的一個直接因素。置於開放系統中的學習活動，以知識為主的教學，將因資訊管道的多元化而失卻優勢與效能，自我管理將成為教育歷程的核心（蔡培村，2001），地球的村民是否具備終身學習的能力與習慣，也將成為確保競爭力的關鍵。

伍 結語：掌握全球化趨勢，迎向挑戰

面對全球化所帶來「經濟」、「文化」、「社會」、「自然環境」、「衛生醫療」等各種變動及可能衝擊，台灣身為地球村（global village）的一員，亦無法置之度外。我們應以全球化的觀點進行全球議題的反省，提供建立多元社會的價值體系。雖然，全球化浪潮對於各個國家之衝擊，有些是各國可以主動迴避的，

像各國減碳問題；有些是無法主動迴避的，像這一次的金融海嘯所帶來的全球經濟景氣衰退。甚至可以說，這是全球化議題中最具震撼力的例證，甚至令各個地區角落基層民眾都無法忽視其影響力而身陷其中。其實，就算是屬於各國可以主觀決定配合與否的議題，其中大部分是作為地球村的一員所應負擔之責任或義務（陳田植，無日期）。

全球化建構的理論學說有從經濟全球化為論述主軸，認為由於全球單一市場邏輯的運作，將逐步建構全新的社會組織型態。形成新的權力結構與新的秩序市場的運作過程中，使得經濟政治、文化與社會各層面制度性的直接或間接影響及改變人類整體的生活，隨之而來的是「全球公民社會的來臨」。面對此一時代的來臨，教育的內容除本土化外，還要兼及國際化，特別像是全球綠化的宣導、環保教育、反毒、反恐、反愛滋與和平教育等，都是地球村民共同的課題，與學習的重要議題，需要從小培養相關的意識。

全球化趨勢對於世界各國及每一個成員而言，是機遇與挑戰並存的。重點在於是否做好準備，與全球接軌、跨文化、關注全球的異動、關切弱勢、培養競爭力、發展差異、終身學習等等能力，都是現代大學生在跨出校園之前所要培養的，以面對未來的挑戰。

問題與討論

1. 科技全球化之後，固然帶來許多便利，但也產生許多問題，試問會產生什麼樣的問題，又應如何因應？
2. 文化全球化之後，固然帶來許多便利，但也產生許多問題，試問會產生什麼樣的問題，又應如何因應？

3. 經濟全球化之後，固然帶來許多便利，但也產生許多問題，試問會產生什麼樣的問題，又應如何因應？

參考文獻

大紀元時報（2007，7月16日）。**北京故宮星巴克難敵民怨撤出**。2009年5月28日取自 http://www.epochtimes.com/b5/7/7/16/n1774050.htm

王為國（1998）。全球化觀點的教育政策。**國教輔導，37**(4)，44-47。

周才忠（2007）。**全球化浪潮，台灣心理學家的挑戰與因應**。2009年5月28日取自 http://blog.roodo.com/compsy/archives/4432805.html

周桂田（2002）。**全球化與全球在地化——現代的弔詭**。2009年5月28日取自 http://www2.tku.edu.tw/~tddx/center/link/grobole_and_ginland.htm

林海清（2003）。全球化與教育發展的省思。**中臺學報，14**，31-48。

林海清（2006）。全球化對本土化的衝擊與省思。**現代教育論壇，14**，410-430。

夏鑄九（2001）。全球化與社會認同。**廿一世紀雙月刊，63**，11-16。

張鋭（無日期）。**非洲：糧食危機與破解**。2009年5月28日取自 http://elearning.ice.ntnu.edu.tw/km/Data/Teacher/22215/data/%E6%88%91%E7%9A%84%E5%80%8B%E4%BA%BA%E6%96%87%E4%BB%B6/%E9%9D%9E%E6%B4%B2%E7%B3%A7%E9%A3%9F%E5%8D%B1%E6%A9%9F%E8%88%87%E7%A0%B4%E8%A7%A3-1a648.doc

陳田植（無日期）。關懷全球化議題。**高雄醫學大學e快報，125**。2009年5月27日取自 http://enews2.kmu.edu.tw/index.php/Enews125_%

E9%97%9C%E6%87%B7%E5%85%A8%E7%90%83%E5%8C%96%E8%AD%B0%E9%A1%8C

黃孝如譯（2007）。Joesph E. Stiglitz 著。**世界的另一種可能：破解全球化難題的經濟預告**。台北市：天下文化。

黃富順（2004）。全球化趨勢對教育的影響與因應。**生命成長與愛，2004**，81-118。

楊明華（2003）。加速與世界的接軌——談世界觀教育的推展。**國教新知，50**(2)，58-65。

楊振富、潘勛譯（2005）。湯瑪斯・弗利曼（Thomas L. Friedman）著。**世界是平的**。台北市：雅言。

楊國德（2001）。全球化衝突與成人教育的發展。**成人教育雙月刊**，64，9-17。

劉正慶（無日期）。**全球暖化非南風雨不調糧食不足還怨不得人**。2009 年 5 月 28 日取自 http://www.cnanews.gov.tw/spec/specread.php? id=200704150121&pt=1&LArr=200704150122,200704150121,200704140183,2007041401 82&no=0409

蔡宏明譯（2009）。George Cooper 著。**金融海嘯——金融危機的成因，中央銀行、信用泡沫、與效率市場的謬誤**。台北市：梅霖。

蔡培村（2001）。全球化趨勢與成人教育之發展。**成人教育，64**，2-8。

蔡繼光、李振昌、霍達文譯（2000）。湯瑪斯・弗利曼（Thomas L. Friedman）著。**瞭解全球化**。台北市：聯經。

Brown, T. (1999). Challenging globalization as discourse and phenomenon. *International Journal of Lifelong Education, 18*(1), 3-17.

Gertle, M. S. (1997). Between the global and the local: The spatial limits to productive capital. In Cox, K. R. (Ed.), *Spaces of globalization* (pp. 45-63). London: The Guilford Press.

Harvey, D. (2000). Capitalism: The factory of fragmentation. In Roberts, T. J.

& Hite, A. (Eds.), *From modernization to globalization* (pp. 298-305). Oxford: Blackwell Publishers.

Huntintor, S. P. (1996). *The clash of civilizations and the remaking of world order*. New York: Simon and Schuster.

Rosenau, J. (1997). *A long the domestic-foreign frontier*. England: Cambridge University Press.

公民責任與生活 14 CHAPTER

壹 前言：點亮蠟燭，照亮世界

台灣在解嚴之後，社會急速朝向民主、開放及多元化價值觀發展，人民自主意識明顯高漲，政府在施政上處處必須顧慮人民意見，主權在民的時代已經來臨，公民社會的意識隱然成形。但是，台灣人民並未能表現做一個公民社會成員所須具備的公民責任和社會參與能力。大多數的人們對公共觀念仍相當模糊，特別是對於自己應肩負何種責任？尤其對政治的冷漠，中道理性的聲音難以發聲，加速了社會上兩極對立，以至於對社會不理性抗爭事件層出不窮。

張經瑞（2007）研究指出，大學生雖然平均修習近 5 個學分的政治相關課程，然而討論公共事務的頻率偏低、學校民主模式偏低、學校功效意識偏低、參與校園活動亦偏低；大學生的政治功效意識偏低，政治參與亦是偏低。真正直接影響學生政治態度與行為的主要因素還是學習經驗。

另一項以桃竹苗地區二十一所大學校院學生菁英所做的研究指出，我國大學學生菁英的整體政治認知程度仍屬中等層次，有待進一步加強；而大眾傳播媒體對於學生菁英政治態度的形成，則以網際網路及電視兩項的影響力較大（蔣崇禮，2004）。

上述的研究可以得知：大學生對於政治普遍採取冷淡的態度，即使有些許的政治認知，其資訊來自網際網路與電視；然而目前的電視政論節目往往各為其主，難見理性的論辯，更讓時下的大學生對於政治活動敬謝不敏，連帶影響其對公民責任的認知與實踐。

透過教育培育公民素養的課程，是普遍認為建構公民社會發展之良好策略，經由不同的學習領域、獲取各層面的基礎知識，以具備現代公民所需的知能。然而，事實上一個現代公民所應關注的領域約略涵蓋有：人權教育、環境教育、生命教育、科技與現代生活、教育哲學、教育概論和道德教育等相關領域，它們皆有助於公眾培育公民意識、養成觀察社會環境及參與公共事務的能力，使公眾能夠進行理性的溝通、平等的對話，進而達成社會共識、累積公民社會之能量。本書的前十三章從教育與個人談起，範圍觸及生涯、家庭、人際、思辨、宗教、多元文化、創造、休閒、自我管理到道德等主題，無非就是希望為培育良好公民做準備。

哈欽斯（Robert Hutchins）曾說過：「民主的逝去，不會是因為突如其來的暗殺，而是由於冷漠、無所謂及營養不良所導致的慢性死亡。」（張善楠譯，2008）與其抱怨時下政治不清、民眾冷淡，人人缺乏關注公共議題之際，最好方法就是負起公民的責任，參與公共的事務。要知道現在已是地球村的時代，身為大學生學習當一個國家的公民已不足以應付，還必須學習承擔地球村公民的責任，為自己及下一代謀取更美好的生活，才是當代大學生所要認真思考的課題。

貳 現代社會的特徵

現代社會與傳統社會的社會關係差異極大，但並不代表著傳統社會崩潰而由現代社會關係所取代。許多傳統社會關係雖然存在，但卻與新興的社會關係扞格不入。這些矛盾與衝突，衝擊著現代社會的人們，特別是對社會國家具有某種決定權的人——公民。吳乃德（2007）指出現代社會的最大特徵，是政治權力在複雜的社會及經濟的分工中，占據主導的地位；現代社會最大的難題是，政治雖然宰制社會，可是卻經常無法解決社會危機；有時，政治本身就是社會危機之一，甚至是唯一的危機。也正因如此，導致許多人對社會公共議題、事務的冷漠。

葉至誠（2008）指出現代社會，是指人們利用先進的科學技術，全面改造自己生存的物質條件和精神條件的過程，其間的影響關乎經濟、政治、法律與精神各層面的社會變遷。這場社會變革，肇始於英國工業革命，至目前為止社會的改變持續進行中，且速度愈來愈快。現代化社會的內容包括：以工業化為核心的經濟現代化；以民主和效率為標誌的政治現代化；人口快速遷移的都市化；以科層體制為起點的管理現代化；普遍性社會關係的建立和社會結構的分化；文化和生活方式的現代化。面臨整體社會結構轉變的同時，人類的日常生活被分割成各個自主多元的生活領域。在進入特定的領域中，即應遵守該領域的規範，而各個領域間又難免出現衝突，致使現代人生活中有不知如何是好的窘境。如追求現代生活的便利，又希望心靈的恬靜舒暢不受干擾；既希望追求生活的舒適，又違環保的信念等等不同領域之間的矛盾。

對於現代社會生活的描述，侯衍社（2004）有更進一步的說明，他指出現代社會具有下列特徵。

一、城市化

工業革命後，下一波發展就是商業及服務業的興起，這種興起勢必造就生活朝向都會化發展。就以台灣為例，幾個主要的都會為主所形成生活圈，就是目前國內生活的主要型態。城市化雖然使人與人的物理距離拉近，卻使得心理上愈來愈疏遠，形成冷淡的社會。

二、知識化

現代社會早已是知識經濟的時代，傳統的土地、物產不再是財富的保證；相反的，知識與人力資源，才是競爭的利器，擁有「know how」成為個人、企業與國家創造營收的來源；偏偏知識的保固期極短，新的知識技術不斷被創造與發明，故唯有不斷學習才能確保競爭力，成為現代社會生存的關鍵。

三、整體化

現代社會因為分工細密，每個人均是整體社會中的一分子，雖然看似疏離，但影響卻非常緊密，常常牽一髮而動全身；環保的議題就是一個值得探討的例子。個人或單一國家輕忽環保工作的重要，所波及的是全體的住民；相反的，國家社會在制定政策時，往往不能從單一的層面考量，必須通盤檢討，才不會有所偏差。

四、現代化

科技的進步，導致生活的改善，是現代社會的主要特徵。這種生活的便利固然可喜，但同時也帶來許多負面的影響；政治、經濟、文化、教育無一不受現代化的影響，重點在於我們如何善用這種便利，減少負面因素，正需要社會公民共同承擔責任。

五、市場化

工商業的發達帶動經濟的活絡，社會生活中的許多事務都與商業有關，連帶企業管理中的許多概念，也逐步影響其他層面，可以說整體社會生活是以經濟為核心的樣貌。舉例而言，商品製造出來要有通路、行銷要售後服務，其他的領域如宗教、政治、文化甚至教育等，不免也要行銷與服務；這就是市場化帶來「消費者意識」的影響，也發展到社會生活的其他層面。

六、世俗化

在市場化的同時，不免就要考量消費者的需求。為了滿足大多數消費者的胃口，在產品的生產行銷上，就會以普羅大眾熟知的語言或需求，作為行銷的訴求；此時會迎合多數的消費者，不得不放棄專業的語言、專業的設計，改以市場接受度高、通俗化的設計。因此，專業的論辯無法進行，整個社會型態愈來愈朝向淺碟化發展，社會議題隨著流行不斷改變，整個社會無法專注在一個議題深入的討論。政治人物為迎合民眾，用極易煽動民粹性的語言，尋求支持；為求執政，政府施政也無長遠的打算，這些都有賴公民善用智慧予以匡正。

七、科技化

科技是現代社會下的產物，也形成社會生活中的一部分。在人與人的生活間，科技帶來便利，也帶走了人與人之間情感；過往每逢佳節的親切問候，後來被電話取代，至少還可以聽到對方親切的問候；隨後簡訊、e-mail 發達，傳個簡訊、發個 mail 只要動動手指，千篇一律毫無變化；這種人情的淡薄，可說是科技化所始料未及的。

綜合上述，現在工商社會與傳統以農業為主要生活型態的社會，已有非常大的不同，這種改變相對影響的是，民眾在社會演進中所扮演的角色。愈是進步的社會，社會公民所扮演的職責日益吃重；因為政府的功能畢竟有限；而且，政府施政本身也可能產生盲點與弊病，此時必須藉重民眾的參與，達到監督與制衡的功能。

參 何謂公民責任

「公民」一詞雖然常見，但並非國家的人民就是公民（鄭慧蘭編著，2007），因為公民最重要的意義就是指參與公共事務，有其權利與其義務的一種關係；特別是指民主國家的人民而言。在我國，公民是指年滿20歲的國民，除擁有選舉等相關權利外，還必須未受禁治產宣告，也未被褫奪公權等條件限制等。公民資格的取得，只是實踐公民權的基礎，要成為一位真正的公民，真正的意涵包括權利和責任（或義務）兩個核心概念（簡文吉、何政光、翁燦源、劉光元，2005）。有這兩個概念，能善用公民的權利，履行公民的義務，對於公共事務的關切，具有社區（社會、國家）意識與歸屬感，公民社會才有可能完成。

所謂責任係指分內應做的事，或者是所做的事在道德或法律上必須承擔的後果（簡文吉等，2005）。本章所指的責任當然是指一個公民在社會活動中，所應該要做的事情。

一般而言，責任的來源有許多，像是對人的承諾、被分派指定的工作、職業、法律、風俗習慣、道德所產生以及公民責任。所謂公民責任，自然指的是身為一個公民所應負的責任（吳愛頡譯，2007）。而有趣的是，所謂肩負公民責任往往是一種看不見，沒有立即相關，可是卻會有長遠影響的事情。舉例而言，時下許多大學生對政治活動相當冷漠，往往也不參與選舉投票，結果不適任的人當選，其造成錯誤政策，甚至個人貪腐，這種影響恐怕要好多年才能彌補；公民責任的特性就是這樣，也許不能完全由一個人或少數人承擔，但如果多數人不承擔的話，結果可能很慘。

特別是全球多數的國家都是民主政體的國家，民主政府不同於專制政權，它存在的目的是為人民服務；但民主國家的公民，也必須同意遵守管理公民的規則和義務。民主國家給予公民許多自由，包括對政府表示異議或批評政府的自由。民主國家的公民知道他們不但有權利，而且有責任。因為人民的政府，需要人民的時刻關注和支持。

民主國家的公民知道，他們如果要受益於社會對自己權利的保護，就必須為社會承擔責任。要使民主獲得成功，公民必須積極主動而不是消極被動，因為他們知道，政府的成敗取決於自己，責無旁貸。同樣，政府官員應該理解，所有公民應該得到平等對待，權利同等地獲得保障。民主制度要保持健康運轉，單靠偶爾的公民投票是不夠的；它需要大批公民的經常關心、付出時間和承擔義務。反過來，公民依靠政府保護他們的權利和自由（美國國務院國際信息局，無日期）。

因此，為了達成上述的理想，一個完整的公民必須具備知識、德行與參與三個層面，分述如下。

一、公民知識

作為一個現代公民，必須具備基本的知識。畢竟，擁有基本的公民知識，才能為自己儲存足夠先備知識作為正確判斷與選擇

的基礎。面對社會、心理、教育、文化、倫理、法律、政治、經濟、多元文化等議題，都要有一定認知，才能具備基本的理解，尤其更要懂得批判思考，才能成就獨立的個體。

二、公民德行

要培養一個知行合一的公民，除了需要公民知識的裝備，還需要讓公民具有一種考量社會整體利益而行動的特質，此即公民德行。一般而言，現代公民所具備的德行諸如：尊重公民權利、公共道德、克盡公民義務、開放寬容的胸襟、關心公共事務、關懷弱勢等。

三、公民參與

公民參與是指公民能關切並實際投入公共事務的運作，公民參與是維繫一個社群所必須的條件；一社群中的公民若無意願或無能力參與公共事務，此社群必定缺乏認同感與歸屬感。事實上，許多公民德行也必須在參與的過程中才能被應用出來（鄭慧蘭編著，2007）。

哈佛大學校長伯克（D. Bok）指出（張善楠譯，2008），有四門學科對於現代公民屬於必備的知識：(1)民主政治的概述，它必須教導學生認識政府體制、權利和自由，並瞭解制定政策的實際過程，包括民意、媒體、利益團體、政黨政治、競選募款及司法審核制度等。這樣的課程不僅介紹民主政治的優點，也要說明民主政治的缺失，如金權政治、獻金等產生一連串的問題等；(2)重要的學科是政治哲學，討論基本規範性問題，如代議政治（立法者代表選民行使權利）、平等、機會均等與社會正義的內涵等；(3)經濟學的基本素養，像是失業、經濟成長、通貨膨脹、貿易等相關的概念；(4)國際政治的部分，尤其是台灣艱困的外交處境、兩岸關係、台美關係以及相關的全球化議題等（參見第十三章）。

歸納前述，所謂公民責任就是具備參與社會（特別是民主社會）運作應完成的工作，在身分上是有所限制的。公民責任有些並不明確，影響卻深遠；因此，身為社會的一分子均應善盡公民責任，為整體社會的進步盡一分心力。

肆 現代社會公民有哪些責任

1988 年英國國會成立公民教育委員會，提出公民資格須加強三項意識，即權利意識、義務意識和責任意識。該委員會建議 12、13 歲的兒童應研習下列內容：自然保育、慈善活動、污染問題、基督社會、家庭、人際關係、支援第三世界、健康與安全、做決定、社區服務等（楊明華，2003）。

在現代工商業和民主的社會裡，公民最主要責任是遵守法律，以及用適當的方式表達對政府的意見，如選舉、公民投票等；間接的職責像是參與法案的制定，協助解決爭議性的公共事務。其他如繳納自己應承擔的稅務，接受經選舉產生的政府的領導，尊重持不同觀點的人的權利等，也都屬於公民應盡的職責。

公民欲善盡責任，須具備一定的素養，特別是對人的關懷。本書的主要目的就是希望大學生均成為具備人文素養的成熟個體，對自我充分瞭解，正確判斷事務與他人溝通的能力等，對於公共事務的參與，尚須加強公民素養。所謂公民素養包含的層面相當多元化，因此在界定上不局限於政治或法律上權利及身分之認定，並且包括了一個健全公民所必須具備的知識、責任、德行、態度、價值及能力，特別應強調下列議題（國立台北大學師資培育中心，2005）。

㈠具有公共精神：所謂公共精神，指的是關切公共議題，參與、介入政府改革，就是在政策制定過程中，不是以個人利益或部門利益，而是以公共利益、國家利益為政策制定的出發點和最終目的。具有公共精神者關心共同生活的事務，才不淪為「各人自掃門前雪，莫管他人瓦上霜」自私自利的結果。因為城市是要提供給市民使用，唯有市民最瞭解城市生活的需求。因此，透過市民積極地參與公共事務，將能協助改善城市的環境品質，並監督政府的公共政策的執行，提升共同的生活品質。

㈡參與社區事務：台灣社會正面臨轉型，台灣基層社區中正充滿能量，能善用這股力量投注社區事務，無疑是一場由下而上的「寧靜革命」。透過公共參與落實草根民主，亦能改變社區居民的想法、增進人與人的關係，最後達到改善生活環境品質，推動社會變革的理想。

㈢遵守法律規範：守法可說是民主社會中最基本的要求，過往「法不入家門」的時代已過，尤其現代法律的規範甚至連家庭生活皆有所限制（例如子女不再是父母的附屬，管教亦須得體，否則涉及家暴），身為現代公民不得不具備一定的法律素養。

㈣重視義務責任：現代社會往往講究權利大過於義務，事實上權利與義務乃一體的兩面，兩者缺一不可。尤其現代社會之中，公民權利的行使若無相對義務與責任的搭配，將形成無所約束的境界。

㈤追求社會正義：現代社會雖然強調「人人生而平等」，事實上公平的概念仍須搭配正義的想法，唯有公平正義同時存在，社會的價值才得以彰顯，確保每一個人生活無慮。

㈥尊重生命價值：現代公民對於生命應抱持珍惜的態度，並且對於各種社會階層者，均尊重其應有的人權以及生命存在的必要；重視自己及每一個人存在的價值，並努力讓生命發光發熱。

(七)重視生態保育：美國前副總統高爾在其記錄片「不願面對的真相」，提示了人們對於環境破壞的輕忽，導致近年來氣候異常，暴雨、乾旱等全球氣候的異常，影響人類生活甚鉅，甚至連我們的下一代也受累；對於生態的重視，是每個公民應盡的責任。

(八)體會尊重寬容：社會愈發達、進步，就注定了社會不再只有一種面貌，不同的風貌所呈現便是多元的文化與價值觀。身為現代公民要學習接納與自身不同的文化、習俗與信仰，更重要的對於這些多元文化抱持尊重的態度，才能和諧的與他人相處。

(九)具有地球村觀念：隨著科技的進步，地球村的現象已然形成，面對便利的生活後，所要思考的是看出全球生活的未來性，未來生活的夥伴可能不再是以「國家」作為劃分的界線，而是以「區域」作為分野；因此，現代公民必須具備國際的視野，思考的層面不只是單一的面向，而是全球的觀點。此外，還要有做全球公民的準備。

(十)關懷永續發展：既然是一個群體生活的時代，要認知個體的美好並不能保證一定美好，因為會受到其他因素的干擾，唯有全體的美好，才能確保個體的生活。而要讓全體的生活持續地進步，一定要考量永續的發展。無論是能源的使用、環境的保護與文化的多樣性，這些都是保障人類幸福生活的關鍵，也唯有如此才有美麗的明天。

我國在九年一貫課程亦對於現代公民素養有一定的關切，認為現代公民素養應培養對下列議題的認知。

(一)人權議題的關注：培養學生對人權理念的發展有一個普遍性的瞭解，介紹當代人權教育的主要議題，以及探討如何落實人

權。

㈡環境議題的重視：藉由介紹與環境保護相關的議題，引導對環境生態及永續發展的問題進行理性的探討；特別在生態學的概念、公民意識、人與自然及社會的互動關聯對環境造成的衝突，藉以省思人與環境如何相處。

㈢生命教育的關心：培養對生命教育的發展普遍性的瞭解，介紹當代生命教育的主要議題，以實例探討如何將生命教育扎根。

㈣科技與現代生活：藉由介紹重要的科技發展及其對人類社會影響，介紹生命科學、物質科學、環境生態及科學與技術的新發展以及它們跟人類生活的關聯，進行科際整合的思考。

㈤教育哲學的體認：從知識論的觀點探討知識的來源及知識的本質，對於教育做深入的思考，針對教育哲學的議題進行有條理的討論，並內化成生活的一部分。

㈥道德教育的落實：建立學生對於價值、公民權責等有關群己關係的概念，並從教育上探討這些概念的實踐面，培養具備道德知能的現代公民。

綜合上述，現代公民應具有下列公民責任。

一、參與政治

前文提及現代公民最重要的工作，就是政治參與，尤其現今台灣社會，藍綠惡鬥加上媒體的推波助瀾，導致理性的民眾厭惡政治，大學生普遍對政治參與更是冷淡；事實上，如果中間溫和的公民聲音沒有彰顯，只會讓整個政治生態更加兩極化，對立更加嚴重，對於國家向前發展沒有任何助益，只會虛耗社會成本。

二、遵守法律

俗話說：「法律是最基本的道德」，遵守法律當然是現代公民重要的職責之一。可惜的是，目前的社會中似乎愈有權者，愈不遵守法律，形成不良的示範。身為公民除了守法的前提外，瞭解法律比遵守法律更為重要。法律上並不因不知而無罪；所以，身為公民應盡力理解與生活相關的法律，適時遵守法律，因為遵守法令就是維護了生活的秩序。

三、實踐道德

道德是做人基本的規範，許多事務雖然不涉及法律的層面，卻是道德的問題。事實上，每個人從小到大，對於道德已有充分的認知，但對於道德實踐卻有差異，特別是有關公德的部分，當會涉及或影響他人生活，將心比心，避免自己的行為影響他人，才是現代公民該有的表現。

四、關懷弱勢

現代社會雖然有許多進步的現象，但也請不要輕忽社會角落裡相對弱勢的族群。今日弱勢者之所以弱勢，不完全肇因其個人，而是源自於社會制度的不公平，或者經濟、文化強勢族群的壓迫，造成弱勢族群處於不利的狀態；故現代公民考量社會發展的同時，對於弱勢族群要額外加以考量，因為公平不是唯一的價值觀，正義也必須同步兼顧。

五、愛護環境

目前的地球環境，因為人類大幅的使用資源，除了資源大量消耗外，更重要的是破壞了原本美麗乾淨的地球，而讓我們的下一代子孫不再擁有美好的生活環境。所以保護地球、愛護環境不該只是淪為口號，而是該從每個人做起，從生活中力行環境保護，也許還有機會為下一代做點什麼，否則電影「明天過後」、「魔鬼終結者」等好萊塢電影的情節，將會在現實生活真實上演。

六、珍惜生命

現代公民的最後一項責任就是要珍惜生命，發揮生命的價值。班福德（Bob Buford，楊曼如譯，2001）在其《人生的下半場》一書中提及：「人生的上半場追求成功，而人生下半場要追求價值。」而追求價值往往比追求成功要來得重要，追求成功的意義關乎個人；而追求價值的意義關乎他人。也就是說，現代公民存在的目的，是要幫助他人有更好的生活，而不是只讓自己過得好而已。有價值性的工作無關貴賤，任何一個人只要熱愛生命，願意幫助他人，就是極有價值的生命。我國派駐非洲替代役男連加恩，本來是人人眼中稱羨的準醫生，頂著醫學院畢業生的光環，他本可以在國內輕鬆服完兵役，投入國人眼中視為「金飯碗」的醫生行業；但有自己一套想法的他，反而選擇加入第一屆外交替代役的行列，奉派至遙遠的非洲國家布吉納法索（Burkina FASO），貢獻自己寶貴的青春歲月，在這個幾乎被世人遺忘的角落，他卻找到自己不同的人生，這就是生命的價值。

除了上述公民責任外，在全球化的潮流底下，大學生還要建立「全球公民意識」，彰顯對全球的關注。何謂全球公民意識？國際樂施會（Oxfam International）對「全球公民意識」下了如下的定義（引自龍應台，2007）。

㈠全球公民意識不僅只是自覺我們是全球的一分子，它更強調我們對彼此以及對地球的責任。

㈡全球公民意識指的是，我們深切認識到人類需要去理解並且積極以行動去解決全球社會不公不義的問題。

㈢全球公民意識指的是，我們體會到地球的不可替代，並且以行動去保障它永續的未來。

全球公民意識其實是一種思維方式和行為方式，是一種人生觀，一種信仰——堅信行動可以帶來實質改變。所以，未來的全球公民應是：關照面超過本土，而且自覺是全球一員，尊重多元的價值，對全球的經濟、政治、社會、文化、科技和環境的關聯與運作有所瞭解。對不公不義的事會感到憤怒，參與不論是當地的或國際的事務，並願意以實際行動來為地球的永續努力，對人類社區的未來有責任感。

伍 如何提升公民責任感

培養公民責任感不只是灌輸相關知識，更不是培育公民參與的認知能力而已。如同建立品格一樣，學生不僅須擁有知識和智能來明智抉擇，還必須發展出善盡公民基本義務和參與公共事務的責任感（張善楠譯，2008）。要培養這種能力，必須從求學階段就開始進行，服務學習無疑是培養公民責任感的好方法。

根據薩克斯（Linda Sax）等人的研究指出，參與社區服務學習課程，有助於提升大學生的公民參與程度（張善楠譯，2008），所有服務學習就是透過服務的方法，體驗與驗證課本學習的理論，在不斷反思對話之下，看到自己發展的可能，進一步付諸行動，得到成長，而成為健全公民的過程。

謝儒賢（2003）指出所謂的「服務學習」，是一種重視「學習」因素的「服務」，其中必須透過計畫性的服務活動與結構化的反思過程，以滿足被服務者的需求，並促進服務者的發展。在服務學習的過程中，「反省」（reflection）是「服務」與「學習」兩者間相互連結的關鍵機制，也是協助學生將「服務經驗」轉化為「學習心得」的酵素。如果服務過程中缺乏反省活動，則與一般的「課程實習」、「志願服務」、「社區服務」或「勞動服務」沒有多大差異，「學習」的意義與效果必然降低；而常見的反省方式包括參與討論、撰寫心得或慶祝活動等等。

藉由參與認識社會的狀態，省思釐清自己的認知，再藉由正確的觀念增強行為的動力，讓學生不再置身事外，而真正成為社會付出的一分子，公民的形象在不斷付出中，逐漸成形，而成為下一代社會的中堅。

陸 結語：善盡公民責任，爲愛地球盡力

現代的社會已是高科技、都會化、商業化與知識化等多元發展的社會，當社會在各領域發展過程中，我們更當不斷思索全人類未來之生活環境與發展。當我們對社會的發展瞭解愈透澈，愈能以宏觀的角度體會身為地球人的角色與責任。

現代社會公民應透過積極參與公共事務來擴大自己眼界，並跳脫固有局限「各人自掃門前雪，莫管他人瓦上霜」之狹隘心態，並結合社區利益及個人利益，關懷社會，回饋社會，以力行環保、協助公益活動等具體行動參與社區關懷，善盡社會公民責任。現代社會的公民應具有之公民素養，包含法治精神、關心公德與公益，重視第六倫（群我關係）、公共意識、理性溝通與環境意識（自然生態維護、環境美等之完整個體），藉此發展公民行動，善盡公民責任，才是現代公民應有的表徵。

問題與討論

1. 除本章所提外，現代公民還有哪些責任？
2. 除了服務學習以外，還有哪些方法可以提升公民責任感？
3. 大學生有哪些參與政治的方法？
4. 愛護地球從自己做起，個人有哪些具體行動，有利於地球環境的保護？

參考文獻

吳乃德（2007）。召喚公民社會。載於時報文教基金會編，**面對公與義，全球化下的發展與分配**。台北市：時報文教基金會。

吳愛頡譯（2007）。Center of Civic Education 著。**挑戰未來公民——責任**。台北市：五南。

侯衍社（2004）。馬克思論現代社會的基本特徵。**齊魯學刊，2004**(4)。2009 年 5 月 26 日取自 http://c.wanfangdata.com.cn/periodical/qlxk/2004-4.aspx

美國國務院國際信息局（無日期）。**民主的原則**。2009 年 5 月 28 日取自 http://usinfo.org/zhtw/PUBS/PrinciplesDemocracy/index-2.htm

國立台北大學師資培育中心（2005）。**現代公民素養**。2009 年 5 月 8 日取自 http://www.ntpu.edu.tw/tec/Course/course_class01.htm

張善楠譯（2008）。伯克（D. Bok）著。**大學教了沒**。台北市：天下文化。

張經瑞（2007）。**學校對大學生政治態度與行為的影響——社會化觀點**

與分配觀點的分析。國立政治大學政治研究所碩士論文，未出版。
楊明華（2003）。加速與世界的接軌——談世界觀教育的推展。**國教新知，50**(2)，58-65。
楊曼如譯（2001）。班福德（Bob Buford）著。**人生的下半場**。台北市：雅歌。
葉至誠（2008）。**現代社會與公民素養**。台北市：秀威資訊。
蔣崇禮（2004）。**我國大學院校學生菁英政治態度之研究——以桃竹苗地區二十一所大學院校為例**。銘傳大學公共管理與社區發展研究所碩士在職專班碩士論文，未出版。
鄭慧蘭編著（2007）。**公民與社會**。台北縣：新文京。
龍應台（2007）。談二十一世紀大學生的「基本配備」——災難和教育的拔河。**天下雜誌，363**。2009 年 5 月 28 日取自 http://www.lcenter.com.tw/trend/societydetail.asp? no=130
謝儒賢（2003）。**參與「服務－學習」研習心得報告**。2009 年 6 月 3 日取自 http://www.cyut.edu.tw/~pe/support-edu/92/no016.doc
簡文吉、何政光、翁燦源、劉光元（2005）。**公民**。台北縣：新文京。

國家圖書館出版品預行編目資料

大學生必修的 14 堂課——談教育與生活／
吳昌期, 吳淑芳著. -- 初版. -- 臺北市：心理, 2009.10
面；　公分. --（通識教育系列；33025）
含參考書目

ISBN 978-986-191-297-4（平裝）

1.大學生　2.生活教育

525.619　　98014694

通識教育系列 33025

大學生必修的 14 堂課——談教育與生活

作　　者：吳昌期、吳淑芳
執行編輯：李　晶
總 編 輯：林敬堯
發 行 人：洪有義
出 版 者：心理出版社股份有限公司
地　　址：台北市大安區和平東路一段 180 號 7 樓
電　　話：(02) 23671490
傳　　真：(02) 23671457
郵撥帳號：19293172　心理出版社股份有限公司
網　　址：http://www.psy.com.tw
電子信箱：psychoco@ms15.hinet.net
駐美代表：Lisa Wu（Tel：973 546-5845）
排 版 者：臻圓打字印刷有限公司
印 刷 者：正恒實業有限公司
初版一刷：2009 年 10 月
初版二刷：2013 年 2 月
I S B N：978-986-191-297-4
定　　價：新台幣 350 元